KB121702

피난하는 자연

피난하는 자연

기후변화 시대 생명들의 피난 일지

벤야민 폰 브라켈

조연주 옮김

양철북

차례

3부 열대: 대탈출

4부 해답들

에필로그:

읽어두기

• 본문 각주는 모두 옮긴이가 달았다.
• 생물 이름은 국립수목원 국가생물종지식정보시스템, 국립수목원 산
림생명자원 수집보존목록, 산림청 누리집, 국립수산과학원 수산생명자
원센터, 국립생물자원관, BRIS 생명자원정보서비스, BRIC 생물학정보
연구센터 들을 참고해서 썼다. 학명이 정확하게 일치하지 않는 경우, 원
어(독일어)를 참조하고 해당 종이나 유사 종의 한국어 이름을 붙였다.

프롤로그: 균열의 시작

캘리포니아 남부, 20세기 말

시작은 그렇게 위험해 보이지는 않았다. 멕시코 국경 근처, 산 이시드로 랜치에서 표범나비 한 마리가 특유의 검고 붉은 무늬를 뽐내며 날개를 펼쳤다. 한참 날아오르던 나비는 갑작스러운 돌풍에 휘말려 산 너머 수백 미터 멀리 날아간다.

나비의 운명은 그 산꼭대기에서 끝난 듯 보인다. 수천 년 전부터 우연은 표범나비처럼 다른 많은 나비들을 이렇게 산꼭대기로 데려가곤 했다. 나비들은 후손을 남기지 않고 모두 죽어 버렸다. 진화 결과, 암어리표범나비Euphydryas editha는 온도 변화가 크지 않은 곳에서만 번식할 수 있게 되었다. 익숙한 기후에서 멀어지면 살아남기가 어려워진 것이다.

그런데 우리의 표범나비 암컷이 놀랍게도 살아남았다. 다리와 더듬이에 있는 후각기관으로 낯선 땅의 야생화 냄

새를 맡은 나비는 꽃잎 뒤편에 몇 주 동안 품고 다니던 수십 개의 알을 낳아 놓았고, 그렇게 변화는 시작되었다. 알을 깨고 애벌레가 나오고, 고치가 되었다가, 나비로 새롭게 태어났다.

나비들의 새로운 식민지가 세워진 것이다.

그렇다면 왜 그전 암어리표범나비들은 모두 높은 지대에서 살아남지 못했을까? 우리 나비는 이렇게 성공을 거두었는데 말이다. 미리 말하면, 이 나비가 다른 나비들보다 더 영리해서도 더 강해서도 더 적응을 잘해서도 아니다.

새로운 환경에서 살아남기 위해 나비들이 바뀐 것이 아니라면, 근본적으로 변한 것은 환경일 것이다.

그래서 나비들이 살아남은 것이다.

이상한 행동들

시드니, 매쿼리 대학교, 1998년 6월

문 두드리는 소리가 났다. 자리에 앉아 있던 레슬리 휴즈 Lesley Hughes는 눈을 들어 연구실 문턱에 서 있는 남자를 쳐다보았다. 밝은 머리색에 털보인 그 남자는 생물학연구소에서 함께 일하는, 그보다 나이가 많은 동료였다. 그는 휴즈에게 생물보호협회의 연례 회의에서 개막 연설을 해 보지 않겠느냐고 물었다. 꽤 유명한 이 콘퍼런스는 이때 처음으로 미국이 아닌 지역에서 열릴 예정이었다. 북시드니의 매쿼리 대학교는 개교 후 연구와 교육에 이바지한 지 35년 된 학교였다.

휴즈는 영광스러웠다. 아직 연구 경력도 그리 길지 않은데 전 세계 전문가들 앞에서 처음으로 연설을 하게 되다니. 생물학자인 휴즈는 몇 년 전에 발표했던 내용을 다시 발표해야겠다고 생각했다. 그것은 기후변화가 미래의 동식물들에게 어떤 영향을 미칠지에 관한 것이었다. 그는 기후대가 변하게 되면 호주의 유칼립투스 나무는 어떻게 될지 같은 문제에 계속 골몰해 왔다. 그것은 그러나 막연한 상상 같은 것이었다.

발표를 준비하며 그는 다른 지역에서 이루어지고 있는 최신 연구들을 살펴보았다. 얼마간의 리서치 후, 호주 출신의 이 연구자는 뭔가 이상한 것을 발견했다. 몇몇 유명한 저널에 실린 논문 몇 편에서 일련의 생물종들이 보이고 있는 아주 특이한 행동에 대해 기술하고 있었기 때문이다. 그것은 이제 예측이 아닌, 관찰되는 사실이었다.

휴즈는 유럽의 알프스 정상에서 널리 퍼져 자라는 고사리에 대한 자료를 읽었다. 서식지를 떠나 점점 더 북쪽으로 이동하고 있는 미국 남서부 멕시코의 들쥐 관련 자료를 읽었고, 콜롬비아 2,200미터 상공에서 처음으로 발견된 이집트숲모기 자료도 읽었다.

조사하면 할수록 더 많은 사례를 손에 넣을 수 있었다. 캘리포니아 해변 저 멀리에서는 어류군들이 규칙적으로 바뀌고 있었다. 차가운 물을 좋아하는 어류들이 줄어드는 반면, 따뜻한 물을 좋아하는 남쪽의 어류들이 늘어나고 있었다. 영국에서는 여러 종류의 새들이 지속적으로 북쪽으로 이동하고 있었는데, 미국에서도 비슷한 현상이 나타나고 있었다. 게다가 표범나비과의 암어리표범나비 개체군이 북쪽으로 위도 2도 정도 이동하여 산간 지방으로 올라가고 있었다.

휴즈는 전문 학술지 《네이처》에 발표된 논문들을 더 자세히 살펴보았다. 그 글들은 다른 연구보다 그 수고와 데이터의 양이 돋보였으며 꼼꼼하고 세심하게 검증한 결과물이었다. 1996년, 카밀 파미잔Camille Parmesan이라는 미국의 젊은 생물학자가 발표한 논문들이었다. 파미잔은 꼬박 1년 동안 미국 서부의 박물관들을 샅샅이 뒤져서 찾아낸 역사적인 기록들을 바탕으로 이 나비들이 최근 100년 동안 어느 지역에서 나타났는지 밝혀냈다. 그리고 그는 각 지역의 나비들이 아직 존재하는지 확인하기 위해 직접 둘러보았다. 그로부터 4년 반 후, 텍사스 대학교의 이 과학자는 멕시코에서 캐나다로 이어지는 서해안 지대를 샅샅이 살펴보았다. 모두 150군데가 넘었는데, 그 가운데 멕시코 국경 근처의 산 이시드로산맥도 있었다. 그 결과, 캐나다 쪽은 나비의 개체 수가 몹시 적었으며, 분포지 중심은 북쪽으로 거의 100킬로미터 이동했고, 높이 역시 100미터 정도 올라가 있음을 밝혀냈다. 예민한 나비들이 어쩌면 논문을 발표할 시점쯤이면 그전까지는 아직 증명되지 않았던 지구온난화의 생물학적 지표가 되어 줄 수도 있을 것이다. 하지만 더욱 '확실하게 증명해' 보이려면 다른 지역, 다른 생물종의 사례도 더 조사해야 한다고 파미잔은 언급했다.

레슬리 휴즈는 자신이 원하던 바로 이런 논문들을 구할 수 있다는 사실에 깜짝 놀랐다. 물론 그중 일부는 과학적으로 근거가 부족하거나, 일시적인 현상일 수도 있다는 점을 휴즈는 알고 있었다. 나비 서식지가 이동한 데는 충분히 다른 원인이 있을 수 있었다. 해당 연도에 특별히 날씨가 좋았거나 나빴을 수도 있다. 생각해 보면, 그전에도 동물과 식물들은 우연히라도 꾸준히 서식지를 이동하기도 했다. 또 하나 고려할 것은, 인간들이 땅을 모두 차지하고 환경을 오염시켜서 이런 생물종들을 몰아냈을 수도 있다는 점이다. 이유가 어떻든 그는 이러한 변화들이 일어나는 횟수가 늘어나고 있다는 점, 그리고 동시다발적으로 일어나고 있다는 점에 주목해야 한다고 생각했다. 모든 근거가 어떤 패턴을 가리키고 있었다.

휴즈는 언젠가 이런 질문을 제기하게 될 것이다. '시그널이 벌써 나타나고 있는 것은 아닐까?'

시그널

워싱턴 D.C., 1985년

샤워하다가 문득 어떤 생각이 떠올랐다. 욕실에서 그는 종종 최고의 아이디어를 얻곤 했다. 친구나 동료 들에게 롭이라 불리는 로버트 피터스Robert Peters는 프린스턴 대학교 생물학과를 졸업하고, 워싱턴에 있는 환경보호재단Conservation Foundation이라는 작은 환경보호단체에서 막 일을 시작한 참이었다. 그는 일단 자연보호구역을 이상적으로 정비하는 방법에 대해 보고서를 작성해서 재단에 제출해야 했다. 전국의 환경 관련 단체들이 한창 논의하는 참이었다. 자연보호구역을 넓게 지정하는 편이 나을까, 작은 구역을 여러 개 지정하는 편이 나을까?

일부 전문가들이 몹시 골몰하는 이 문제는 얼핏 그다지 중요하지 않은 듯 보일지도 모르지만, 사실은 전혀 그렇지 않았다. 이것은 가장 시급하고 중요한 질문이었다. 인간들이 점점 더 멀리까지 퍼져 나가게 되면서, 동식물들의 터전은 그만큼 줄어들고 있다. 이들의 서식지는 점점 더 도시나 경작지로 둘러싸이고 도로나 운하 때문에 훼손되어, 마치 바다 위 섬들과 같아졌다.

그래서 피터스 같은 생물학자들이 이른바 섬생물지리학적인 지식을 바탕으로 섬에서 어떤 생물종들이 어떻게 성장하고 진화하고 어떻게 멸종하는지 묻고 연구하는 것은 우연이 아니다. 이들은 본토에서 멀어질수록, 더 고립되고 작아질수록 섬에 사는 생물종들은 더욱 줄어든다고 결론 내렸다. 근본적으로 생물다양성을 위해서는 교류와 교환이 매우 중요한 것이다.

이것은 육지에서도 마찬가지인데, 숲의 일부나 자연보호구역처럼 잘게 나누어진 지역에서도 비슷한 현상을 관찰할 수 있다. 이렇게 생물학자들은 일정 지역에서 어떤 종들이 얼마나 빨리 멸종될지를 가늠할 새로운 수단을 얻게 되었다.

고립되고 단절된 이런 서식지들로 인해 생물들에게 그전에는 볼 수 없었던 많은 문제가 일어나고 있는 현실에 계속 맞닥뜨리기 전부터, 피터스는 이 문제에 깊이 골몰하고 있었다. 보호구역이라고 생각했던 것이 장기적으로는 오히려 함정이 될 수도 있을 터였다.

샤워를 하면서 피터스는 언젠가 우연히 읽었던 《사이언스》의 짧은 논문을 떠올렸다. 나사NASA의 과학자들이 지구온난화의 잠재적인 영향에 관해 설명한 논문이었다. 그전까지는 아무도 언급하지 않은 현상들이었지만, 언젠가는 그러니까 머지않은 미래에 일어날 일들이었다. 과학자들은 기후대가 바뀌면서 북아메리카와 중앙아시아 전역이 사막이 될 것이며, 남극 서부의 빙판이 모두 녹아내릴 것이라 예견하고 있었다.[01]

피터스는 언젠가 적도의 기후대가 양 극지방 쪽으로 이동하게 되었을 때 자연보호구역의 생물들에게 어떤 일이 벌어질지, 그리고 식물대는 또 어떻게 변할지 그 미래를 그려보았다. 그는 깨달았다. 환경이 급격하게 달라지고 있으며, 많은 생물이 살아가기에 적합하지 않게 바뀌고 있다는 것을. 적당한 환경을 찾아 이동하지 못하고 달라진 환경에 적응하지 못하는 생물들은 멸종되고 말 것이다. 하지만 어디로 간단 말인가. 게다가 자연보호구역에서 나가야 한다고?

물줄기를 맞으며 피터스는 중얼거렸다. "세상에, 정말 끔찍하군!"

'터무니없는 생각'

이 환경보호론자는 가장 가까운 도서관을 찾았다. 최근 몇 년간 이 위협적인 문제에 관해 과학자들이 무엇을 밝혀냈는지 알고 싶었다.

아무것도 없었다.

생물다양성 보존론자들과도 이야기를 나누어 보았지

만, 아는 이가 없었다. 당시를 떠올리며 그는 말했다. "그때만 해도 이 문제에 대해 깊이 고민하는 사람이 아무도 없다는 것을 금세 깨달을 수 있었습니다. 마치 계단참에서 20달러짜리 지폐라도 발견한 듯한 기분이었죠. 수많은 사람이 지나갔지만 아무도 그 돈을 줍지 않은 거예요."

뭔가 잘못되어 가고 있는 것 같았다.

몽상가처럼 보일 수도 있었겠지만, 피터스는 무언가 큰 문제에 직면했음을 깨달았다. 까맣게 타 버린 호주의 숲속을 뛰어다니는 캥거루 사진을 볼 때처럼 참담했다. 그사이 우리 일상에는 이미 빛바랜 산호초가 나타나고 온몸이 진드기로 뒤덮인 고라니가 캐나다 슈퍼마켓에 자주 출몰하고 있었다.

피터스는 미국에서 가장 큰 자연보호단체 가운데 하나인 자연보존회Nature Conservancy의 수석 과학자인 밥 젠킨스Bob Jenkins를 찾아갔다. 자연보존회의 본부는 워싱턴 D.C. 백악관 근처에 있었다. 젠킨스는 이 젊은 생물학자의 말을 주의 깊게 들었다. 하지만 그의 대답은 피터스의 머릿속에 두 문장으로 오래 남았다.

"터무니없는 소리요. 종을 보호하는 데 전혀 도움이 안 되는 생각입니다."

그의 이러한 반응은 피터스 같은 고집불통에게도 영향을 미쳤다. 이제 막 사회생활을 시작한 이 젊은 학자는 어찌해야 할지 알 수 없었다. 망상가처럼 보일지 몰라도 그 생각은 머릿속을 떠나지 않았다. 마치 사랑에 빠진 사람 같았다. 그는 가까운 동료인 생태학자 조안 달링Joan Darling에게 논문을 쓸 때 좀 도와 달라고 부탁했다. 그는 피터스와는 달리 논문을 쓰려면 무엇이 필요한지 잘 알고 있었다. 무엇보다 더 많은 정보가 필요했다.

정보들은 과거 깊숙이 숨어 있었다. 호수나 늪지의 밑바닥을 좋아하는 연구자들은 질척거리는 퇴적층을 여기저기 뒤지고 다녔다. 그곳에서 고생물학자들은 화석이 된 꽃가루를 찾았다. 1세제곱센티미터의 호수 퇴적물에서만 꽃가루 알갱이 10만 개를 발견했다.[02] 화석 연구자들에게 이것은 오랜 시간을 거슬러 생명의 역사를 엿볼 수 있게 해 주는 진정한 보물이었다.

그들은 특수 레이저 현미경을 통해 꽃가루를 삼차원으로 관찰했다. 꽃가루의 형태를 통해 연구자들은 그것이 어떤 종류의 식물 속屬에서 유래했는지, 심지어 어떤 종인지까지 추론할 수 있었다. 무엇보다 그들은 특정한 식물 종이 지구 역사상 언제, 얼마나 많이 번성했는지도 알 수 있었다. 호수 바닥에는 해마다 새로운 침전물 층이 쌓이는데, 여름에 쌓이는 침전물과 겨울에 쌓이는 침전물의 색깔이 다르기 때문이다. 나무에 나이테가 생기는 것과 같았다. 이른바 이러한 퇴적층에서 고생물학자들은 과거의 기후변화뿐 아니라, 기후변화에 식물들이 어떻게 반응했는지 역시 추론해 낼 수 있었다. 수천 년이 넘는 동안 이 식물들은 얼마나 빨리 퍼져 나가고 또 얼마나 빨리 후퇴했을까?

이러한 지구 역사의 연대기는 피터스에게 계속 되풀이되고 있는 고고학적인 현상에 대해 알려 주고 있었다. 대략 10만 년마다 한 번씩 지구에는 간빙기가 찾아왔고, 이때 모든 동식물이 크게 번성했으며 지구의 생명들은 새롭게 정비되었다. 암묵적으로 합의라도 한 듯, 어떤 생물종들은 각각 육지와 바다에서 이동해 왔다. 곤충과 조류, 양서류와 파충류, 포유류와 물고기, 나무도 마찬가지였다. 이들은 엄청난 노력을 들여 바다를 건너고 산을 넘고 또 극지방 쪽으로 움직였다. 이때 이들은 빙하나 커다란 얼음덩어리가 떨어져 나가면서 생긴 공간을 이용했다. 기후가 또다시 변해 기온이 내려가면, 생물들은 다시 뒤로 물러났다. 이들은 자신들을 끌어당겼다가 밀어내기를 반복하는 어떤 거부할 수 없는 힘을 따르고 있었다. 그것은 마치 지구라는 행성을 가로지르며 그 주민들이 지난 260만 년 동안 수십 번 추어 온 춤과도 같았다.

다윈은 150년 전에 이미 이러한 현상을 설명했다. 《종의 기원》에 따르면, "빙하기가 끝나고 남반구와 북반구 모두 점차 다시 이전의 기온으로 올라가기 시작하면서, 적도 주변 저지대에 살고 있는 북부 온대 지역의 생물들은* 이전

* 적도 부근 저지대는 실제로 온대기후인 우리나라의 여름과 비슷하다.

의 서식지에서 밀려나거나 멸종되었으며, 남쪽에서 돌아온
적도의 생물들로 바뀌었다."[03]

보호구역에서 감옥으로

연구하는 동안 로버트 피터스의 눈에 띈 한 가지 사실은, 나
무들이 기후대보다 훨씬 느리게 움직이고 있다는 점이었다.
많은 나무가 어쩔 수 없이 그 자리에 남았다. 다시 말해 나
무들은 너무 느렸다.

고생물학자들에게는 동물에 대한 정보도 있었다. 예를
들어 외골격이 키틴질로 되어 있는 벌 같은 곤충은 종종 수
천 년이나 퇴적층에 남아 있었다. 작은 포유류의 뼈 같은 것
들도 마찬가지였다. 이들의 유해는 많은 동물이 식물들보다
기후변화에 훨씬 빨리 적응했다는 것을 보여 주는 증거였
다. 하지만 새로운 서식지에 그들이 살아남는 데 필요한 식
물이 없다면 아무 소용이 없을 것이다.

피터스는 모형을 만들기 위해 가위와 접착테이프와 핀
셋을 찾았다(이때만 해도 아직 컴퓨터가 널리 쓰이지 않을
때였다). 첫 번째 모형은 (그가 음영선을 넣어 표시한) 임의
로 지정한 보호구역을 나타냈는데, 이는 특정 생물종의 자
연적인 분포 지역이었다. 두 번째 모형은 이 보호구역이 음
영선을 넣은 구역 안쪽으로 점점 더 들어가고 있음을 보여
주었다. 이 구역은 흰 면으로 둘러싸여 있었는데, 이는 인간

들의 거주지와 경작지를 의미했다.

세 번째 모형에서 이제 보호구역은 음영으로 표시한 구역, 그러니까 생물들이 생존할 수 있는 기후 경계 지역 바깥쪽으로 밀려나 있었다. 피터스는 이렇게 결론 내렸다. "이러한 결과는 특정 지역에서만 살 수 있거나 특정 지역에서만 살면서 분포지가 제한되어 있고 개체 수가 적으며 유전학적으로 고립되어 있는 모든 종에게 가장 암울할 것으로 보입니다."

이 말은 곧, 오늘의 보호구역이 오히려 내일의 감옥이 될 것이라는 뜻이었다.

생물종들이 기후대의 변화를 늦게나마 쫓아간다 하더라도, 이들의 상황은 근본적으로 달라질 것이다. 왜냐하면 생물 집단은 연속적으로 이동하지 않고, 다윈이 예견했던 대로 새로운 장소를 하나의 단위로 차지하기 때문이다. 각각의 생물종은, 심지어 단일 개체들까지도 각자 다른 속도로 새로운 서식지로 유입되고 있었다. 고생물학자들은 꽃가루를 분석해서 이러한 사실을 발견했다.[04] 현재 우리가 알고 있는 생물 공동체들은 여러 종으로 구성되어 있다. 새로운 장소에서 어떤 종들은 멸종되고 또 어떤 종들은 살아남는다. 피터스가 보기에 특정 지역 생물종들의 구성은 그저 임시의 목적공동체일 뿐이었다. 마치 계속해서 새롭게 모였다 헤어지는 셰어하우스처럼.

그런데 이는 (폭풍의 피해와 같은) 천재지변이나 (숲의 벌목과 같은) 인간이 침입한 이후라도 언제든지 다시 원래의 상태로 돌아갈 수 있다는, 기존에 지배적이었던 승계론에 반하는 생각이었다. 피터스는 당시를 되돌아보며 설명했다. "사람들은 결정론적인 의미에서, 모든 것이 어느 정도는 고정되어 있다고 생각합니다. 하지만 우리가 견고한 공동체라고 여기고 있는 것들은 사실 과거 기후변화의 유물일 뿐입니다."

어떤 생물들이 서로 모여서 살아가는지는 우연에 크게 좌우된다. 피터스는 말한다. "이 사실을 알고 나는 몹시 흥분되면서도 두려워졌습니다. 모든 것이 바뀔 수도 있다는 이야기니까요."

그리고 바로 그런 일이 이미 눈앞에 다가와 있었다. 인류가 이 땅의 화석 에너지 자원의 대부분을 함부로 채취하고 수많은 숲을 개간하고 불태워 없애 버리면서, 지구의 기후가 또다시 변하기 시작한 것이다.

피터스와 조안 달링이 《바이오사이언스》에 원고를 보내자 편집자가 연락을 해 왔다. 그는 몹시 흥미로워했다. 하지만 그 내용이 너무나 새로웠으므로 그는 이 글을 검토하기 위해 심사위원 열한 명을 불러 모았다.

몇 주 뒤 두 사람은 회신을 받았다. 심사위원들은 이 글을 반려했다. 그 내용이 억측에 가깝다는 것이었다. "사실 아무도 믿지 않았다"고 피터스는 회상한다. 하지만 예외는 있었다. '생물다양성Biodiversity' 개념의 아버지인 토머스 러

브조이Thomas Lovejoy가 그랬고, 심사위원들이 반대했음에
도 이 글을 실었던 이 전문지의 편집자 역시 마찬가지였다.

그렇게 피터스는 적어도 세상에 경고하지 않았다는 비
난을 피할 수 있었다. 1985년 12월, 그의 글 〈그린하우스 효
과와 자연보호구역: 지구온난화는 보호종들을 멸종시킴으
로써 생물학적 다양성을 감소시킬 것이다The Greenhouse
Effect and Nature Reserves: Global warming would diminish bio-
logical diversity by causing extinctions among reserve species〉가
《바이오사이언스》 최신판에 실렸고, 이 글은 현대 섬생물
지리학의 아버지인 에드워드 O. 윌슨Edward O. Wilson과 보
전생물학*의 창시자인 마이클 솔레Michael Soulé의 글 사이
에 실려 더욱 눈에 띄었다. 피터스는 두 영역을 연결시킴으
로써, 도망가는 생물종들에 대한 디스토피아를 펼쳐 보이면
서 우리가 어떻게 해야 할지를 제시했다. "2100년 이후에도
남은 생물종들을 보존하고 싶다면 이제 우리는 시작해야 한
다. 지구온난화에 대한 정보들을 최대한 이용해서 프로세스
를 짜야 할 것이다."

NASA 연구자들의 예측에 따르면, 늦어도 2000년경
에는 기후변화 시그널이 자연스러운 기상관측의 사이렌에
서 벗어날 것이었다. 그렇게 되면 생물종들은 대부분 지구

---

* 지구상의 생물다양성과 자연 생태계의 보전과 관리를 목
표로 연구하는 학문.

를 가로질러 긴 행진을 시작하게 될 것이며, 전 지구적 온난화의 양상이 나타나게 될 것이다. 그 가운데 가장 예민한 생물종들은 어쩌면 몇 년 전부터 이미 그러한 움직임을 시작한 듯 보인다.

모욕

시드니, 1998년 7월

연단에 오른 레슬리 휴즈는 몹시 긴장하고 있었다. 매쿼리 대학교의 오래된 강의실은 전 세계에서 온 청중 700명으로 가득 차 있었다. 무대 위 그의 옆에는 옥스퍼드 대학교, 마르부르크의 막스플랑크 연구소, 뉴저지 러트거스 대학교에서 온 교수들이 있었다. 1998년 7월 13일 바로 이날, 오버헤드프로젝터에 첫 슬라이드 필름을 올려놓았을 때, 그들이 얼마나 놀랄지 휴즈는 충분히 짐작할 수 있었다.

몇 가지 일반적인 이야기로 강연을 시작하다가 그는 결국 폭탄을 터뜨렸다. 최근에 발표된 일련의 장기 데이터를 분석한 결과, 일부 생물종이 이미 기후의 이상 징후에 반응하고 있으며, 이는 곧 생물종들이 벌써 이동하기 시작했음을 보여 준다는 내용이었다.

휴즈는 카밀 파미잔이 논문에 썼던 미국 서부 작은 표범나비의 이동을 포함한 사례 수십 건을 언급했다. 지금까지 이 자료는 그저 생물종의 개별적인 서식지 이동에 대한 근거일 뿐이지만, 이러한 각 생물종의 반응들이 완전히 전체적인 변화로 확대되는 것은 불가피해 보인다고 덧붙였다. 이는 전체 생물종 집단의 구성과 구조에 점점 더 큰 영향을 미칠 것이다.

이 생물학자는 청중들에게 한 가지 사고실험思考實驗* 을 제안했다. 각자 자신이 다루고 있는 생물종들을 새로운 관점으로 관찰해 보라는 것이었다. 그가 물었다. "여러분이 연구하고 있는 각 생물들이 기후변화에 대응하면 어떻게 될까요? 그 생물종들이 수백 킬로미터를 이동하기 시작한다면 여러분의 연구는 어떻게 달라질까요?" 더 많은 동물과 식물이 이미 이동을 시작한 것은 아닌지, 아니면 머지않아 이동을 시작할 것인지 이제 밝혀야 할 때였다.

이러한 제안은 환경보호론자들의 세계상을 공격하고 모욕한 것과도 같았다. 당시만 해도 아직 생물종들이 서로 어느 정도 일정한 수준으로 균형을 이루고 있다는 생각이 지배적이었고, 이는 좀 더 오래 유지되어야 했다. 환경보호론자들은 모든 종은 각자 제 구역에서 오랫동안 살아왔으므로 자연보호구역은 무엇보다도 중요하다고 여기고 있었다.

* 사물의 실체나 개념을 이해하기 위해 가상의 시나리오를 이용하는 것. 실험에 필요한 장치와 조건을 단순하게 가정한 후 이론을 바탕으로 일어날 현상을 예측한다.

휴즈는 청중에게 호소했다. "우리가 살고 있는 세계는 균형을 잃고 있습니다. 국립공원들 또한 언젠가는 여러 생물종에게 오히려 좋지 않을 것입니다. 생물종들은 대부분 그들이 살기 좋은 기후 지대를 찾기 위해 이동해야 할 테니까요."[05]

휴즈가 매쿼리 대학교 강의실에서 강연을 마치자 따뜻한 박수가 터져 나왔다. 사람들은 다가와 감사 인사를 전했다. "그들은 정중했다"고 그는 당시를 떠올렸다. "하지만 그들 대부분에게 내 이야기가 크게 가 닿지 않았음을 알 수 있었습니다."

새로운 연구 분야의 탄생

어떤 새로운 생각이 받아들여지기까지는 오랜 시간이 걸리기도 한다. 휴즈가 지적하듯 '환경보호론자conservationists'라는 영어 단어가 '보수적인conservative'이라는 형용사와는 완전히 거리가 멀다고 여기는 자연보호주의자들에게는 특히 그랬다. 2000년 전문지 《생태와 진화의 흐름Trends in Ecology and Evolution》에 사례를 통한 개요를 발표하면서,[06] 그는 새로운 연구 분야의 탄생의 서막을 연 것이나 다름없었다. 그후로 많은 생물학자가 다양한 동식물종들의 서식지가 어떻게 이동하고 있는지 분석하기 시작했다. 초기만 해도 자신이 콘퍼런스에서 이 주제를 이야기하는 유일한 생물학자였다고 휴즈는 말했다. 하지만 현재는 휴즈가 참석하는 콘퍼런스에서 **거의 모두** 이 주제를 다룬다.

과학자들은 실제로 그의 제안을 따랐다. 극소수이던 사례들은 몇 년 지나지 않아 수백 개가 되었고, 20년쯤 지나자 수만 개로 늘어났다.[07] 이 사례들은 전 세계의 생물종들이, 그러니까 코끼리부터 바닷속 아주 작은 규조류에 이르기까지 모두 양 극지방 쪽으로 이동하고 있음을 증명하고 있었다. 육지동물들은 평균적으로 10년간 17킬로미터를 이동했고,[08] 해양동물들은 심지어 72킬로미터씩 이동하고 있었다.[09] 그러니까 지구 표면의 생명체는 적도를 중심으로 북반구에서는 더 북쪽으로, 남반구에서는 더 남쪽으로 하루에 약 5미터씩 이동하고 있으며, 바닷속에서는 하루에 약 20미터가량 이동하고 있었다.

"놀라운 점은, 모든 대륙과 모든 바다에서 이러한 현상을 볼 수 있다는 사실입니다." 내가 이 주제에 관심을 가지고 《네이처》와 《과학의 이미지Bild der Wissenschaft》에 기사를 쓰기 시작했을 때, 나비 연구자인 카밀 파미잔은 내게 이렇게 이야기했다. "지구에서 이런 현상이 나타나지 않는 지역은 이제 없습니다. 또 이에 영향을 받지 않는 유기체 집단역시 없습니다."

그때까지 어떻게 그렇게 아무것도 모르고 있었을까? 나는 조금 부끄러웠다. 2012년부터 나는 환경저널리스트로서 기후변화에 대한 글을 써 왔다. 그럼에도 나는 4년 전에야 비로소 우연히 생물종들이 전 지구적으로 이동하고 있다는 사실을 알게 되었다. 바다가 따뜻해지면서 대서양대구가 북쪽으로 이동하고 있다는 한 연구논문을 우연히 맞닥뜨리게 되면서부터였다. 나는 그 글을 두 번 내리 읽을 수밖에 없었다. 대서양대구가 더 시원한 바다를 찾아 이동하고 있다면, 다른 많은 어류 역시 비슷하지 않을까? 육지의 생물들도 그럴까? 아니, 어쩌면 **모든** 생물종이 그런 것은 아닐까?

이러한 사실이 인류와 자연에 어떠한 영향을 미칠지 그저 막연히 짐작만 할 수 있을 뿐이었지만, 상당히 위력적일 것 같았다. 하지만 독일 환경보호론자들에게 물어봐도, 또 신문 기사를 뒤져 봐도 몇 가지 개별 사례 외에는 알아낼 수 없었다. 수만 년이 지나는 동안 지구상의 생물들이 크게 재배치된 적이 없다니, 어떻게 그럴 수 있었을까? 게다가 이러한 현상을 연구하는 생물학자들을 빼면 아무도 이 사실을 모르고 있었다니 말이다.

나는 이 현상을 철저히 조사해서 궁금증을 풀기로 결심했다. 그러기 위해 나는 수백 편의 과학 연구논문을 살펴보았다. 고백하건대 나는 거의 마니아가 되었고, 모퉁이 복사가게 최고의 단골이 되었다. 한 편의 논문은 더욱 흥미로운 세 편의 논문으로 나를 이끌었고, 그 논문들은 또다시 더 많은 논문으로 나를 이끌었다. 나는 해당 연구 분야를 주도하는 대표적인 연구자들을 인터뷰하고, 어부와 삼림감독관과 이야기를 나누었으며, 생물학자들이 '멸종으로 가는 에스컬레이터the escalator to extinction'라고 부르는 프로세스에 대해 더 배우기 위해 저 멀리 페루의 열대 산악 지역까지 날아갔다.

지금 여러분이 들고 있는 이 책에서 나는 여러분을 그 추적의 궤적으로 데려가려 한다. 그러니까 북극에서 열대까지, 생물종 이동의 흐름을 그 출발점까지 거슬러 올라가려는 것이다. 나는 이러한 현상들이 현대 문명에 닥쳐 와 우리 일상의 삶을 흔들어 놓을 때 어떤 결과가 이어질지 파악하고 싶었고, 그렇게 했다.

다행히 인류에게는 이에 대비할 시간이 있었다. 15년 전, 그러니까 이러한 '파도'가 아직 지구를 덮쳐 오기 전, 로버트 피터스는 이 현상에 대해 기술하며, 이후 미국과 유럽에서 열린 수많은 콘퍼런스에서 이어질 결과에 대해 경고했다. 그리고 앞으로 어떻게 해야 할지 가이드라인까지 제공했다. 지구상의 모든 국가는 기후의 변화를 최대한 제한하기 위해 이산화탄소 배출량을 줄여야 하고, 그러는 동안 동물계와 식물계에 지구온난화로 인한 피해가 최대한 덜 가도록 해야 하며, 자연보호구역을 다시 지정하고, 이동 중인 생물종들에게 더 많은 공간을 제공하거나 이 종들이 살아남을 수 있는 구역으로 이동할 수 있도록 도와야 한다는 내용이었다.

무엇이 얼마나 바뀌었는지 어쩌면 여러분은 이미 알고 있을지도 모르겠다. 그렇다. 전혀 바뀐 것이 없다.[10]

전 시대에 걸쳐 가장 큰 현장 실험이 될지도 모른다고, 생태계에서 벌어지고 있는 재앙에 관해 이야기했음에도 바뀌는 것은 아무것도 없었다.

1부

북극:
사냥감이 없는 사냥꾼들

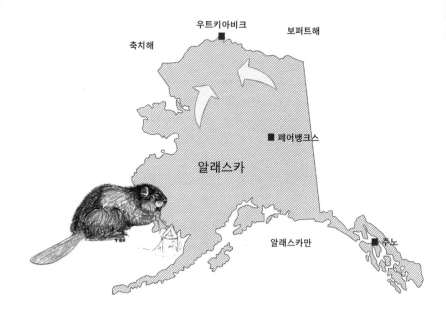

축치해 우트키아비크 보퍼트해

페어뱅크스

알래스카

알래스카만 주노

1 사냥꾼

우트키아비크, 알래스카, 2015년

지구에 균열이 생기면서 수백 년간 이어져 온 어떤 법칙이 더는 통하지 않게 될 때, 이를 가장 먼저 알아차리는 이들은 바로 북극의 원주민들이다. 이들은 이 행성의 다른 어떤 곳보다 더 빨리 따뜻해지는 지역에 살고 있을 뿐 아니라, 태곳적부터 수많은 어부와 순록지기, 고래잡이 들의 생존이 사냥에 달려 있었기 때문에 지구 환경의 변화를 예민하게 감지한다. 스칸디나비아의 사미Sami족과 시베리아의 돌간Dolgan족과 네네츠Nenets족, 알래스카의 유피크Yupik족과 이누피아트Inupiat족도 마찬가지다.

사실 몇 년 전부터 저 먼 북부의 이상 징후들에 대한 보고가 이어지고 있다. 미국 최북단 도시인 우트키아비크에서 온 소식도 그랬다. 이곳에는 북극고래를 사냥하는 이누피아트족이 여러 세대에 걸쳐 살고 있다. 2015년 1월 29일, 헨리 헌팅턴Henry Huntington이 이들을 찾았다. 알래스카 남부 이 글 리버 출신의 이 북극 연구원은 알래스카 에어라인 항공기를 타고 왔다. 이 도시로 통하는 모든 도로가 막혀 있었기 때문이다. 엿새 만에 비로소 태양이 아주 조금 지평선 위로 모습을 드러냈다. 지난 두 달 동안 태양은 북극의 밤 속에 잠겨 있었다.

헌팅턴은 꽁꽁 얼어붙은 이런 날에 길게 이어진 낮은 회백색 건물로 들어갔다. 이누피아트 문화유산센터는 이누피아트의 역사, 자연과 이들의 관계를 보여 주는 일종의 아트 뮤지엄이었다. 이곳에서 이 해양 전문가는 나무 테이블 위에 알래스카 지도를 펼쳐 놓았다. 지도 위 삼각형을 이루고 있는 알래스카 북부 해안 꼭대기에 점이 하나 있었다. 그곳이 바로 우트키아비크였다.

수백 년 이래 이 지역은 이누피아트족이 겨울 캠프로 사용하던 곳이었다. 19세기에는 유럽인들 역시 인류의 전초지前哨地인 이곳에 관심을 가지기 시작했고, 고래잡이 기지를 세웠다.[01] 시간이 지나면서 북극권에서 북쪽으로 320킬로미터 떨어진 이곳에 기상학자와 생물학자 들이 점점 더 몰려들었다.

헨리 헌팅턴도 마찬가지였다. 1988년 그는 프린스턴 대학교의 젊은 졸업생으로서 이곳에 처음 왔다. 고래 개체수를 세기 위해서였다. 그에게는 그동안 책을 통해서만 보아 왔던 얼음과 눈의 세계를 직접 알아볼 기회였다. 이 지역 사람들과 자연에 대해 아는 것이 거의 없다시피 했기 때문에 뒤늦게나마 그는 몹시 부끄러웠지만, 우트키아비크의 고래잡이들은 그를 몹시 따뜻하게 맞아 주었다. 고래잡이들은 그를 얼음 위로 데리고 나가 매주 그곳에서 캠핑을 하고 북극고래를 사냥했다. 엄청나게 큰 고래를 잡았을 때, 그들은 고래를 해체하고 나누기 위해 고래를 얼음 위로 끌어올렸다. 이누피아트족의 문화는 모두 고대의 의식과 연관되어 있었다.

헌팅턴은 우트키아비크가 매우 흥미로웠고, 그래서 계속 이곳을 찾았다. 2015년 1월, 그는 주민 열 명을 한 사람씩 초대해 이야기를 들었다. 윌리 쿠날락, 존 헤플, 로날도 우예노, 그리고 또 다른 이들의 이야기를 노트 한 권에 정리했다. 그들은 대부분 바다표범과 바다코끼리, 고래를 사냥할 때 보게 되는 해빙海氷에 대해 이야기했다.

해빙은 정지된 평면이 아니라 살아 있는 유기체처럼 계절이 바뀔 때마다 요동치고 있었다. 여름에는 남쪽에서 북쪽으로 물러났다가, 겨울이면 다시 팽창했다. 오랫동안 우트키아비크의 바다는 10월이면 늘 얼기 시작했고, 동시에 불규칙하게 형성된 두꺼운 다년빙多年氷이 북쪽에서부터 해안까지 천천히 밀려들어 와 이곳에 정착했다. 이 외딴 지역의 주민들에게 하루아침에 걸어 다닐 수 있는 거대한 평지가 나타나는 것이다.

하지만 이 모든 현상은 이제 과거가 되었다. 12월이 되도록 해안에는 바닷물만 밀려들어 올 때도 있었고, 주민들은 헌팅턴에게 이에 대해 알려 주었다. 그들 가운데 몇몇은 차양 달린 모자에 기능성 재킷을 입고 있었다. 사실상 두꺼운 얼음은 이제 볼 수 없게 된 것이다. 새로 생긴 어린 얼음은 한 곳에 멈추어 있을 수가 없다. 이런 얼음들은 여기저기 떠다니기만 할 뿐 겨울에도 더 두껍게 커질 수 없다. 사냥꾼들은 해마다 사냥감을 처리할 수 있는 얼음을 찾아 배를 타고 바다 멀리 나가야 한다. 하지만 봄이 되기도 전에 얼음은 모두 부서져 그 위에 올라서거나 걸어 다니기에 몹시 위험해졌다. 때때로 사냥꾼들은 북극고래를 끌어올릴 만큼 충분히 두꺼운 평평한 빙판조차 찾지 못할 때도 있었다.

북극 주민들에겐 세계 다른 어느 곳도 북극과 같을 수가 없다. 북부 시베리아의 유목민과 순록지기 들에게 이 땅은 정말이지 괴상하게까지 보일 정도다. 그들은 발아래 바닥이 어떻게 내려앉고 있는지, 언덕들이 어떻게 무너지고 있는지, 거리 모양이 어떻게 바뀌고 있는지 설명했다. 그들이 신고 있는 장화 아래 한때는 단단한 흙이 있다고 느껴졌지만, 이제는 강물이 흐르거나 수천 개의 호수로 변해, 바닥은 마치 물 위에 던져진 그물처럼 보일 지경이다. 그 원인은 땅속에 숨어 있다. 이 행성 지표면의 총 6분의 1이 영구적으로 얼어붙어 있는데, 이것은 마지막 빙하기의 유물이다. 하지만 지구가 따뜻해지면서 땅 아래 얼음이 녹고, 전체 풍경을 변화시키고 있다. 바다 역시 뒤로 물러나고 있었다. 다시 말하면, 북극이 작아지고 있는 것이다.

하지만 이것은 시작에 지나지 않는다. 이제 동식물의 세계 역시 이 풍경의 변화에 얼마간 반응하기 시작했기 때문이다. 변화는 이미 시작되고 있다. 남쪽 지방의 많은 동식물들이 북극 방향으로 이동해 그곳 생태계에 적응하기 시작한 것이다.

그러므로 헨리 헌팅턴 같은 연구자들이 북극의 원주민들에게 관심을 가지는 것은 놀랄 일도 아니다. 기후변화가 지구의 삶을 어떻게 변화시키는지 이해하려는 연구자들에게는 이들의 도움이 꼭 필요하다. 그래서 연구자들은 전통적인 사냥꾼들에게 디지털카메라를 달아 주고, 이들이 보기에 이상한 모든 것을 촬영하고, 또 직접 말하게 했다.

시작은 전에 비해 그렇게 춥지 않은 겨울에 대한 보고였다. 그다음은 천천히, 그러나 해가 지날수록 꾸준히 날씨가 따뜻해지면서 북쪽으로 점점 더 퍼져 나가며 빽빽하게 자라나는 관목에 대한 것이었다. 그리고 동물들에 대한 보고가 이어졌다.

1995년 알래스카 서부에서 헌팅턴은 흰돌고래가 사라지고 있는 문제에 관해 이누피아트족과 유피크족의 최연장자들과 이야기를 나누었다. 떠올려 보면 그 대화는 갑자기 방향이 바뀌어 어느 순간 모두 단지 비버에 대해서만 말하고 있었다고 그는 기억한다.

헌팅턴은 당황스러운 표정을 지을 수밖에 없었는데, 그들 중 한 노인이 빙그레 웃으며 물었다.

"연결고리가 보이지 않나?"

"솔직히, 잘 모르겠습니다."

"이 땅에서 비버의 개체 수가 늘어나고 있다는 말일세." 노인이 설명했다. "비버들이 강을 막고 있어. 그건 물고기들에게도 영향을 미치고 있다는 말이야. 물고기들은 알을 낳기 위해 강을 거슬러 올라갔다가 나중에는 원래 살던 바다로 다시 돌아오지. 그런데 물고기들이 오지 못하면 물고기를 기다리고 있던 흰돌고래는 어떻게 되겠어?"

이후 헌팅턴은 이러한 변화로 인한 초기 징후를 발견하게 되었는데, 오늘날 이미 북극의 생태계를 교란시킨 이 변화는 우트키아비크 주민들처럼 좀처럼 동요하지 않는 지역사회조차 절망에 빠지게 했다.

새로운 포유류의 등장
알래스카 내륙, 페어뱅크스, 2017년 3월

켄 테이프Ken Tape는 컴퓨터 모니터 속 위성사진들을 하나하나 들여다보았다. 북극의 야생 지대로 연구 여행을 갔을 때, 알래스카 대학교 지구물리학연구소의 이 생태학자는 우연히 이런 이야기를 듣게 되었다. 새로운 포유류가 북극에서 서식하기 시작했다는 것이었다.

사진을 보는 테이프의 이마가 찌푸려졌다.

그가 북극 툰드라 지대를 연구한 지도 벌써 20년이 넘었다. 긴 시간 동안 날씨가 따뜻해지면서 관목 숲과 목초지가 넓어지고 있는 것을 제외하면 이 풍경은 거의 변한 것이 없었다. 하지만 테이프 눈에는 마치 누군가 도끼를 들고 이 풍경 안으로 달려드는 것처럼 보였다. 예전처럼 규칙적으로 쭉 이어진 강줄기가 아니라, 군데군데 끊어진 강줄기와 호수, 습지대가 모자이크처럼 드러나 있었다. 비버들이 둑을 쌓아 놓는 강이나 호수에서 볼 수 있는 모습이었다. 하지만 이때까지만 해도 설치류들은 툰드라 지역에서 멀리 떨어져 있었고, 설치류들의 먹잇감도, 댐을 쌓아 올릴 만한 건축 재료도 부족했다.

얼마 지나지 않아 작센주 면적만 한 지역을 찍은 고해상도 위성사진에서 테이프와 그의 동료들은 1999년까지만 해도 없었던 비버 호수 56개를 발견했다. "이 지역에서 작고 부지런한 엔지니어가 열심히 작업 중이며, 그 외에 다른 어떤 자연의 프로세스로 생긴 것은 아니라는 사실은 의심할 여지가 없다"고 이 생태학자는 말한다. 호수의 분포를 통해 연구자들은 이 캐나다비버Castor canadensis들이 해안과 강을 따라 얼마나 빨리 퍼져 나가고 있는지도 계산할 수 있었다. 평균적으로 1년에 8킬로미터 정도, 비버들은 앞으로 나아가고 있었다. 20년에서 40년 안에 캐나다비버들이 알래스카 북부 전체를 점령할 수도 있다고 연구자들은 2018년의 한 논문에서 밝혔다.[02]

그러는 동안에도 테이프는 알래스카 툰드라 지대에서

비버 때문에 생긴 호수를 수천 개나 발견했다. 이 설치류는 그사이 점점 더 북쪽 멀리 나아가 뿌리를 내리는 나무들을 쓰러뜨리고 강을 막아 이 지역 전체가 홍수로 범람하게 만들었다. 물은 툰드라 지대의 식물들보다 온도를 더 잘 전달하는 데다 비버까지 합세해, 이들이 막아 놓은 물 아래와 그 주변의 영구동토층을 녹게 만들고 있다. 어쩌면 머지않아 연어가 올라올지도 모르겠다고 이 북극 전문가는 추측한다. 또 다른 현상 역시 이미 발견되기 시작했는데, 엄청난 양의 온실가스가 지층에서 대기로 빠져나가는 것이었다. 이 점이 테이프는 무엇보다 걱정스러웠다. "호수가 많아지면 결국 영구동토층이 엄청나게 녹아 버리고 말 것입니다."

하지만 비버도 최근에 나타난 새내기일 뿐이다. 나무와 관목 들이 점점 북쪽으로 퍼져 나가고 얼음이 녹으면, 기후변화의 수혜자가 되는 어떤 종들에게는 더 살기 좋은 조건이 만들어질 것은 의심할 바가 없다. 북미의 가장 먼 구석까지 퍼져 나가고 있는 눈토끼와 백두루미, 고라니 같은 종들 말이다.[03][04] "이것은 우리가 오래전부터 예상해 온 어떤 표본을 따르고 있다"고 테이프는 말한다. "아한대 기후에 사는 숲동물들이 북극 쪽으로 이동하고 있는 것입니다."

반면 기후변화로 인해 이 지역에 오래전부터 살아온 토착생물들은 사라지고 있는데, 사향소와 순록, 북극여우와 같은 종들이 그랬다. 이들은 궁지에 몰려 있다.[05] 빠져나갈 길은 없다. 관목과 침엽수림이 남쪽에서 북쪽으로 퍼져 나가는 사이, 북쪽에 있던 이들의 서식지는 북극해로 인해 제한되고 있다. 물론 이들의 서식지가 완전히 자리 잡을 때까지는 아직 몇십 년은 더 걸릴 것이다. 하지만 이미 그전부터 남쪽에서부터 밀고 올라온 경쟁자들이 북쪽으로 몰려들어 이들을 위협하고 있으므로, 그때까지 아직 시간이 충분하다는 뜻은 아니다.

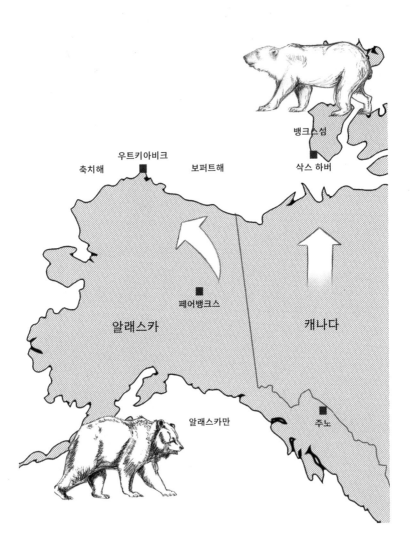

뱅크스섬

삭스 하버

우트키아비크

축치해   보퍼트해

페어뱅크스

알래스카   캐나다

알래스카만   주노

2 쫓기는 것들

도망치고 있는 북극여우

북극여우Vulpes lagopus는 오랜 시간 북극의 추운 환경에서 이상적으로 적응해 왔다. 작은 귀와 하얀 털 덕분에 북극여우는 에너지 손실을 최소화하고 눈밭에서 눈에 잘 띄지 않을 수 있었다. 하지만 눈이 녹고, 몸집이 더 큰 친족인 붉은여우들이 남쪽에서부터 밀고 들어오는 데에는 이제 그런 적응력은 소용 없었다. 북극이 따뜻해지고, 점점 더 눈이 적게 내리고, 고라니와 순록, 그리고 사람 들이 북쪽으로 퍼져 나갈수록 붉은여우들에게 더 유리했다. 먹이가 많아지고, 추위를 피할 수 있는 은신처를 찾기도 더 쉬워지기 때문이다.

스칸디나비아 북부 지역의 개체 수 시뮬레이션 결과에서 확인할 수 있듯, 개체 수는 비교적 적지만 더 크고 육중한 붉은여우가 북극여우를 더 먼 지역으로 쫓아내기는 어렵지 않았다.[06] 이 지역에서 북극여우는 이제 거의 사라지고 없다.[07] 2000년경 겨우 60마리 정도의 다 자란 여우가 있

었는데, 노르웨이 환경청의 사육프로그램을 통해 그나마 개체 수를 좀 더 회복했다.[08]

공교롭게도 세계에서 가장 많은 북극여우가 살고 있는 러시아에서(어림잡아 80만 마리 정도에 이른다) 그렇게 여우를 많이 관찰한 적은 없었다. 2007년 7월 22일까지는 말이다. 그날, 모스크바 국립대학교의 한 동물학자는 시베리아 북서부 야말반도에서 한 북극여우의 굴을 찾았다. 그는 일주일 전부터 어미 여우와 그 새끼들을 관찰하고 있었다. 하지만 이날은 뭔가 달랐다. 오후 여섯 시가 막 지날 무렵, 안나 로드니코바Anna Rodnikova는 100미터쯤 떨어진 곳에서 붉은여우가 지나가고 있는 것을 알아챘다.[09] 그는 붉은여우가 아주 천천히, 조심스럽게 여우 굴에 가까이 다가가는 것을 지켜보았다. 여우는 잠시 쉬어 가려는 것이 분명했다.

30분 후, 순찰 나갔던 어미 북극여우가 집으로 돌아왔다. 굴에 가까워지자 어미는 속도를 늦추고 살금살금 다가갔다. 적의 존재를 감지한 것이 틀림없었다. 넘어지면 코 닿을 만큼 떨어진 언덕 위에서 로드니코바는 바닥에 엎드린 채 20분 정도 꼼짝 않고 굴의 입구만 쳐다보았다.

붉은여우가 굴에서 나오자 북극여우는 안전거리를 유지한 채 크게 울부짖었다. 하지만 소용 없었다. 붉은여우는 꼼짝하지 않았고, 북극여우는 새끼들을 남겨 둔 채 도망가 버렸다. "붉은여우 상태가 그다지 좋지 않았음에도, 북극여우는 싸울 생각이 없는 듯 어떠한 행동도 취하지 않았다"고

로드니코바는 전문지 《극지생물학Polar Biology》에 썼다.

다음 빙하기는 오지 않을 것이다

북극에 사는 주민들에게 이는 운명의 비극적인 전환임에 틀림없다. 이제 그들에겐 시간이 얼마 남지 않았다. 충적세沖積世*의 막간, 1만 년 정도 지속되어 온 간빙기는 우리 인류에게 안정적인 기후를 제공했고, 사냥과 수렵, 채집사회에서 농경사회로 발전해 온 이 시기 이후, 지구는 이미 다음 빙하기로 접어들고 있었다. 빙하기가 시작되면 한랭대가 확장되어 북극여우들은 중유럽의 더 넓은 지역까지 차지할 수 있게 될 것이었다. 지난 빙하기에 딱히 이렇다 할 경쟁 없이 이들이 남부 프랑스까지 점령했던 것처럼 말이다.

6,500년 전, 지구의 여름 태양은 북위도의 가장 낮은 지역에까지 뜨겁게 내리쬐었다. 사실 이는 곧 빙하기가 시작될 것이라는 확실한 징후였다. 어쩌면 당시 대기 중에 쌓이기 시작한 이산화탄소 때문은 아니었을까. 그 원인을 두고 기후학자들은 지금까지도 논쟁하고 있다. 해류가 바뀌어서라고 하는 이도 있고, 농사짓고 가축을 기르기 위해 숲을 불태워 버린 인류의 조상들 때문이라고 보는 이도 있다.[10]

* 신생대 제4기의 마지막 시기. 약 1만 년 전부터 현재까지를 이른다.

그러나 산업화와 함께 추의 방향은 완전히 뒤바뀌었다. 세상은 다시 급격히 더워지고 있다. 200만 년간 나타나지 않은 만큼, 다가올 온난화는 더욱 강력할 것으로 예측된다.[11] 이번 세기 중반이면 여름의 북극해에는 얼음이 완전히 녹아 없어질 수도 있다. 다음 빙하기는 오지 않을 것이다.

상황이 이렇게 급격히 전개되고 있지만, 대부분의 극지 생물들에겐 기후변화에 적응할 만큼 진화할 시간이 없다.[12]

서식지의 변화에 맞추어 좀 더 빨리 또는 조금 늦게 번식하거나, 여름 서식지와 겨울 서식지의 구분을 없애면 성공할 수도 있을 것이다. 하지만 체내 시계를 바꿀 수 없는 생물종들에게는 북쪽 끝까지 이주하는 방법밖에 없다.

"기후가 점점 더 따뜻해지면서 북극의 생물들은 더욱 북쪽으로 올라갔고, 온대 지역에 살던 생물들이 곧장 그 뒤를 쫓아갔다"고 언젠가 찰스 다윈은 썼다.[13]

북극여우, 사향소, 순록 들에게는 아직 그들이 살아갈 수 있는 지역이 넓게 남아 있었다. 하지만 이들이 북쪽으로 이동해 갈수록 지구물리학은 이들을 밀어내고 있다. 북극에 가까워질수록, 이들의 생활권은 점점 더 급격하게 줄어든다. 지구가 구이기 때문이다. 지구는 마치 누군가 그 위에 앉아 있는 메디신볼과 같다. 적도를 둘러싸고 있는 링이 있다고 상상해 보자. 북쪽으로 갈수록 이 링은 점점 더 둘레가 작아진다. 그렇게 동식물들이 자유롭게 돌아다닐 수 있는 공간 역시 점점 더 좁아지는 것이다. 과학자들은 이러한 '극지협착현상'에 대해 이야기한다. 바다표범이나 북극곰 같은 몇몇 종들은 언젠가는 말하자면, 글자 그대로 '세상의 끝'까지 가게 될 것이다.

얼핏 이것은 역설인 듯 보인다. 북극의 생물다양성은 남쪽에서 이주해 온 생물들로 인해 증가하지만 동시에 전 세계 생물다양성에 대한 북극의 기여도는 감소하게 될 것이다. 기후변화 시대에 살아남는 방법을 찾지 못하는 북극의 생물종들은 멸종되고 말 것이기 때문이다.

카푸치노 베어: 진화의 사고事故일까, 새로운 트렌드일까
뱅크스섬, 캐나다, 2006년 4월 16일

살을 에는 듯 추운 어느 날, 흰 외투를 입고 스키마스크와 스키고글을 쓴 예순여섯 세 노인이 캐나다 북극해 제도 눈밭 속에서 힘겹게 걸음을 옮기고 있었다. 아이다호의 한 전화 회사 대표인 짐 마르텔Jim Martell은 가이드의 신호를 확인했다. 북극곰이 시야에 들어왔다. 녀석은 충분히 가까이 있었다. 북극곰 한 마리를 잡는 데 허가를 받느라 마르텔은 5만 달러를 냈다. 이는 환경보호론자들을 화나게 하는 일이었지만 마르텔은 신경 쓰지 않았다. 그는 총구를 겨누고, 크림처럼 흰 털을 향해 방아쇠를 당겼다. 곰은 그대로 쓰러졌다.

사냥꾼이 쓰러진 곰 위로 몸을 굽히자, 생각보다 덩치가 작고 등이 굽은 모습이 눈에 들어왔다. 더러워진 털, 그리고 눈과 코 주위의 어두운 반점도 보였다. 그렇다면 그가 쓰러뜨린 것이 알래스카불곰인 걸까? 캐나다에서는 큰곰의 아종亞種인 이 곰을 보호하고 있었으므로, 만약 그렇다면 마르텔은 1년 이하의 구금에 처해질 수도 있었다.

DNA를 확인한 결과, 그가 잡은 곰은 북극곰도 알래스카불곰도 아닌 두 종의 혼종이었다. 북극곰 엄마와 알래스카불곰 아빠에게서 태어난 하이브리드였던 것이다.[14] 언론에서는 이 곰에게 '피즐리' 또는 '카푸치노베어'라고 이름 붙였다. 과학자들은 이것이 아주 드문 예라고 생각했으며, 몇몇 과학자들은 진화론적으로 일종의 사고라고 보았다.

하지만 뒤이어 다른 하이브리드베어들도 등장하기 시작했다. 심지어 그중 한 마리는 유전자 분석 결과 다른 피즐리의 후손인 것으로 밝혀졌다.[15] 물론 이 두 종이 몹시 가까운 친척이므로 북극곰과 알래스카불곰이 짝짓기를 할 수 있다고 알려져 있긴 했지만, 예전에는 대부분의 곰들이 이를 피해 왔다. 그래서 하이브리드베어가 발견될수록 생물학자들은 놀라지 않을 수 없었고, 분류학자들은 당황했으며, 환경보호론자들은 커다란 과제를 떠안은 것 같았다.

이러한 현상을 설명하는 한 가지 원인으로 기후변화를 들 수 있다. 기후변화로 인해 북극곰Ursus maritimus과 큰곰 Ursus arctos의 서식지가 점점 더 겹치게 되고, 그러면서 이례적인 결합이 가능해진 것이다. 지구온난화로 인해, 사냥꾼에게 잡힐 위험이 적은 데다 한때는 기후가 맞지 않았던 지역으로 활동 영역을 넓힐 수 있었던 수컷 알래스카불곰이 북미 저 멀리까지 나아가는 동안, 북극곰의 서식지는 점점 줄어들었다. 북극곰이 바다표범 등을 사냥할 수 있는 해빙이 줄어든 것이다.[16] 만약 이들 앞에 얼지 않는 바다밖에 없다면 북극곰은 사람뿐 아니라 알래스카불곰과 마주칠 수밖에 없는 뭍으로 도망갈 수밖에 없을 것이다.

일부 북극 연구자들은 조만간 알래스카불곰이 북극권을 차지하게 되고, 결국 북극곰은 점차 사라질 것으로 예상하고 있다. 북극곰의 개체 수는 이 세기 중반까지 약 절반가량 줄어들 것으로 예측된다. 한때 이 거대한 제국의 절대적인 지배자였던 북극의 생물종은 장래에 생존을 위한 도피처를 찾아야만 한다. 언젠가 북극곰들에게는 캐나다와 북그린란드의 북극권만이 최후의 보루로 남게 될 것으로 보인다. 북극곰이 완전히 멸종한다면, 이들의 유전자는 알래스카불곰에게만 얼마간 남겨질 것이다. 마치 현 인류에게 일부 남아 있는 네안데르탈인들처럼 말이다.

한편 북극여우에게는 북극해의 섬들만이 남아 있을 뿐이라고 생물학자들은 추정하고 있다.[17] 이곳에서는 기후변화가 예외적으로 일어나고 있었다. 해빙이 사라지고 있으므로, 섬과 육지 사이의 연결 역시 끊어질 것이다. 그래서 오히려 붉은여우에게서 북극여우를 구할 수 있을지도 모르겠다. 북극여우가 다음 빙하기가 올 때까지 몇만 년 동안 이곳에서 견뎌 주기만 한다면 말이다.[18][19]

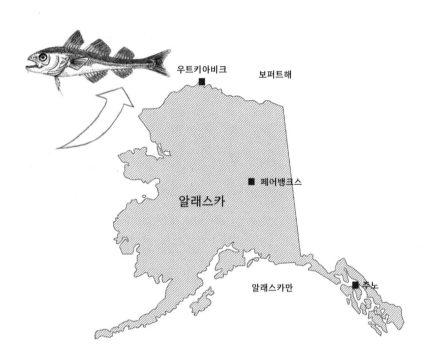

우트키아비크

보퍼트해

페어뱅크스

알래스카

알래스카만

주노

3 바다의 정권 교체

열 장벽이 무너지다

대륙의 최북단에서는 퇴출 투쟁이 이제 막 전개되기 시작했지만, 북극해에서는 이미 꽤 발전된 단계로 나아가고 있다. 물속에서 생물종들은 지구온난화에 훨씬 더 직접적으로 대응하기 때문이다. 물고기와 고래 들은 온도가 최적인 환경을 유지하기 위해 매일같이 거주지를 옮긴다. 물고기들은 바다 깊숙히 내려가거나 북쪽으로 이동할 수 있다. 베링해 같은 바다가 한 번에 따뜻해지고 얼음이 점점 더 줄어들면, 바닷속 생물들은 몇 달 안에 거주지를 옮길 수 있는 것이다.

베링 해협, 2017년

1만 년 전까지만 해도 아시아와 아메리카는 좁은 지협地峽*

---

* 두 개의 육지를 연결하는 좁고 잘록한 땅.

을 통해 서로 연결되어 있었다. 마지막 빙하기가 끝나면서 거대한 빙하가 녹고, 해수면이 상승하면서 베링 육교는 물속에 가라앉고 말았다. 현재 시베리아와 알래스카 사이에는 82킬로미터의 좁고 가는 통로가 나 있어 이 길을 통해 태평양에서 흘러들어 온 물이 북극해로 밀려 들어갔다가 다시 밀려 나온다. 그럼에도 두 바다의 북쪽 한랭 지대와 북극 생물종들의 교류는 최소한으로 유지되고 있다. 맨눈으로는 확인할 수 없는 어떤 장벽이 그 원인이다. 베링 해협의 남쪽 해저에는 겨우 2도 이하의 차가운 물로 이루어진 약 30미터 두께의 층이 있는데, 해빙이 녹으면서 이 층이 점점 더 두꺼워지고 있다. 일종의 거대한 열 장벽처럼 이 저수층이 두 시스템 간의 자유로운 흐름을 막고 있는 것이다.

그러다가 2017년이 되었다. 해가 지날수록 바다는 따뜻해지고 있었다. 바다 위 얼음이 녹으면서 바다의 면적은 더 넓어지고 어두워졌으며, 이로 인해 햇빛을 반사하는 대신 흡수하고 있다. 이런 현상은 점점 더 심해졌다. 여름에서 다음 여름까지, 해빙은 베링해에서 점점 더 북쪽으로 물러나고 있는 추세인데, 심지어 축치해의 대륙붕 뒤쪽에서마저 사라지고 있다. 강한 바람이 휘몰아치는 동시에 베링 해협을 통해 따뜻한 바닷물이 점점 더 북극해 연해로까지 흘러들면서, 2018년과 2019년 과거의 냉수층은 이 시기 내내 빙점을 넘어서고 있었다. 이러한 현상에 대해 전문가 그룹의 감독관 격인 헨리 헌팅턴은 '충격적'이라고 서술했다.[20]

베링 해협 앞의 이 열 장벽이 없어지면서 해수면 아래에서는 규칙적으로 오가는 움직임이 돌연 활발해졌다. 북쪽에서부터 내려오는 극지대구가 베링해까지 내려온 적이 있는데, 해양생물학자들은 그해의 특별한 조건으로 인한 예외적인 현상이라고 설명했다. 이와 반대로, 차가운 것을 좋아하는 어종인 명태는 방향을 돌려 이 해협을 통해 북쪽으로 나아갔다. 곱사연어는 떼를 지어 우트키아비크 해안까지 몰려가, 고래잡이들의 생계를 책임지고 있는 그곳의 다른 연어들을 몰아내고 있다. 헌팅턴은 말한다. "연어가 돌아오지 않는 현상을 우리는 직접 목격할 수 있었습니다. 이런 상황은 사실 몇십 년 후에나 올 거라고 예상하고 있었는데 말이에요."

그런데 이런 식의 '정권 교체'는 처음이 아니었다. 2015년에 이미 노르웨이의 연구진이 바렌츠해에서 비슷한 현상을 지적했던 것이다. 이들은 10년 동안 매년 가을이면 연구선을 타고 북극 연해에 있는 지정 관측소 400곳을 돌아다니며 저인망을 던져 표본을 채집했다. 그들은 물고기들을 분류하고 수를 세고 무게를 쟀다. 그 결과 참대구나 해덕대구 같은 저 북쪽, 그러니까 냉대 지역의 육식어들이 북쪽으로 159킬로미터가량 활동 반경을 옮겨 북극해로 밀고 올라가면서, 검정가자미나 대서양붉은볼락, 극지대구 같은 원래의 토착 물고기들을 더 먼 북쪽 바다로 쫓아내고 있다는 사실을 알아냈다. 노르웨이 트롬쇠 해양연구소의 프로젝트 책임자인 마리아 포스하임Maria Fossheim은 북극 어류 집단의 '아한대화'에 대해 언급했다.

어쨌거나 물고기들은 헨리 헌팅턴이 알래스카 앞 베링해에서 관찰했던 것처럼 그 자리에 남아 있어 주질 않았다. 그는 전문가들이 정리한 특이점들을 모두 수집했다. 바닷새들이 알래스카 연안에서 대량으로 죽어 나갔고, 바다표범도 마찬가지였다. 고래들은 갑자기 수백 년 전부터 지나다니던 경로와 완전히 다른 루트로 이동하고 있었다. "이 모든 사실이 너무나 끔찍했다"고 헌팅턴은 설명한다. "우리는 이것들이 각각의 개별적인 현상 그 이상을 의미한다고 보고 있습니다."

알래스카의 전통적인 사냥꾼들은 이러한 변화에 더욱 직접적으로 영향을 받을 수밖에 없었을 것이다. 알래스카 서쪽의 한 도시에서 헌팅턴은 이런 말을 들었다. "에스키모들은 결코 한곳에 머물러 있는 법이 없다." 이 말은 스노모빌*과도 연관이 있겠지만, 비유적으로 해석될 수도 있다. '문제가 생기면 어떻게든 해결할 수 있게 하라'는 것이다. 이러한 태도는 과거 사냥꾼들이 거친 환경에서 살아남는 데 분명 큰 도움이 되었다. "하지만 모든 일에는 한계가 있다"고 헌팅턴은 말한다. "이렇게 훌륭한 자세로 임한다 해도

* 눈 위에서 빠르게 이동할 수 있도록 트랙과 스키가 부착된 동력 차량.

2019년 우트키아비크에서 벌어진 일들을 막을 수는 없었을 것입니다."

우트키아비크, 2019년 9월

고래잡이 시즌은 큰 기대와 함께 시작되었다. 어떻게 그러지 않을 수 있을까. 매년 가을이면 1만 7,000마리의 북극고래들이 알래스카를 크게 돌아 베링 해협 쪽으로 돌아가기 위해, 그리고 맞은편 시베리아 해변을 따라 남쪽으로 이동하기 위해 캐나다에서 우트키아비크를 지나 서쪽으로 이동했다. 이맘때쯤이면 이런 지역에 고래들의 먹이가 되는 플랑크톤과 다른 갑각류가 충분하기 때문이다. 이는 곧 시작될 백야만큼이나 분명한 일이었다.

해안 도시들을 지나는 길에, 북쪽에서부터 내려온 얼음 때문에 해양 포유류들은 사냥꾼들의 손안으로 손쉽게 떠밀려 들어갔다. 사냥꾼들은 대대로 그렇게 해 왔듯 그저 기다리기만 하면 되었다. 해안가에 서 있는 수 미터 길이의 구부러진 고래뼈 두 개로 이루어진 상징적인 아치가 이를 잘 보여 주고 있었다.

200년까지 살 수 있는 고래들은 현재 세계적으로 보호받고 있지만, 알래스카 북부 해안의 다른 내륙 지역이 그렇듯 우트키아비크에 사는 주민들은 생계를 위해 매년 고래 25마리를 잡아 왔다. 고래가 겨울의 도시를 먹여 살려 온 것이다. 게다가 고소한 맛이 나는 고래고기에는 거의 종교적인 의미까지 있었다. 헌팅턴은 "고래는 수세대에 걸쳐 내려져 온 이들 문화의 중심"이라고 설명한다.

우트키아비크는 모든 일이 고래잡이에 맞추어져 있었다. 여름에 얼음이 사라지고 나면, 남자들은 고래잡이를 나갈 때 탈 보트를 만들 가죽을 얻으려고 턱수염물범을 사냥하고, 여름과 가을이면 순록을 사냥한다. 온통 빙판인 이곳에서 순록고기를 먹고 그 털로 몸을 따뜻하게 해 온 것이다. 고래잡이에 성공하면 이들은 축제를 열고 전 지역의 주민들과 고래고기를 나눈다. "그들은 이 모든 일을 준비하는 데 한 해의 대부분을 보낸다"고 헌팅턴은 설명한다. "고래잡이들에게는 엄청나게 부담되는 일이지만, 이것은 지역사회를 하나로 묶어 주는 사회적 접착제가 됩니다. 이들에게 고래가 사라진다는 것은 한 해를 움직이는 원동력을 빼앗긴다는 것이나 다름없습니다."

30도까지 기온이 올라갔던 예년과 다르게 훨씬 더웠던 여름이 이제 막 끝이 났다. 알래스카에서 7월이 이렇게까지 더웠던 적은 여태껏 없었다. 강 속 연어가 사라졌고, 숲마저 불타고 말았다. 우트키아비크 앞바다에는 가을이 되어서야 뒤늦게 얼음이 해안가로 밀려왔다. 그럼에도 불구하고 주민들은 고래가 다시 불쑥 나타날 거라고 믿어 의심하지 않았다. 2017년 베링해에서 주목할 만한 변화가 일어난 이후에도 해양 포유류들은 언제나 이들의 믿음을 저버린 적이 없었으니까 말이다.

어둠 속에서 고래잡이들은 배를 타고 바다로 나갔다. 한번 나가면 남자들은 고래를 찾아 열네 시간 넘도록 바다에서 시간을 보냈다.[21]

고래는 없었다.

한 주 한 주 시간이 지날수록 기대는 커졌지만, 고래는 나타나지 않았다.

4주가 지난 후, 처음 바다에 나갔던 남자들은 배에 덮개를 씌우기 시작했다. 그들에겐 선원들의 식량과 연료에 돈을 쓸 여유가 더는 없었다. 심리적인 압박감은 커져만 갔다. 몇 주 동안 고래잡이들은 가족과 떨어져 지냈다. 지역사회가 몇 주에서 몇 달씩 먹고살 수 있을 만한 수확물을 가지고 돌아가기 위해 그들은 기꺼이 희생을 감수했다. 하지만 몇 주가 지나도록 고래 한 마리도 잡지 못하고 돌아가야 한다니, 너무나 속상한 일이었다.

8월이 지나고 10월도 지났다. 여전히 고래는 한 마리도 잡지 못한 채였다.

이제 고래잡이들에겐 시간이 없었다. 백야에 가까워지면서 태양빛은 하루하루 희미해지고 있었다. 바다로 더 나가기에는 이미 위험했다. 사실 이미라고 할 것도 없이 더없이 위험했다. 지난가을만 해도 거친 바다에서 배가 뒤집혀 고래잡이 두 명이 목숨을 잃었다.[22]

더욱더 큰 모험을 해야 바다에서 기쁨을 찾을 수 있을

것 같았다. 고래를 한 마리라도 찾기 위해, 때때로 이들은 80킬로미터 이상 더 멀리 나아갔다. 그전까지는 나가 본 적 없는 바다였다. 하지만 역시 허사였다. 가톨릭교도들은 교회에 모여 기도했다. 장로회도 재림교도 마찬가지였다. "우리 마음속에서 한때 반짝이던 빛과 희망이 사라지기 시작하면, 어쩌면 그때야말로 기적이 일어나야 할 때라는 것을 깨닫게 될 것입니다." 한 시민이 지역방송 리포터에게 그렇게 말했다.[23]

궤도에 오른 생존예술가

같은 시각, 110킬로미터 너머 해상에 최첨단 탐사선이 출항했다. 배는 베링 해협을 통과해서 알래스카 서쪽 해안을 돌았다. 우트키아비크에 배는 정박할 수 없었다. 시쿨리아크 Sikuliaq호*의 선원들은 환영받지 못했다. "지역사회 전체가 격동을 일으켰다"고 브레머하펜 알프레드 베게너 극지해양연구소AWI의 원정대원 하우케 플로레스Hauke Flores는 설명한다.

이 해양생태학자 역시 이 지역의 생물학적 변화에 관심이 있었다. 더 정확하게 말하면, 극지방의 식량망에 있어 중

* 국립과학재단의 소유로, 알래스카 대학교 페어뱅크스 수산해양과학부에서 운영하는 미국의 연구 선박.

요한 역할을 하는 동시에 전 생태계의 현황을 그대로 보여주는 지표어종인 작은 물고기, 바로 극지대구에 대한 관심이었다.

진화를 거쳐 세 개의 등뼈와 두 개의 꼬리지느러미를 지닌 이 생존예술가는 얼음 아래에서도 완벽하게 적응해서 살아남을 수 있었다. 1년생에서 2년생 정도 되는 어린 물고기들은 두꺼운 얼음 밑에서 보호받으며 시베리아와 알래스카 해안가의 산란지에서부터 북극 한가운데까지 이동한다고 연구자는 추정하고 있다. 얼음 아래에 있으면 어린 물고기들은 북극바다제비나 고리무늬물범으로부터 훨씬 안전했으며, 해조류를 먹고사는 요각류**와 단각목***을 먹고살 수 있었다.

극지대구가 빙점에 가까운 온도에도 살아남을 수 있는 것은 이들의 혈액에 녹아 있는 결빙 방지 단백질 덕분이다. "결빙을 견딜 수 있는 동물은 에너지를 거의 소모하지 않는다"고 플로레스는 설명한다. "모든 신진대사 과정이 극도로 느리게 진행"되는 것이다.

어쨌거나 해빙이 사라지면 진화 과정에서 생겨난 이러한 이점들은 아무 소용이 없을 것이다. 아이로니컬하게도

**   절지동물문(節肢動物門) 갑각강(甲殻綱)에 속하는 동물 무리. 동물 플랑크톤.
***   절지동물문, 갑각강에 속하는 한 세부 분류군으로 저서생활 또는 부유생활을 하는 동물 분류상의 한 무리.

극지대구의 세계가 이렇게 무너지고 나서야 비로소 연구자들에게 이들의 삶을 이해할 기회가 열렸다. 플로레스는 "최소한 후손들에게 오래된 극지방의 실제 모습이라도 전달하고 싶다"고 말한다.

바로 이것이 그가 보퍼트해로 떠난 이유였다. 하지만 그전까지 극지대구가 자주 나타나던 우트키아비크 바로 앞에 닿을 때까지 극지대구의 어떠한 흔적도 찾을 수 없었다. 대신 이 연구자의 그물에는 이곳에 전혀 어울리지 않는 어종들이 걸려 올라왔다. "외관상으로는 마치 전 생태계가 무너져 버린 듯했다"고 이 AWI 연구자는 말한다.

얼음층이 다시 형성되긴 했으나, 두께가 얼마 되지 않았다. 불규칙적으로 형성된 이 다년빙에서는 그 무엇도 볼 수 없었다. 이누피아트족의 언어로 '젊은 해빙'이라는 뜻을 가진 시쿨리아크호는 대륙붕 모서리를 지나 바다로 나아갔다. 선원들은 얼음 아래로 끌 수 있는 특수 트롤어망을 던졌고, 그제야 비로소 바다 밖으로 어린 극지대구들을 끌어올릴 수 있었다. "그전이라면 극지대구들이 얼음 밑으로 들어가기 위해 그렇게 깊은 바다까지 나아가지 않아도 되었어요." 젊은 북극 연구원은 말한다. "전에는 가을이면 얕은 바다에도 벌써 얼음이 얼었으니까요."

1980년 이래 여름의 북극 해빙의 규모는 거의 반으로 줄었다. 그로 인해 어린 극지대구들은 얼음 아래 피난처에서 해안가의 산란처로 거슬러 올라가기 위해 점점 더 먼 거리를 건너가야 한다. 이론적으로는 극지대구들은 넓은 대양에서도 견딜 수 있었다. 실험실 안에서의 실험 결과는 기온이 상승하더라도 어느 정도는 이들이 잘 적응할 수 있음을 보여 주었다. 하지만 이제 바다에는 극지대구들만 있는 것이 아니다. 대서양대구 같은 남쪽의 어종들이 몰려와 새로운 환경에서 더 잘 적응하고 있다.

새로 바뀐 식단 역시 문제가 되었다. 북극의 해빙이 점점 물러나면, 어린 극지대구의 주요 먹이인 요각류는 빙하의 아래쪽에 붙어 있는 얼음조류*를 전혀 혹은 거의 찾을 수 없게 될지도 모른다. 그 자리는 지방 함량이 훨씬 적거나 거의 없는 대서양과 태평양의 요각류들이 대신하고 있는데, 극지대구가 배를 채우려면 훨씬 더 많은 양을 먹어야 한다. 게다가 극지대구는 얼마 안 되는 이 먹이를 두고 연어나 청어 같은 남쪽의 어종들과 경쟁도 해야 한다. 심지어 먹이를 찾으려면 수백 킬로미터 이상을 헤엄쳐 가야 할 뿐 아니라 극지대구마저 먹어 치우는 대서양대구들까지 만날 수 있다.

극지대구들은 북극해 더 깊은 바다로 도망가는 수밖에 이제 다른 방법이 없다. 그곳이라면 최소한 이들에게 한 가지 측면에서는 유리했다. 아직은 어업 금지령이 있기 때문이다.[24]

* 눈이나 얼음의 표면이 용해된 부분에 발육하는 미세조류. 남극이나 북극의 바닷가 얼음이나 눈 녹는 부분에 나타난다.

반면 해안 근처, 비교적 평평한 대륙붕 해역에서만 살아남을 수 있는 어종들도 있다. 이들에게는 북극 쪽으로 후퇴하는 것은 선택 가능한 대안이 아니다. 플로레스는 말한다. "이러한 변화에 어떻게도 견뎌 낼 수 없는 바다생물들이 많습니다."

가장 먼저 얼음조류, 다음은 요각류, 그다음은 극지대구 순이었다. 마치 폭죽이 터지듯 북극의 먹이사슬은 최상위까지 크게 변하고 있다. 2017년 겨울이 되면서 알래스카 역시 변하기 시작했다. 해빙이 아주 빈약해지면서 얼음조류의 번식도 부진해졌고, 그에 따라 갑각류들도 굶주릴 수밖에 없게 되었다. 이로 인해 극지대구 같은 물고기들은 먹이를 충분히 구하지 못하게 되었고, 이것은 더 큰 결과로 이어졌다. 북극해의 물속을 바삐 오가는 이 방랑자들이 고등생물과 하등생물 사이의 에너지 공급원으로서 역할을 담당하고 있기 때문이다. 바다표범이나 바닷새 들의 주요 먹이가 바로 극지대구인 것이다. 이는 이후 몇 년 동안 알래스카의 해안과 우트키아비크 해안으로 떠밀려 내려온 수백 마리의 바다표범과 바다오리의 늘어진 시체에 대해 설명해 줄 수 있을 것이다.[25] 하우케 플로레스에 따르면 "극지방의 식량망이 완전히 변하고 있다".

먹이사슬은 사실 훨씬 더 심각하게 변하고 있다. 2019년 8월 200마리 넘는 굶주린 귀신고래들이 알래스카 서쪽 해안으로 떠밀려 왔다. 고래들은 분명 여름 내내 축치해와 보퍼트해에서 먹이를 거의 찾지 못했을 것이다. 반면 북극고래들은 이러한 변화에 크게 영향을 받지 않은 듯 보인다. 매년 가을, 북극고래들은 언제나처럼 우트키아비크 앞을 지나쳐 갔다. 2019년까지는 말이다.

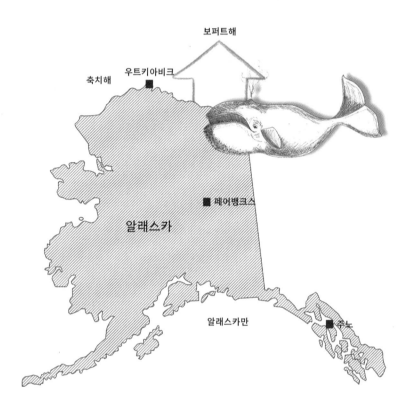

보퍼트해

축치해　우트키아비크 ■

■ 페어뱅크스

알래스카

알래스카만　주노 ■

4 고래는 어디에 있을까?

알래스카 북동부 해안, 2019년 10월 29일

메건 퍼거슨Megan Ferguson은 다시 한번 행운을 시험해 보고 싶었다. 옅은 구름이 깔린 이날 아침, 국립해양대기청 NOAA 소속의 이 생물학자는 북극고래를 만나기를 고대하며 알래스카 북서부 해안 앞바다로 날아갈 경비행기에 올랐다. 9시 30분이 막 지날 무렵이었다. 쉬운 일은 아니었다. 짙은 안개에 시야가 가려지기도 했고, 또 찌르는 듯한 햇빛에 눈이 부시기도 했다.

지난 몇 년 고래들은 정기적으로 동쪽에서 와서 알래스카 해안을 따라 이동했다. 9월이면 정찰비행을 하면서 또 얼마나 깊은 곳에서 이 바다의 거인들을 만나게 될지 추측하는 것이 퍼거슨의 큰 즐거움이었다. 하지만 이번 가을은 완전히 달랐다. 고래들은 처음에는 전혀 모습을 드러내지 않다가 평소의 이동경로보다 북쪽으로 한참 떨어진 곳에서 모습을 드러냈다. 생태학적 미스터리였다.

왜 이렇게 해안에서 멀리 떨어진 곳에서 고래를 만나게 된 걸까? 퍼거슨은 궁금해졌다. 이에 대한 답은 지금까지도 정확하게 알 수 없다. 어쩌면 무언가가 고래를 해안에서 밀어냈을지도 몰랐다. 어선단도 그중 하나일 것이다. 하지만 트롤어선들이 비정상적으로 많은 것은 아니었다.

남쪽에서 이동해 온 사냥꾼 범고래와는 또 사정이 완전히 달랐다. 범고래는 바다표범을 사냥할 때의 그 잔혹성과 영민함 때문에 킬러 고래라고도 불린다.

사실 검은색에 흰색 반점이 있고 길이 10미터에 이르는 이 동물은 좁은 의미에서는 고래가 아니라 가장 덩치가 큰 종류의 돌고래였다. 이들은 단단하게 맞물려 있는 이빨로 물어뜯을 수 있는 모든 것을 사냥한다. 물고기나 바다표범뿐 아니라 외뿔고래나 북극고래 같은 고래들까지 말이다. 지금까지 사냥감들은 해빙의 뾰족한 모서리 덕분에 이 포식자를 피할 수 있었다. 하지만 바다에서 얼음이 사라지면서 이들은 범고래로부터 스스로를 안전하게 지킬 수 없게 되어 버렸다. 바닷속의 대량 학살은 그렇게 시작되었다.

지난 몇 년 사이 연구자들은 범고래들이 북쪽으로 퍼져 나가고 있는 것을 관찰할 수 있었다. 허드슨만[26]뿐 아니라, 우트키아비크 앞 보퍼트해 서쪽에서도 범고래들이 발견되었으며, 이 지역에서 범고래가 북극고래를 공격하는 일 역시 증가하고 있었다. 2019년 8월만 해도, 범고래의 공격으로 죽은 북극고래 다섯 마리의 사체가 발견되었다. 북극고래의 피부에는 반달 모양의 상처가 나 있고, 복부에선 내장이 흘러나와 있었으며, 혀가 없었다. 10년 전까지만 해도 이런 일들은 저 멀리 북쪽에서만 기록되던 일이었다. 이누피아트족에게도 이렇게 새로운 경쟁자가 나타난 것이다.

2019년 어느 가을날, 퍼거슨은 검푸른빛 바다를 바라보고 있었다. 두 달 전까지도 고래를 전혀 찾아볼 수 없었기 때문에, 그는 나머지 고래들을 찾고 있었다. 비행기가 동쪽에서 프루도만 북쪽 바다 위를 날고 있을 때, 이 해양생물학자는 드디어 고래들이 오고 있는 모습을 볼 수 있었다.

수면을 뚫고 솟아오른 거대한 동물의 몸뚱어리, 칠흑같이 새까만 고래의 등에는 날카로운 얼음 모서리에 긁힌 흰 상처가 가득했다. 숨을 내쉴 때마다, 고래들은 거대한 분수를 뿜어 올렸다. 북극고래 서른 마리 가운데 여덟 마리는 아직 어린 고래였다. 고래들은 퍼거슨이 두 달 전부터 기다리고 있던 바로 그곳에서 빙빙 돌고 있었다. 퍼거슨의 설명에 따르면, "그것은 개체의 일부가 이동을 미루고 있음을 의미하는 것이었다". "어쩌면 보퍼트해 동부의 먹이 사정이 나쁘지 않아서 이 지역에 머무는 것일 수도 있습니다."

어쨌든, 이제는 고래들도 길을 떠나고 있었다.

우트키아비크, 2019년 11월 16일

소문은 매우 빠르게 도시로 퍼져 나갔다. 고래 한 마리가 해안가에 죽어 있었던 것이다.

이날 아침 소문이 돌자마자, 선원의 아내들은 집과 부엌을 정리하기 시작했다. 그러고 나서 여자들은 아직 어두운 밖으로 나가 차에 올라탔다. 붉은 불빛들이 600년도 더 전부터 대대로 이누피아트족이 고래잡이를 떠나던 해안가 언덕으로 줄지어 올라왔다.[27] 그들은 거기에서 고래를 기다렸다. "사람들은 서로를 끌어안고 기쁨의 눈물을 흘리며 환호했습니다." 한 지역신문에서 어느 시민은 그날 아침의 광경을 그렇게 설명했다.[28]

쿨리크 페블리Qulliuq Pebley는 다시 한번 선원들과 배를 타고 바다로 나갔다. 더는 태양이 모습을 드러내지 않는 백야의 어느 날, 바람은 잠잠했지만 얼음장같이 차가운 날이었다. 바다 위에 멈추어 선 배들은 무선으로 주파수를 맞추고 있었다.

북극고래를 발견했을 때, 페블리는 다른 사람에게 GPS 좌표를 넘겨주었다. 작살을 쏘기 위해 모든 배가 8미터가 넘는 이 고래에게 몰려들었다. 사람들은 고래를 빙판 위로 끌어올려 도륙용 칼로 머리를 베어 낸 뒤 이 거대한 짐승을 해안으로 끌고 갔다.

"고래가 올라오는 것을 보았을 때, 저는 마치 오랫동안 숨을 참고 있었던 사람이 내뱉듯이 그제야 긴 숨을 내쉴 수 있었습니다." 페블리는 알래스카 리포터 셰디 그로브 올리버Shady Grove Oliver에게 그렇게 이야기했다. 꼬박 두 달 전부터 이들은 배를 타고 바다로 나가 기도했다. 4,000리터가 넘는 연료를 써야 했다. "그때 어떤 느낌이었는지 설명하려면 뭔가 새로운 단어가 필요합니다. 너무 복잡한 심정이었어요. 마음이 놓이면서 감정이 벅차올랐고, 또 후련했습니다."

기사에 따르면, 선장의 집 지붕에는 깃발이 걸렸고, 이 지붕 아래 남자 여자 할 것 없이 이 도시 주민의 4분의 1이 모여들었다. 1,000명이 넘는 사람들 모두 조금이라도 고래를 얻으려는 것이었다.

헨리 헌팅턴이 이런 의식에 참여한 것은 이번이 처음이었다. 다른 사람들처럼 그는 접시와 포크와 나이프, 잔을 챙겨 들고 고래를 중심으로 둘러앉았다. 고래의 가죽 바로 아래 살코기와 껍질을 함께 블록 모양으로 잘라 놓은 '막탁'이 있었다. "어린 고래의 고기는 아주 부드럽지만, 나이 든 고래의 고기는 상당히 질기다"고 헌팅턴은 말한다.

이른 저녁, 축제에 참가한 사람들은 고래잡이배의 바다표범 가죽을 벗겨내어 자리에 펼쳐 놓고 빙 둘러선 다음, 각 방향에서 잡아당겨 들고 축제에 온 손님들을 한 사람씩, 마치 트램펄린처럼 높이 들어 올린다.

그 기쁨은 너무나 컸고, 그해는 마을 주민들에게 오래도록 마음에 남았다. 수백 년 동안 이들은 고래에 의지했지만, 그날로 그 시절이 끝나 버린 것이다.

다른 지역에서도, 북극 원주민 문화의 중심을 형성해

왔던 동물들은 사람들에게서 점점 더 멀어지고 있다. 수천 년 전부터 핀란드 북부에서 연어를 잡아 온 사미족에게 연어는 지금까지 이들의 생존을 책임져 온 물고기였다. "연어가 사라진다면 우리는 더 이상 인간이 아니다." 사미족 속담이다. 하지만 거의 종교적인 이러한 연대가 이제 끊어질 위기에 처했다. 수온이 상승하면서 곤들매기* 같은 다른 어종이 강을 거슬러 올라오면서 연어를 몰아내고 있기 때문이다.[29] "이들은 마치 침략당한 듯한 기분이 들었을 것"이라고 태즈메이니아 대학교 해양사회생태학 센터장인 그레타 페클Gretta Pecl이 내게 설명했다. 그는 전 세계의 토착민 그룹과 협력 연구를 진행하고 있었다. "그들은 새로운 생물종들과 어떻게 협력하며 살아가야 할지 알지 못합니다. 이들에게는 다른 생물종들에 관한 어떠한 노래도 시도 예술도 없으니까요."

시베리아 북부, 유럽, 미국의 수많은 원주민 사회의 문화와 경제는 순록이나 사슴과 연관되어 있다. 이와 관련된 여러 의식과 춤이 있고, 사슴고기와 순록고기를 먹고 팔며, 가죽은 옷과 구두와 천막을 만드는 데 쓴다. 우트키아비크에서처럼 말이다.[30] 하지만 덩치 큰 이 초식동물들 역시 기후변화에 따라 북쪽으로 이동하고 있으며, 그 이동경로 역시 바뀌고 있었다. 영구동토층이 녹고 있는 데다, 남쪽에서

* 날카로운 이빨을 가진 탐식성(貪食性) 민물고기.

는 엘크와 같은 경쟁자들을 맞닥뜨리고 있기 때문이다.[31] 더구나 이 경쟁자들에게는 북극 생물종들에게는 내성이 없는 병원균까지 있었다.[32]

그렇다고 저 위 최북단에 사는 주민들에게 희망이 아주 없는 것은 아니다. 이누피아트족만 해도 수천 년 이상 온갖 상황에 적응하며 지금까지 살아왔다. 어떤 생물종이 사라지더라도 이들 문화에 여전히 중요한 의미가 있다면, 다른 생물을 사냥하고 또 새로운 연대를 만들면 된다.

전통적인 사냥꾼들에게 가장 큰 문제는, 사라져 가는 북극고래도, 연어도, 갑자기 몰려드는 범고래나 곤들매기도 아니다. 그것은 북쪽으로 세를 넓히며 올라와 북극의 생활 공동체에 자신들의 규칙을 강요하는 전혀 다른 우세종, 즉 현대의 인류다.

우트키아비크 주민들은 북극고래를 일부 정해진 수만큼만 잡을 수 있다. 예를 들어 2019년 가을에 이들 고래잡이배 바로 앞까지 모습을 드러낸 밍크고래도 잡을 수가 없었다. 이들에게 조업권이 없기 때문이다. 헌팅턴은 비판한다. "인간이 만든 시스템이 여기까지 작용하고 있습니다. 타당한 근거 없이 기후변화에 적응할 수도 없도록 말이죠."

어쨌든 이미 오래전부터 북극의 지역 어부들과 고래잡이들은 이제 더는 그들끼리만 있을 수 없었다. 알래스카 서부의 베링해에 수익이 높은 세계적인 어장들이 다수 있기 때문이다. 2017년 알래스카의 어부들은 13억 달러 상당의

명태를 이 지역 해역에서 잡아 올렸다. 여러 어종이 북극 쪽으로 이동하고 있으므로, 상업적인 어선단들이 그 뒤를 따르는 것은 이제 시간문제다. 당분간은 어떻게든 어획을 금지하더라도 말이다.[33] 북극 연구자들은 이미 빙하 한켠에서 그물의 흔적을 발견했다.

그렇게 되면 저 멀리 최북단 지역 어업 역시 그 성격이 바뀔 것이다. 이 지역의 자급자족경제는 대규모 산업으로 바뀔 것이다. 이것이 무엇을 의미하는지는 한 수치가 잘 보여 준다. 북극 원주민 어부들이 50년 이상 잡은 물고기 양이 북동대서양의 어선들이 한 해 동안 일시적으로 잡아 올린 물고기 양보다 훨씬 적은 것이다.[34]

앞으로는 트롤어선들이 우트키아비크 같은 마을 앞에서 이누피아트족과 물고기를 놓고 다투게 될 수도 있다는 이야기다. 어쩌면 이들이 고래까지 상업적으로 팔 수도 있다. 이는 결코 과한 염려가 아니다. 이런 물고기들에 대해서라면 부유한 나라도 문명화된 민주주의도 의미가 없기 때문이다. 더구나 물고기들이 국경을 지키지 않는다면 더욱 그럴 것이다.

2부

온대:

생물들의 교체

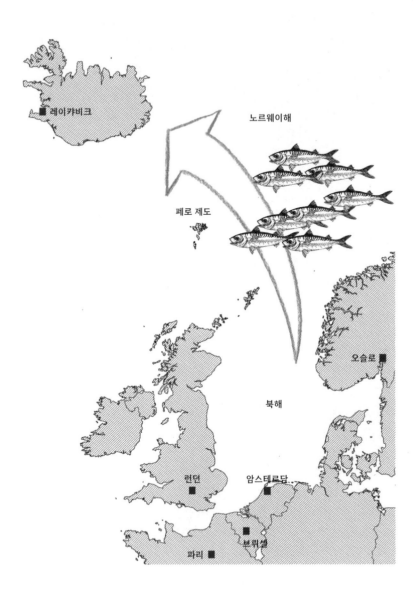

노르웨이해

페로 제도

레이캬비크

오슬로

북해

런던

암스테르담

브뤼셀

파리

5 주 수입원 물고기의 이동

2007년 북해 연안의 대서양고등어 떼가 이동하면서 유럽에 무역 전쟁과 정치적인 위기가 불거졌는데, 그 결과는 오늘날까지도 이어지고 있다.

매년 새해가 시작되면, 지브롤터에서부터 스페인 비스케이를 거처 스코틀랜드 주변까지, 대서양고등어 수백만 마리가 유럽 해안으로 모여든다. 대륙사면大陸斜面*에 알을 낳기 위해서다. 또 봄이 끝날 무렵에는 먹잇감을 찾기 위해 북해와 노르웨이해 사이로 모여든다.

하지만 2007년, 아무도 예상하지 못했던 바로 그 일이 일어났다. 북동대서양에서 대서양고등어의 개체 수가 평년 규모를 훨씬 뛰어넘은 데다, 고등어는 아이슬란드 해안까지 바짝 밀고 들어왔다. 이 섬나라 사람들에게는 거의 성경에나 나올 법한 일이었다. 목격자들은 바다 아래 마치 그

---

* 대륙붕과 심해저평원 사이에 있는 해저 지형으로, 고지대와 저지대 사이의 경사면보다 더 가파르다.

림이라도 그린 듯 드리워졌던 어두운 그림자에 대해 보고했다. 게다가 어찌나 활발하게 움직이는지 마치 물이 끓고 있는 듯 보였다고 했다. "그렇게 며칠이 지나자 다른 물고기들은 거의 찾아볼 수가 없게 되었습니다." 레이캬비크에 있는 아이슬란드 대학교 경제학 교수 라그나르 아르나손Ragnar Árnason은 그렇게 설명한다.

그때까지만 해도 아이슬란드인들은 주로 대서양대구, 대서양붉은볼락, 해덕대구를 잡아 왔고, 대서양고등어는 아주 조금뿐이었다. 그런데 갑자기 이 기름진 물고기가 문 앞까지 엄청나게 밀려 들어온 것이다. 거의 하룻밤 사이에 유럽 어업국들 사이의 균형은 무너져 버렸다.

오랜 기간 유럽인들은 이 기름진 생선을 냉장고에 넣어만 두고, 식당에서도 연어나 송어를 주문했다. 고등어는 거의 먹질 않았다. 그러나 1990년대 초반, 무엇보다 환경에 대한 인식이 바뀌면서 육즙이 많고 풍미가 좋은 이 생선을 새롭게 받아들이기 시작했다. 고등어는 오메가3지방산의 함량이 높은 데다, 오랜 기간 사람들에게 별 관심이 없었기 때문에 개체 수도 안정적인 수준이었다.[01]

아이슬란드는 이러한 행운을 거의 알아차리지 못했지만, EU와 노르웨이는 열광했다. 이들은 그때까지 고등어의 개체 수를 관리하고 있었으므로 큰돈을 벌 수 있었다. 영국만 해도 고등어로 한 해에 2억 2,000만 유로 이상을 벌어들였다.[02] 고등어의 전체 개체 수가 일정하게 유지되도록, 영국은 이 물고기들이 지나가는 바다와 맞닿아 있는 다른 나라들과 어업권을 조정하고 분배했다. 어떤 나라가 고등어를 얼마나 잡아야 할지 합의했다. 이들은 물론 아이슬란드와도 합의했다. 그러나 새로운 상황에 맞닥뜨리자, 이 섬나라는 더 이상 약속에 얽매이지 않고 제 나라 영해에 있는 고등어들을 모두 잡아 올렸다.[03] 갈등이 고조되는 것은 이제 시간 문제였다.

한류어종은 북쪽으로 올라가고……

사실 대서양고등어의 서식지가 바뀌는 것은 그리 특별한 일이 아니다. 등에 세로줄무늬가 있고 무리를 지어 다니는 이 물고기는 바다의 진정한 어뢰다. 고등어들은 가만있어도 물속에 떠 있을 수 있게 해 주는 부레가 없기 때문에 끊임없이 움직여야 한다.

지금도 해양학자들은 북동대서양의 고등어 개체 수가 북서쪽 해안에서 비정상적으로 늘어난 까닭이 정확히 무엇인지를 두고 고심하고 있다. 이에 두 가지 설명이 가능하다. 북해의 고등어 개체 수가 급격히 증가하는 바람에 그중 일부가 새로운 먹이를 찾아왔다는 설명과 아이슬란드 앞바다의 수온이 최근 20년 동안 1~2도가량 상승해서라는 설명이다.[04] 그러나 "이 두 이론 가운데 하나를 배제할 필요는 전혀 없다"고 라그나르 아르나손은 말한다. 기후변화로 인해 고등어 개체 수가 늘어나면서 더 멀리 뻗어 나갔을 수도 있으며, 북쪽 수역의 물이 따뜻해지면서 다 자란 고등어들이 이쪽으로 나아간 것일 수도 있는 것이다.

이러한 현상은 북해에서 관찰할 수 있는 경향과도 일치하는 듯하다. 발트해의 청어[05]나 북해의 대서양대구가 그랬듯, 1980년대만 해도 독일 연해에 조금씩이라도 나타나던 어종들이 점점 사라져 가고 있었다. 1980년대 초반 이후, 북해의 수온은 평균 1.7도가량 상승했다.[06] 이는 지난 수십 년 사이 원래 이들의 한계온도보다 기온이 높은 수역에서 발견되어 온 대서양대구처럼 차가운 물을 좋아하는 어종들에겐 큰 영향을 미친다. 바다가 따뜻해지면서 물고기들 역시 따뜻한 물에 적응해 가고 있는 것이다. 물고기의 체온은 몇 초만 지나도 주변 수온과 같아진다. 가장 알맞은 온도를 유지하기 위해, 물고기들은 위쪽으로든 아래쪽으로든, 어디로든 피해야 한다.

바다가 계속해서 따뜻해지면서 물고기들의 신진대사를 더 활발하게 만들면, 심장박동이 더 빨라지고 혈관을 통해 더 많은 산소를 공급하게 된다. 하지만 바다의 산소포화도는 점점 낮아지고 있기 때문에 바다가 따뜻해질수록 물고기들은 두 배로 스트레스를 받게 된다. 알프레드 베게너 극지해양연구소AWI의 생태물리학자 펠릭스 마크Felix Mark가 말했다. "그것은 마치 우리가 고지대에서 장거리 경주를 하는 것과 같아요. 게다가 절대 사라지지 않는 근육통도 생기고 말이에요."

이것은 암컷들에게 큰 문제다. 알을 가득 품고 있는 암컷들은 더 빨리 한계에 부딪힌다. 산란지가 과도하게 따뜻해지면 때때로 암컷들은 더는 알을 낳지 못하고 오히려 흡수하는 상태에까지 이르게 된다. 새끼들은 물론이고 알을 품고 있는 암컷까지 함께 죽을 가능성이 너무나 커지는 것이다.

그러나 가장 민감하게 반응하는 것은 바로 치어들이다. 원래 치어들은 삶의 가장 위험한 순간에 최대한 그 자리에서 빨리 벗어나는 데 모든 에너지를 쓴다.[07] 그 순간엔 어떠한 외부의 힘이라도 이들의 삶과 죽음을 갈라놓을 수 있으므로, 치어들에게 바다의 수온 상승은 엄청난 영향을 미친다. 게다가 현재 북해와 발트해가 그렇듯, 동물성 플랑크톤이 이제 더는 예년의 리듬대로 유지되지 않거나[08] 수백 킬로미터 북쪽으로 나아가지 않게 되면서[09] 이들의 주요 식량 공급원이 사라지고 있기 때문에, 점점 더 치어들이 살아남기가 어려워지고 있다. 한류성 어종들이 남쪽에서는 거의 완전히 사라져 가고 있는 반면, 북쪽에서 다시 출몰하고 있다.[10] 트롤망어업 관련 조사 결과에 따르면, 북해에 서식하던 대서양대구나 고등어 같은 어종들은 서식지를 400킬로미터 이상 북극 쪽으로 옮겼고, 평균적으로 10년에 3.6미터씩 더 물속 깊이 들어가고 있다.[11]

어업 분야에서는 이를 하나의 도전 과제로 받아들이고

있다. 어부들은 조금 보수적인 편이어서 항상 조업하던 곳에서 고기를 잡는다. 이들은 아주 느리게 새로운 환경에 적응하거나, 그러지 못하면 결국 작업을 하지 못하게 될 것이다. 청어와 대서양대구가 자국 내 수역에서 점점 더 모습을 드러내지 않고 있기 때문에 독일에 있는 수십 개의 가족어장들은 거의 파산한 상태다. 아직까지도 대서양대구를 잡아들이고 있는 몇 안 되는 어부들은, 원래 주 수입원이었던 물고기를 잡기 위해 먼바다로 나갈 수 있도록 수백만 유로를들여 배를 개조하고, 수심이 더 깊은 북쪽 바다로 나가야만했다.

미국 동부 연안에서 작은 규모로 어업에 종사하는 곳들역시 마찬가지였다.[12] 결국 대규모 원양어업만이 살아남을수 있는 것이다. 일부 어종들만 전문으로 하는 이들의 예인선 역시 어떻게든 북쪽으로 나아가야 했다.[13] 예를 들어 모항 가까이에서 오랫동안 조업을 하던 노스캐롤라이나와 버지니아의 모든 어선은 이제 북쪽으로 800킬로미터 이상 더올라가 뉴저지 해안에서 활발히 조업한다. 하지만 이 역시물고기들이 영해를 벗어나지 않는 한에서만 가능한 일이다.

"우리 물고기를 훔쳐 가고 있어!"

밀레니엄이 지난 직후, 처음으로 고등어가 이들의 수역에 나타났을 때, 아이슬란드인들은 고등어로 무엇을 할 수 있을지 아직은 전혀 알 수 없었다. 은빛으로 빛나는 등 푸른 이 물고기는 너무나 움직임이 빨랐고, 이들에겐 고등어를 잡을 수 있는 기술이 없었다. 아르나손에 따르면 이들은 "2007년에야 비로소 방법을 찾았다".

　어부들은 거대한 그물을 끌 수 있을 만큼 강력한 모터가 달린 배가 필요하다는 것을 깨달았다. 고등어를 잡으려면 그만큼 더 빠르기도 해야 했다. 이들에게 친숙한 대서양대구와 해덕대구, 열빙어보다 고등어가 훨씬 빨랐기 때문이다. 또 이들은 이 새로운 수확물을 이용한 제품을 개발하고, 판매를 촉진할 방법도 찾아야 했다. 2008년이 되자, 아이슬란드 어부들은 10만 톤이 넘는 고등어를 잡아들일 수 있게 되었다.

　페로 제도 역시 해안까지 몰려든 물고기를 가득 잡아올릴 수 있었다. 이들은 자국 내 영해에서는 배타적 어업권을 가지고 있다는 입장이었다. 영국인들은 이에 크게 분노했다. 고등어가 영국 어업의 가장 주요한 어종 가운데 하나였으며, 스코틀랜드의 수많은 어장의 생존을 보장해 주는 물고기였기 때문이다. 영국은 아이슬란드가 '우리' 물고기를 훔쳐 가고 있다고 비난했다.[14] 이른바 대서양대구 전쟁 이래 영국은 이 섬나라와 자주 셈을 다투고 있었다. 1975년 12월, 대서양대구의 개체 수가 급격히 줄어들자 아이슬란드는 연안 50마일에서 200마일까지 자국의 영해를 멋대로 넓혔다. 영국뿐 아니라 당시 서독 역시 그들의 어선을 전통적인 조업 권역에서 철수시키기를 거부했기 때문에, 아이슬란드 해안정찰대는 외국 배를 향해 총격을 가했고, '클리퍼Clipper'라 불리는 그들만의 함대로 영국 저인망어선 64척과 독일 트롤망어선 아홉 척을 잡아들였다. 지정학적으로 중요한 위치의 아이슬란드가 나토NATO에서 탈퇴하겠다고 협박하자 영국은 물러설 수밖에 없었다.[15]

고등어의 경우 전체 개체 수를 위험에 빠뜨리지 않게 하기 위해서라도 노르웨이와 EU는 어획량을 줄여야 했지만, 그들은 미처 거기까지 생각하지 못했다. 그 결과 국제해양개발위원회ICES의 권고를 받았음에도 고등어를 무차별적으로 포획했고, 결국 2012년 일은 벌어지고 말았다. 북대서양 해양관리위원회의 MSC-인증*을 박탈당했고, 판매량과 마케팅 이미지에 큰 타격을 입었다.

브뤼셀과 오슬로는 계속해서 이렇게 갈 수는 없다고 판단했다. 이들은 (국제법 위반 국가에 대한) 공동 조치를 취하기로 했다.

---

* 지속 가능한 어업으로 얻은 어류임을 표시하기 위한 마크. 인증 마크를 사용하려는 기업 또는 사람은 다음 세 가지 원칙을 준수해야 한다. 1. 어류를 보호해야 하고, 2. 생태계에 미치는 영향이 적도록 작업해야 하며, 3. 어업에 관한 국제 협정을 존중해야 한다. MSC-인증은 5년 동안 유효하며 연간 관리가 가능하다.

고등어에 장착한 블랙박스
브레머하펜, 2020년 1월 23일

이 장면은 마치 한 편의 공포영화처럼 보인다. 벽에 있는 고리에는 앞치마가 걸려 있고, 방 한가운데 핏물이 고여 있는 청동 테이블 위에는 피범벅이 된 칼 두 개가 놓여 있다. 하나는 부엌칼, 하나는 날이 긴 검이다. 테이블 위에는 고등어가 잔뜩 쌓여 있다. 북해 북쪽 바다에서 잡혀 온 생선들이다.

앞치마를 두른 두 명의 젊은 남자가 브레머하펜의 참치어업연구소 지하실에서 고등어를 녹이고, 나란히 줄을 세우고, 무게를 재고 크기를 쟀다. 그런 다음 배를 길게 자르고 생식선生殖腺을 꺼내 검사했다. 이들은 머리 부분을 위에서부터 비스듬하게 자르고 앞쪽으로 접은 다음 액체로 가득 찬 뇌주머니 속을 핀셋으로 헤집었다. 이들은 평형석을 찾고 있었다. 균형감각을 담당하는 이 기관을 연구자들은 블랙박스처럼 활용할 수 있었다. 평형석을 살펴보면 물고기가 얼마나 많이 먹이를 먹었는지 같은 정보를 알 수 있는데, 물고기들이 먹이를 적게 먹고 칼슘을 많이 섭취할수록 평형석은 더 투명해 보인다. 또 물고기의 이동경로 역시 되짚어 볼 수 있다. "원칙적으로 이 평형석은 그 물고기가 경험한 모든 것을 보여 줍니다." 연구소장 게르트 크라우스Gerd Kraus는 그렇게 말한다.

고등어의 평형석은 너무 작아서 알아보기 어렵지만, 대서양대구의 평형석은 개암나무 열매만큼이나 큰 편이다. 크라우스는 껍질을 잡고 하얀 돌처럼 생긴 것을 꺼내 손바닥에 올려놓았다. 그가 특별히 관심을 두는 것은 이 평형석에서 읽을 수 있는 물고기의 나이다. 마치 나무의 나이테처럼 매년 이 평형석의 단면에 삼각형이 그려지기 때문이다. "여기에서 우리는 물고기 개체 수의 변화 추이 정보를 확보할 수 있습니다. 여기 이 녀석은 세 살이에요." 크라우스가 덧붙였다.

나이는 아주 결정적인 지표다. 나이를 통해 사망률을 계산할 수 있고, 인구 피라미드를 만들 수 있다. 컴퓨터 모델을 이용하면 전 연령층이 왜 죽었는지—포획으로 죽었는지 아니면 자연의 영향인지—까지 알 수 있다. 이 모든 데이터를 바탕으로 연구자들은 이후 몇 년 동안 이 물고기의 발달 과정을 예측하고, 유럽의 바다에서 이 물고기를 얼마나 잡을 수 있을지 권장안을 제시한다. 물론 고등어의 경우에서 이미 보았듯, 이 권고가 제대로 지켜질 것인가는 다른 문제지만 말이다.

아이슬란드 선박 출입 금지

2013년 8월, EU는 페로 제도에서 고등어를 수입하지 않기로 했다. 게다가 자치권이 있는 이 군도의 어선들은 이제 유럽 항구에 입항할 수 없게 되었다. 그다음 해가 되어서야 양측이 합의했고, 페로 제도는 예전 규정에서 합의한 것보다 더 많은 물고기를 잡을 수 있게 되었다.[16]

　　EU와 노르웨이는 아이슬란드에 대해서도 제재 조치를 취했다. 노르웨이는 스코틀랜드의 몇몇 지역과 마찬가지로 2010년에 이미 아이슬란드 어선의 자국 내 입항을 금지시켰다. 이 지역 어부들은 예인선들을 서로서로 묶어 두었다. 아이슬란드와 페로 제도의 트롤어선을 막으려는 것이었다.[17] 그러자 아이슬란드는 스코틀랜드의 예인선이 그들의 해역에서 대서양대구와 해덕대구를 잡아 올리는 것을 금지시켰고, 이 일은 결국 고등어 분쟁과는 전혀 상관없는 어부들에게 큰 타격을 주었다.

　　조업 지분을 둘러싼 이권 다툼은 끝나지 않았고, 분쟁은 더욱 고조되었다. 대양에서 조업을 규제하는 국제 정권이 얼마나 쓸모없는지 점점 더 분명해졌다. 물고기들이 국경선을 넘어 들어오면 규제는 무시되기 마련이었다. UN 해양법협약은 각 국가들이 이에 협력하고 새로운 규약을 체결하도록 권장하고 있다. 하지만 이러한 협약들이 이루어질 때까지는 몇 년이 걸릴 수도 있다. 그사이 물고기들은 이미 대량으로 잡아 들여지고 있었다.[18] 미국의 해양생물학자 말린 핀스키Malin Pinsky는 이를 두 아이에 비유한다. 아이들 앞에 케이크를 하나 놓아두자마자 곧장 달려들어 아무것도 남지 않게 된다는 것이다. "해양생물들의 이동에 대해 우리는 아직 준비가 되어 있지 않습니다." 뉴브런즈윅 러트거스 대학교의 생태학, 진화학 및 자연자원연구소의 교수인 그는 이렇게 판단하고 있다. "현재 우리의 어업 경영은 대부분 이 생물종들이 어찌 됐든 늘 있던 그곳에 항상 있을 거라는 생각에 기반을 두고 있습니다."

이것은 당장 우리 눈에는 보이지 않지만 어쩌면 수면 아래에서 일어나고 있는 거의 모든 일에 해당되는 말일 것이다. 우리는 바닷속에서 어떠한 대규모 이동이 일어나고 있는지 눈으로 볼 수 없다. 예를 들어 북해에서 대서양대구나 고등어 같은 어종들이 북쪽으로 이동한다고 해서 그것이 곧 북해가 텅 비게 된다는 뜻은 아니다. 남쪽에서 새로운 종들이 밀려오고 있으니 말이다. 연구자들은 북해의 '아열대화'에 대해 이야기하고 있다. 청어나 스프랫, 대서양대구 같은 한류성 어종들이 한때 대세였으나 점점 더 난류를 좋아하는 종들이 우세해지고 있다. 예를 들어 노랑촉수나 멸치 같은 어종들은 1980년대 중반만 해도 북해에서는 거의 찾을 수 없었지만, 그사이 이 바다에서 상당 부분을 차지하게 된 것이다.[19]

독일의 어부들 역시 몹시 당황하고 있다. 그물에 참치와 정어리가 점점 더 많이 걸려 올라오고 있기 때문이다. 몇 년 전부터 함께 딸려 온 어획물을 그냥 바다에 던져 버리는 행위가 금지되었기 때문에, 이 물고기들은 이제 상점의 판매대에까지 오르고 있다. 심지어 영국의 몇몇 어장은 이미

새다래와 노랑촉수에게 자리를 넘겨주었다.[20] 그렇지만 아직 새로 등장한 이 어종들이 크기도 더 크고 수익률도 좋았던 한류성 어종으로 입게 된 손실을 충분히 보상해 주지는 못하고 있다.

오징어의 경우 이러한 변화는 특히 심각하다. 1950년대 초반만 해도 북해에서 오징어 같은 어종이 그물에 걸리는 일은 전혀 없었지만, 현재 어부들은 북해 전역에서 몇 년 사이에만 3,000톤이 넘는 오징어를 잡아 올렸다. 이 두족류는 기후변화의 승자 가운데 하나다. 북해가 따뜻해지면서 이들은 더 빨리 자랄 수 있었고, 예전보다 빨리 어른 물고기가 되어 대서양대구와 같은 육식어종으로부터 자신을 보호할 수 있게 된 것이다. 이런 유리한 조건 덕분에 심지어 역습까지 가능하게 되어, 어린 대서양대구를 공격할 수도 있게 되었다.

"삶이란 곧 소금에 절인 물고기"

UN 해양법협약은 물고기들이 국경을 넘었을 때 각 국가가 어떻게 해야 하는지를 규정하고 있다. 그러니까 이러한 일련의 문제들을 고려해야 한다. 과거에 어떤 나라가 이 어종들을 잡았는가, 어떤 나라가 경제적으로 이 물고기에 의존하고 있는가, 그리고 지금 그 물고기들은 어느 바다에서 나타나고 있는가.

그러나 고등어 분쟁에 있어 이러한 조정은 아이슬란드에 거의 도움이 되지 않았다. 각자 자국의 이익에 유리한 원칙만을 우선적으로 받아들였다. 노르웨이는 고등어의 개체수를 그때그때 '배타적 경제수역'의 비율에 따라 나누어야 한다는 의견을 피력했지만, 결국 노르웨이 연안에 고등어들이 앞다투어 몰려들었다. 반면 EU는 오래전부터 이어져 온 어업 원칙을 주장했는데, 어떤 어종을 이미 잡아들이고 있었다면 미래에도 그럴 수 있어야 한다는 것이었다. 그 어종이 어디로 움직이든 간에 말이다.

한편 국가 경제의 대부분을 어업에 의존하고 있는 아이슬란드는 국가가 경제적으로 어업에 얼마나 의존하고 있는가에 대한 원칙이 더 중요하게 적용되어야 한다고 강조했다. 노벨문학상 수상 작가인 아이슬란드의 하들도르 락스네스Halldór Laxness는 100년도 더 전에 이미 "삶이란 곧 소금에 절인 물고기"라고 말한 바 있다. 1944년 아이슬란드는 덴마크로부터 독립했고, 제2차 세계대전 이후 근대화되었다. 어업은 아이슬란드에 부를 가져다주었다.[21] 지금까지도 아이슬란드 전체 경제 규모의 거의 5분의 1이 어업과 연결되어 있다.[22] 관광과 같은 다른 분야들 역시 중요해지긴 했으나, 수도권 밖에서 어업은 종종 유일한 산업이다. 아르나손은 이렇게 설명한다. "해안가에 자리한 많은 마을과 도시가 아직 온전히 어업에만 의존하고 있습니다. 그들에겐 달리 할 수 있는 것이 전혀 없습니다."

UN 협정의 애매한 조항들 때문에 각 나라는 이 원칙들을 각자의 사정에 맞추어 해석하고 판단했다. 상황은 더욱 나빠졌고, 의견이 일치되기는 더욱 어려워졌다. 해양학자들은 확신하지 못했다. 고등어의 개체 수가 대체 얼마나 되는지, 고등어들이 북쪽으로 팽창해 나가고 있는 것이 어떤 결과를 가져올지, 또 앞으로 얼마나 그 바다에 그렇게 남아 있을지. 한동안 EU와 노르웨이는 아이슬란드 해역에 고등어가 나타났다는 사실을 받아들이지 않았다.

스톡홀름 복원력센터에서 지속 가능성을 연구하고 있는 제시카 스피커스Jessica Spijkers는 분쟁의 원인을 규명하려, 이 갈등과 연관되어 있는 26명의 정치인, 기업가, 그리고 노르웨이와 페로 제도, 아이슬란드, EU의 시민단체 대표들을 인터뷰했다. 아이슬란드의 한 관계자는, 스피커스에게 2008년의 협상 테이블이 어떻게 진행되었는지, 그 대화가 얼마나 어이없었는지 이야기해 주었다. 그러니까 이런 식이었다.

"아이슬란드 수역에 고등어는 없습니다!"

"그건 분명 고등어였소. 그러니까 우리가 고등어를 잡았지!"

"좋소, 당신들이 그게 고등어라고 할 바에야 차라리 청어라고 우기는 편이 낫겠소."

하지만 고등어 떼가 아이슬란드 주변에 몰려들고 있다는 사실을 더 부정할 수는 없었다. 노르웨이는 결국 전략을 바꾸어 이 물고기들, 그러니까 고등어들이 단지 북서쪽으로 지나가는 것일 뿐, 곧 원래 서식지로 돌아갈 거라고 주장했다. 그렇게 아이슬란드는 영구적인 어업권은 가질 수 없게 되었다. "물고기들이 이동하게 된 까닭이 기후변화라는 사실을 인지하고 인정하는 것은, 곧 이 변화가 지속되리라는 사실을 인정하는 것이나 다름없을 테니까요." 스피커스는 그렇게 설명한다.

2012년은 일종의 전환점이었다. 브뤼셀은 태도를 바꾸어 아이슬란드에 고등어잡이의 중요한 몫을 내줄 생각이었다. 거기엔 두 가지 이유가 있었다. 첫째, 그사이 과학자들이 아이슬란드 해역에 실제로 고등어들이 많이 체류하고 있다는 점에 동의했기 때문이다. 그러는 사이 고등어는 그린란드의 남쪽 해안 앞에도 나타났고, 2013년에는 심지어 스피츠베르겐 앞바다에서도 나타났다.[23]

둘째, 아이슬란드가 EU에 가입하려고 애를 썼기 때문이다. 브뤼셀은 아이슬란드와 공식적인 협상에 들어가기 전에 이 문제가 처리되기를 원했다. 그래서 EU는 고등어 개체수의 11.9퍼센트를 잡을 수 있도록 제시했고, 아이슬란드는 이를 받아들였다. 2014년 3월, 에든버러에서 이 협정은 체결되기로 되어 있었다.

모든 게 완벽해 보였다.

하지만 이들은 한 가지를 놓치고 있었는데, 바로 노르웨이의 동의를 얻는 것이었다.

분쟁 가능성 높음

고등어는 시작일 뿐이었다. 2000년대로 접어들면서, 영국 해협과 북해의 남쪽 지역에 돌연 멸치과 어종들이 떼 지어 나타난 것이다. 꼬리지느러미가 둘로 갈라져 있는 방추형의 이 물고기 떼는 영국 트롤어선의 그물에 걸려 올라왔다. 그때까지 비스케이만에서 많은 어획량을 낚았던 프랑스와 스페인의 분노로, 이제 새로운 어장들에 대한 배타적 접근이 요구되었다. 그것은 그들의 주장대로라면 그들만 잡을 수 있는 어종이어야 했다.

유전자 분석에 따르면 영국 남해안을 지나가는 멸치과 어종들은 아마도 영국 해협의 서쪽에서 올라오던 그전의 개체집단의 나머지일 가능성이 컸다. 기후변화로 인해 이 물고기 수가 크게 늘면서 북해로까지 넘어온 것이다.[24]

각 어종의 이동으로 이런 분쟁이 일어날 수 있다고 한다면—게다가 수십 년간 좋은 관계를 유지해 온 이웃한 민주주의 국가들 사이에서라면 더더욱—지구온난화에 따라 어종들의 개체 수가 전 지구적으로 바뀌게 되었을 때 정치적인 분쟁을 잠재울 수 있을까? 동남아시아 같은 지역만 해도 해상권을 둘러싼 분쟁은 더욱 격렬해지고 있으니 말이다. 기후변화로 인해 이미 생산성이 현저히 떨어지고 있으므로, 이 지역에서 물고기의 이동을 둘러싼 분쟁은 훨씬 더 첨예해질 터였다.[25]

말린 핀스키는 상업적으로 매우 중요한 어류 및 무척추 해양생물 900여 종의 서식지가 세기말까지 어떻게 이동할지 계산해 보았다.

그 결과, 전 세계가 지금까지처럼 온실가스를 배출한다면, 많은 국가가 각자 배타적 경제구역 내에서 새로운 어류를 하나에서 다섯 종까지 발견하게 될 것이었다. 분쟁 가능성이 특히 높은 아시아의 몇몇 나라에서는 심지어 새로운 어종이 열 종까지도 나타날 수 있었다. 이 해양생물학자는 정확한 예측은 아니라고는 했지만, 전 세계가 함께 해양 생태계를 위해 긴밀하게 협조하지 않는다면 앞으로 우리에게 어떤 일이 닥쳐올지, 이 분석은 매우 정확한 미래를 보여 준 셈이 될 것이다.

아이슬란드의 결정

아무 연락도 받지 못한 노르웨이는 EU와 아이슬란드 사이의 협정에 배신감을 느꼈고, 거래는 결렬되었다. 그것이 끝이 아니었다. 노르웨이는 유럽 어장에서 아이슬란드를 쫓아냈고, 고등어 분쟁에서 오랫동안 아이슬란드의 동맹국이었던 페로 제도에도 억지로 약속을 받아 냈다. 페로 제도 해역에서 아이슬란드 어부들이 고등어를 잡지 못하도록 말이다. 이는 다시 아이슬란드의 분노를 불러일으켰다. "아이슬란드는 혼자라고 느꼈을 것"이라고 아르나손은 말한다. "아이슬란드인들은 정당한 권리가 있다고 생각했을 테고, 그들이 조업을 포기하게 하려고 노르웨이와 EU가 힘을 이용하고 있다고 느꼈을 것입니다."

노르웨이에 대한 아이슬란드인들의 저항은 헛되이 끝나 버렸다. 더 강력하고 큰 이웃이 먼저 자리를 차지해 버린 것이다.

이러한 위기를 일시적으로 잠재운 것은 공교롭게도 고등어 자체였다. 고등어의 개체 수가 증가한 것이다. 국제해양개발위원회ICES의 전문가들 역시 이를 인정했다. 결국 모든 국가가 더 많은 물고기를 잡을 수 있게 되면서 문제가 잠시 중단되었다.

하지만 이러한 해결책이 오래 지속되지 못할 거라는 사실은 차치하더라도, 정치적인 타격이 야기되었다. 이 분쟁으로 인해 가장 먼저 아이슬란드의 EU 가입 절차가 일단 보류되었다. 국민투표까지 해서 아이슬란드는 결국 EU에 가입하지 않기로 결정했다. 당연히 어업권 분쟁이 그 원인이었다.[26]

지구온난화 시대를 대비하는 어업 정책은 어때야 할까? 말린 핀스키와 그의 연구팀 과학자 24명은 이런 질문을 던졌다. 그리고 그들이 내놓은 해답은, 무엇보다 모든 국가가 과학적 권고사항을 따르면서 자국의 어장을 지속적으로 이용해야 한다는 것이다. "만약 물고기가 남아 있지 않게 된다면, 나눌 것도 더 이상 없게 되니까요." 미국의 이 해양학자는 말한다.

두 번째 단계로는, 어류들을 어떻게 분배해야 할지 정치적인 경계를 넘어 모든 국가가 합의해야 한다는 것이다. 국제사법재판소가 이 문제를 다룰 수 있을 것이다. 각 국가의 어획량이 줄어들면 어느 정도 보상받도록 하거나, 태평양의 몇몇 섬나라에서 이미 시행하고 있듯 어업권을 유동적으로 조정할 수도 있을 것이다. 또 한 나라의 어류 개체 수가 늘어나면 다른 나라들로부터 그만큼 어업권을 빌려 올 수도 있다. 핀스키는 "이러한 시스템은 어종들의 분포가 변화하는 데 어업계가 더 빨리 적응할 수 있도록 도와줄 것"이라고 말했다.

가장 이상적인 것은 각각의 어류들이 그들의 행동반경을 벗어나기 전에 이 국가들이 이미 합의를 끝낸 경우일 것이다. 핀스키는 말한다. "논쟁이 첨예해지기 전에 공유 이용 메커니즘을 확립한다면 훨씬 더 쉽고 간단해질 것입니다."

"우리는 승자이자 패자입니다"

2019년, '고등어 전쟁'이 다시 불붙을 위기가 도래했다. 3월, 북동대서양의 고등어잡이들은 지속적으로 어업하는 데 필요한 MSC-인증을 다시 못 받게 되었다. 2014년 정점을 찍은 이후 개체 수가 거의 절반으로 줄었고, 유지되어야 할 최저 개체 수를 밑돌고 있었기 때문이었다.[27] 그럼에도 아이슬란드는 독단적으로 자국의 몫을 10만 8,000톤에서 14만 톤으로 다시 늘리겠다고 공표했다. 러시아와 최근 그린란드 역시 조정 절차 없이 자국 내 수역에서 고등어를 잡아 올렸다. 과학적인 원칙에 따라 일정한 수준을 유지하려면 북동대서양수산위원회NEAFC의 다른 구성원들은 더 많은 어획량을 포기할 수밖에 없었다.[28] EU와 노르웨이는 아이슬란드를 막으려 했고, 여름에 다시 법률적 제재를 가하려 했다.[29]

하지만 이 섬나라는 꼼짝도 하지 않았다. 거기에는 아주 실질적인 이유가 있었다. 2008년 전 세계에 금융위기가 닥쳤을 때 이 섬나라는 특히나 심한 타격을 입고 거의 파산 직전까지 이르렀는데, 그 때문에 어업 같은 전통적인 산업이 다시 아주 중요해졌던 것이다. 아이슬란드인들은 더 많은 돈을 벌기 위해 트롤어선들을 모아 대형 선단을 조직했다. 하지만 4,000만 유로나 되는 선박들 앞에서 갑자기 중요한 어종들이 모두 사라지고 없었다. 예를 들어, 이전에 거의 남획하다시피 잡아 올렸던 남방대구 같은 물고기들이 북서쪽, 그린란드 앞바다로 헤엄쳐 가 버렸다. 열빙어 역시 마찬가지였다. 아이슬란드인들이 기억하는 한, 이 섬나라 주변의 해역에는 열빙어들이 넘쳐났었다. 최근까지만 해도 청어와 맛이 비슷한 이 물고기는 수출에 두 번째로 중요한 어종이었다. 어부들은 연간 160만 톤까지 바다에서 열빙어를 잡아 올렸다. 하지만 2018년 아이슬란드 해안에서 열빙어는 흔적도 없이 사라진 듯했다. 이 지역 어부들은 캐나다 연구자들이 그린란드 서쪽에서 관찰한 것처럼, 열빙어들이 더 차가운 물을 찾아 북쪽으로 헤엄쳐 갔다고 생각했다.[30] 이제 아이슬란드인들은 이들의 생업이 달린 물고기인 대서양대구까지 걱정해야 했다. 대서양대구가 주로 열빙어를 먹고 살기 때문이다.

어떤 이들은 새로 나타난 어종, 그러니까 고등어에 그 책임을 돌리기도 한다. 고등어는 자기보다 작은 것은 뭐든지 끝없이 먹어 치우는 포식자다. 예를 들어 까나리과의 물고기들은 바닷새뿐 아니라 해덕대구, 대서양대구, 열빙어의 먹이도 되는데, 고등어는 이렇게 돈이 되는 물고기들을 먹이로 삼을 뿐 아니라, 이들의 치어까지 모두 먹어 치운다. 아르나손에 따르면 "고등어는 해양 생태계에 본격적인 카오스를 초래하고 있다".

손자와 함께 레이캬비크 앞바다에 낚시하러 갔다가 아르나손은 직접 그 광경을 목격하기도 했다. "고등어들이 해안 바로 코앞에까지 와서 물고기들을 모조리 먹어 치우는 모습은 정말 인상적이었다"고 그는 회상한다.

고등어는 먹이를 잔뜩 먹은 뒤, 계속해서 페로 제도나 노르웨이 해안으로 이동한다. "우리는 기후변화의 승자이자 동시에 패자입니다." 아이슬란드 남부 베스트만나에이야르 제도의 한 수산업회사 대표는 내게 그렇게 말했다. 고등어나 대서양대구처럼 수익성 있는 어종들이 북쪽으로 이동해

온다는 점에서는 분명 승자지만, 육식어종들이 자국 내의 다른 어종들을 잡아먹는 데다 바다가 따뜻해지는 데 예민하게 반응한다는 점에서는 패자라는 것이다.[31] "세상은 변하고 있고, 우리는 그 변화에 따라갈 수밖에 없는 거죠."

브레머하펜에 있는 알프레드 베게너 극지해양연구소 과학자들은 유럽의 관문인 바다가 계속해서 뜨거워지고 산성화되면 어떤 일들이 벌어질지 연구했다. 그들은 남쪽 바렌츠해에서 대서양대구를 잡아 실험실로 가져갔다. 그곳에서 이들은 2100년의 기후 시나리오에 따라 이 물고기를 각기 다른 농도의 이산화탄소와 온도에 노출시켰다. 그 결과, 지구의 온도가 1.5도 이상 올라가면 현재 산란 조건의 임계점을 넘어가게 된다. 무분별한 온실가스의 배출을 억제하지 않으면 세기말에는 극지방의 남쪽에서 대서양대구는 알을 낳지 않을 것이다. 아이슬란드나 노르웨이 해안과 같은 오늘날 중요한 어장들은 사라질 수밖에 없다.[32]

미래는 불확실하기만 하다. 아이슬란드인들은 이를 이미 받아들이고 있는 듯하다. 어떤 어종이 하루아침에 사라질 수도 있고, 또 갑자기 나타날 수도 있다. 아르나손은 손자와 함께 레이캬비크 앞바다에서 최선을 다해 고등어 몇 마리를 낚았다. "고등어는 아주 기름진 물고기죠. 바비큐를 하기에 좋겠어요." 그가 말했다.

6 온도대와의 경쟁

북극에서 열대 지방으로 여행을 이어 가기 전에, 잠시 숨을 돌리고 지구상의 동식물들이 이동하게 되면 무엇이 그 뒤를 따르는지 더 생각해 보자. 동식물들이 양 극지방 쪽으로, 또 산악 지대로 이동하는 현상에서 어떤 패턴을 발견할 수 있을까?

이러한 문제를 해결하기 위한 자연스러운 출발점으로서, 내가 지금 가 보려는 베를린의 한 장소가 있다. 나는 경주용 자전거를 타고 프리드리히가의 내 사무실에서 몇 블록 떨어진 예거가로 갔다. 그곳에서 나는 세계에서 가장 유명하고 가장 사랑받아 온 한 독일인의 생가를 찾았다. 그는 200년도 더 전, 이 지구상에 생물들이 어떻게 분포하는지를 처음으로 발견한 사람이다. 그러니까 각 동물들과 식물들이 어떻게, 그리고 어디에 존재하는지에 관한 것을 말이다.

나는 젠다르멘 광장에서 예거가 쪽으로 꺾어 들어갔다. 비계가 22번지의 이 육중한 건물을 둘러싸고 있었다. 자전거에서 내려 여름의 햇빛을 막아 주고 있는 강철판 아래로 갔다. 자전거를 끌고 사암으로 된 벽을 따라 들어가자, 격자창 두 개 사이에 사문석으로 도장한, 동으로 된 현판이 나타났다. 높게 솟은 이마와 단호해 보이는 눈매, 굳게 다문 아랫입술, 현판에 새겨진 얼굴이 인상적이었다. 그리고 그 얼굴 위에는 이렇게 쓰여 있었다.

이 자리에
독일의 위대한 자연과학자이자 베를린 학술원 회원인
프리드리히 빌헬름 알렉산더 폰 훔볼트의
생가가 있었다

위쪽에서 큰 소리가 나서 나는 흠칫 놀랐다. 한 건설 근로자가 뭔가 무거운 것을 떨어뜨린 모양이었다. 덜컹거리고 쿵쾅거리며 요란한 소리가 났다. 자동차와 스쿠터도 소리를 내며 지나간다. 1769년 9월 14일 훔볼트가 태어났을 때 이곳은 훨씬 조용했을 것이다. 바로 옆에 나란히 바로크양식으로 지어진 별채에는 1777년까지 해상무역회사를 이끌었던 프레드리히 빌헬름 1세 궁정의 관료와 하인 들이 살고 있었다. 그는 나중에 훔볼트의 생가까지 사들였다. 얼마쯤 더 떨어져 북쪽으로 당시 오라니엔부르크 교외에서는 아우구스트 보르지히 기계공업사가 구름연기를 하늘 위로 뿜어 올리고 있었다. 당시 베를린 사람들은 이러한 '산업의 씨앗'을

'불의 땅'이라고 불렀다.[33] 훔볼트는 그러나 눈앞의 산업보다는 멀리 자연에 더 관심이 있었다. 1799년 그는 남아메리카 탐험에 나섰고, 이 탐사로 이후 자연을 이해하는 당시의 시각에 커다란 변화를 불러일으켰다.

1802년 7월 23일, 그는 프랑스 식물학자 에메 봉플랑Aimé Bonpland과 함께 침보라소산에 올랐다. 에콰도르에 있는 이 산은 높이 약 6,300미터의 화산으로, 당시 세계에서 가장 높다고 알려진 산이었다. 역사학자 안드레아 불프Andrea Wulf는 아주 매력적인 그의 훔볼트 전기에서 "에콰도르의 수도인 키토에서 침보라소산에 이르는 이 여행은 적도에서 극지방까지 곧장 수직으로 이어지는 식물 여행과도 같았다. 식물계 전체가 층층이 쌓여 있었다"라고 서술했다.[34] "골짜기의 열대종부터 설선雪線* 바로 아래 마지막 이끼류까지, 점점 더 높이 올라갈수록 하나하나 새로운 식물대가 나타났다.

프로이센의 귀족에게 이 등반은 꽤나 힘들었을 것이다. "반쯤은 얼어붙은 데다 공기가 희박해 힘들게 숨을 헐떡이느라 거의 정신이 나간 상태에서 훔볼트는 산을 기어올랐다. 이들의 손과 무릎은 가파른 산마루와 날카로운 돌멩이 때문에 성하지 않았다." 하지만 이런 고통은 헛되지 않았다. 훔볼트는 자연이 어떻게 유지되고 있는지 이해할 수 있었

---

* 만년설의 하한선을 나타내는 선.

다. '세계라는 유기체에 대한 인식'이라고 몇 년 후 그는 묘사했다.[35]

훔볼트는 각 해발고도에서 자신이 수집한 모든 식물종을 치밀하게 정리했고, 기압계와 습도계와 전위계를 이용해 수치들을 측량했다. 심지어 시안계를 이용해 하늘의 푸른 정도까지 기록했다. 여기에서 바로 그 유명한 침보라소 단면도가 만들어졌다. 훔볼트는 1803년 2월, 에콰도르 항구 도시 과야킬의 열기 속에서 이 단면도를 그렸다. 그곳에서 그는, 이제는 불길이 꺼져 버린 거대한 화산을 바라보았다. 그 뒤쪽으로는 그때까지도 여전히 활발하게 움직이고 있는 활화산 코토팍시가 끊임없이 "우르릉 쾅쾅거리는 지하의 천둥소리"를 그에게 보내고 있었다. 이 자연과학자의 귀에 그 소리는 마치 "육중한 대포 소리"와도 같았다. 측면도에 그는 산자락의 종려나무에서부터 활엽수, 관목, 목초지대를 지나 눈 덮인 봉우리 아래 지의류와 선태류까지, 이 화산의 각 고도에서 발견한 모든 식물을 정리해 놓았다. 그러고는 그 자료들을 물리학적으로 데이터화했다. 이것은 자연을 묘사하는 전혀 새로운 방식이었다. 당시 식물학자들은 식물들을 주변 환경과 연결 짓기보다는 새로운 식물종들을 찾고, 그것을 묘사하고 또 분류하는 데 주력했던 것이다. 시스템을 마련하는 것에는 더욱 관심이 없었다. 그러므로 훔볼트는 곧 '식물지리학'의 창시자라고 해도 과언이 아니다. 그것은 그가 썼듯이 당시에는 "이름조차 없는 어떤 학문"이었다. "식물지리학은 다양한 기후에 분포하는 상태에 따라 식물들을 관찰한다."

침보라소산을 오르는 동안, 그는 알프스나 피레네산 맥에서 이미 보았던 것과 비슷하게 생긴 식물들을 계속해서 관찰할 수 있었다. 그는 이 식물들을 꼼꼼하고 자세하게 들여다보고, 그것들이 살고 있는 환경 조건을 하나하나 비교했다. 거기에서 그는 그 식물들이 멀리 대륙을 가로지르는 어떤 거대한 힘으로 연결되어 있다고 결론 내렸다. 세계의 각 식물대는 기후대와 일치했다. 지금은 너무 당연한 이야기처럼 들리지만, 당시만 해도 그것은 혁명적인 생각이었다. 그렇기 때문에 훔볼트가 생물지리학의 창시자로 여겨지는 것이다.[36]

그는 이러한 생각을 담아 1817년, 우리가 매일 저녁 일기예보에서 보는 것과 비슷한 지도를 만들었다. 지도에는 실제로 보이지 않는 것들이 그려져 있었다. 이 세계를 둘러싸고 있는 어떤 경계선, 그러니까 평균기온이 같은 장소들을 연결한 경계선이었다. 훔볼트는 이 경계선을 '등온선'이라 불렀다. 이 개념은 그리스어에서 유래한 것으로, '같다'와 '온도'라는 뜻이 합쳐진 단어다. 그가 만든 이 '등온선 지도'에 자연과학자들은 미국과 유럽, 아시아의 특정 지역을 서로 연결하는 온도대를 그려 넣었다. 이에 따르면 플로리다와 나폴리의 평균기온은 보스턴과 스톡홀름의 평균기온과 정확히 일치했다. 이 띠들은 지구를 둘러싸고 더 두꺼워졌다가 더 얇아졌다가 했다. 비록 그것들이 눈에 보이지는 않지만, 이 세상의 식물종들은 아주 당연하게도 이 등온선의 곡선을 따라 정리되어 있다. 훔볼트는 이러한 정렬이 거의 바뀌지 않는다고 보았다. 그러니까 "각 고도마다 고유하고 변하지 않는 온도가 정해져 있다"는 말이었다.[37]

물론 오늘날 우리가 알고 있듯 이것이 변하지 않는 것은 아니다. 어쩌면 몽상가인 훔볼트로서는 이러한 온도대가 양 극지방과 산맥 쪽으로 이동하고, 그에 따라 식물종들이 함께 따라갈 줄은 상상도 못 했을 것이다. 심지어 침보라소에서까지 말이다. 식물학자들이 약 200년 이후 이 지역의 식물들을 다시 조사해 보니, 식물들은 훔볼트 시대 이후 약 500미터가량 위쪽으로 이동해 있었다.[38]

프로이센의 이 자연과학자는 주기적으로 나타나는 한랭기와 온난기의 변화에 대해서도 이미 탐구했으며, 유럽에서 상아나 테이퍼,* 악어의 뼈대가 발견되자 동물종의 이동에 대해서도 탐구했다.[39] 그뿐만 아니라 훔볼트는 우리 인간들이 기후를 변화시킬 수도 있다는 사실을 주장한 최초의 인물이기도 하다. "숲의 나무들을 베어 버리고, 강과 바다의 분포가 달라지고, 산업의 중심지에서 연기와 가스를 대량으로 배출함으로써" 말이다.[40] 그렇지만 당시만 해도 우리 인간이 석탄과 석유와 가스를 얼마나 많이 채굴하고 사용하게

* 맥貘, 포유류 기제목(奇蹄目) 테이퍼과의 총칭.

될지, 그는 상상하지 못했다. 그럼으로써 대기 중의 분자들의 비율이 바뀌고 결국 등온선까지 달라지게 되리라고는 더더욱 말이다.[41]

등온선이 변하면, 이에 적응하기 위해 동식물종들 역시 이에 맞추어 이동한다. 생물종들이 기후대에 맞추어 따라갈 수 있을지 어떨지는 최근까지만 해도 불분명했다. 하지만 20년간의 현장조사와 이러한 변화를 보이는 각 동식물종에 대한 수천 건의 기록을 바탕으로 비로소 최초의 결과를 얻어 냈다.

이 일을 해낸 사람 가운데 한 명이 바로 조나탕 르누아르Jonathan Lenoir다. 북프랑스 아미앵에 있는 피카르디 쥘베른 대학교의 생물통계학자인 그는 동료들과 함께 5년여간 각종 논문을 검토하고, 그 논문들에서 다루고 있는 생물에 대한 정보를 꼼꼼하게 모두 정리했다. 턱수염을 덥수룩하게 기른 이 사람은 자료들을 일일이 하나의 데이터파일로 디지털화해서 정리했다. 그는 이를 '바이오시프트BioShifts'라 불렀다. 그전까지 누구도 생물종의 이동을 이렇게 세밀하고도 포괄적으로[42] 정리한 사람은 없었다. 이후 르누아르는 이 자료들을 등온선의 이동과 견주어 보고, 더 큰 그림을 그릴 수 있게 되었다.

온도대는 1년에 평균 약 0.9킬로미터가량 극지방 쪽으로 이동하고 있었는데,[43] 이는 곧 각 생물종이 대비하고 반응해야 하는 속도를 보여 주는 것이었다. 이는 현재로서는 무엇보다 해양생물들에 가장 적합했다고 평가받고 있다. "우리는 육지생물들보다 바다생물들이 더 빨리 이동할 거라고 이미 짐작하고 있었다"고 르누아르는 말한다. "하지만 그 차이가 이렇게까지 클 줄은 예상하지 못했습니다."

플랑크톤과 어류와 고래는 평균적으로 1년에 약 6킬로미터가량 나아가고 있으며, 이는 육지생물보다 거의 여섯 배 더 빠르다고 볼 수 있다. 육지생물들은 평균적으로 1년에 2킬로미터 정도 이동하는데, 이는 많은 생물종이 훨씬 더 느리게, 그들에게 익숙한 기온대로 이동하고 있다는 의미가 된다. 이들에겐 큰 재앙이 닥쳐올지도 모른다. 기온이 더 낮은 지역으로 나아가기도 전에 이미 멸종에 이르게 될지도 모르기 때문이다.

데이터를 살펴보던 르누아르 눈에 한 가지 더 눈에 띄는 것이 있었다. 각 생물종이 기후변화에 매우 다르게 반응한다는 점이다. 그 자리에서 꼼짝 않고 있는 종들도 많았고, 또 전혀 잘못된 방향으로, 그러니까 열대 지역이나 산 아래쪽으로 이동하는 종들도 있었다. 이 생물통계학자는 그 원인을 밝혀내고 싶었지만, 오랫동안 그는 어떠한 패턴조차 찾을 수 없었다. 그런데 이 모델에 인간을 포함시키자, 그림은 그제야 선명해졌다. 바다가 따뜻해질수록, **그리고** 우리 인간들이 생태계에 압박을 가하고 바다에서 물고기를 남획하면 할수록, 바다생물들은 더 빨리 달아나고 있었다. "이 두 가지 요인이 시너지 효과를 내면서 생물종들의 이동 속도가 더욱 빨라지게 되었다"는 것이 르누아르의 설명이다. "바다생물들은 등온선에 더욱 밀착되어 이동합니다."

육지에는 전혀 반대의 그림이 나타난다. 인간들이 특히 강한 영향력을 행사해서 도로와 주거지와 경작지들로 넘쳐 나는 육지에서 인간들은 더 멀리 나아가 번식하려는 동식물들을 제지하고 있다. 육지의 동식물들은 삼차원의 바다에서 와는 달리 지표면에서 거의 벗어날 수가 없다. 심지어 산과 강, 대륙사면 같은 온갖 장애물들까지 신경 써야 한다.

그렇기 때문에 지구의 역사를 보면, 육지생물들이 기후 변화에 대처하고 새로운 환경 조건에 적응하기 위해서는 당장 도망가기보다는 더 열심히 배워야 했다. 유전자와 겉모습에 그 조건이 맞다면 살아남을 수 있었지만,[44] 그렇지 않으면 은신처를 찾아야 했다. 예를 들어 숲은 셀 수 없이 많은 생물종에게 그늘을 만들어 주고, 숲이라는 지붕 아래에는 인근의 초원보다 6도까지도 기온이 낮은 미기후微氣候* 가 나타난다. "우리가 집을 이용하듯이, 생물들도 더위와 추위로부터 자신을 보호하기 위해 이를 이용하는 것"이라고 르누아르는 설명한다. "이러한 까닭에 육지에서 훨씬 적게 이동한다는 사실을 관찰할 수 있었습니다."[45]

쏜살같이 빠른 고등어와는 완전 반대로, 이 세상에서

---

* 지구 표면에 근접하며 소기후보다 더 작은 범위 대기의 물리적 상태.

가장 수명이 길고 견고한 유기체들은 어떤 불변함을 상징한다. 나뭇잎 지붕으로 그 아래의 수많은 생물에게 피난처이자 우산이 되어 주고,[46] 무엇보다 기후변화로부터 이들을 보호해 주는 핵심종**은, 바로 나무다.

** 비교적 개체 수가 적으면서도 생태계에 큰 영향을 미치는 생물종.

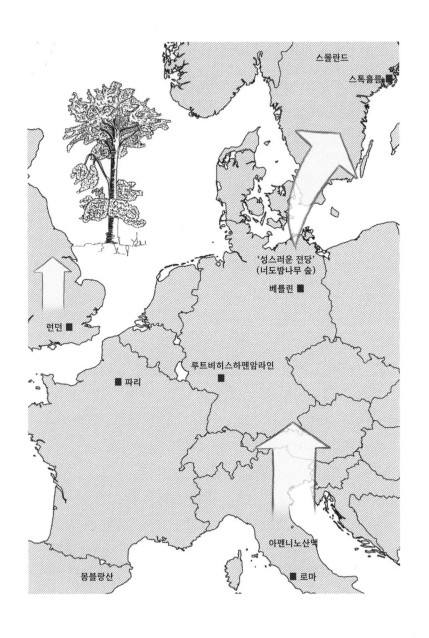

스몰란드

스톡홀름 ■

'성스러운 전당'
(너도밤나무 숲)

베를린 ■

런던 ■

루트비히스하펜암라인
■

■ 파리

아펜니노산맥

몽블랑산

■ 로마

7 숲이 움직이고 있다

숲이 프리젠하임 위쪽으로 올라가고 있었다. 어느 여름날, 크리스티안 유넬레Christian Junele는 정원에서 저 멀리 언덕 위를 올려다보았다. 그의 숲이었다. 얼핏 보면 숲은 다 괜찮은 듯 보였다. 봉우리 쪽만 좀 듬성듬성했을 뿐, 숲은 푸르렀다. 하지만 유넬레는 뭔가 잘못되었음을 알아차렸다. 괜찮지 않았다. "도저히 편히 잘 수가 없었다"면서 이 삼림감독관은 봉긋 솟은 이마를 잔뜩 찡그렸다. "숲의 상태가 나빠지면 저 역시 그렇게 됩니다."

반세기 동안 수변림은 슈바르츠발트의 1만 2,000명 지역 주민들에게 안정적으로 큰돈이 되어 주었다. 수입이 매년 약 5만 마르크(2만 5,000유로 상당)나 되었다. 사람들은 새 유치원, 새 행사장, 새로운 하수시설이 필요할 때마다 프리젠하임에서 크고 작은 나무들을 베어 냈고, 수익의 일부는 건설 프로젝트로 흘러들어 갔다. "숲은 마치 우리가 저축해 놓은 돈 같았어요" 하고 유넬레는 말했다.

그리고 허리케인 로타르가 들이닥쳤다. 1999년 성탄절

축일 이틀째, 로타르는 시속 185킬로미터 속도로 프리젠하임을 휩쓸고 지나갔다. 11시 20분이었다. 유넬레는 지금까지도 정확하게 기억하고 있다. 그는 두 살 된 딸아이와 이웃 마을의 실내 수영장에 있었는데, 나무 두 그루가 쓰러지며 전면 유리를 뚫고 수영장 안으로 들어왔다. 그중 한 그루는 소나무였다. 유넬레는 딸아이를 데리고 얼른 차에 올랐다. 국도에 들어서자마자 그의 눈에 단번에 들어오는 장면이 있었다. "산봉우리 쪽에 숲이 사라지고 없었습니다. 숲의 실루엣이 아예 사라지고 보이지 않았어요." 그는 그때를 그렇게 설명했다.

전체 숲 면적의 3분의 1이 파괴되어 사라졌다. 가문비나무, 참나무, 너도밤나무 할 것 없이 모든 나무가 엉키고 설키어 쓰러져 있었다. 쓰러진 목재를 실어 가기 위해 하르츠와 노르트하인베스트팔렌주에서 벌목꾼들이 왔다. 심지어 오스트리아와 스웨덴에서 온 업자들도 있었다. 22만 세제곱미터는 평소 연간 벌목량의 22배에 달하는 양이었다. 8개월간 유넬레는 쉬지 않고 일했다. 거의 쓰러지기 직전이었다.

4년 후 숲은 겨우 정리가 되었고, 16년이 지나자 나무가 베이고 남은 마지막 벌목지에는 참나무와 너도밤나무와 가문비나무를 새롭게 심었다. 그후로 매년 약 8만 유로에 달하는 엄청난 비용이 들어갔다. '저축'이었던 숲이 '빚'이 되어 버린 것이다. 그때만 해도 유넬레는 다 잘될 거라고 생각했다. "이렇게 노력했으니, 이제 다 잘될 거야." 세기의 폭풍은 그렇게 지나간 줄 알았다.

근본적으로 무언가가 잘못되었음을 알아차린 것은 그로부터 몇 년이 지난 후였다. 테라스에 나가 앉아 키가 큰 과실수들을 바라보며 피노누아를 마실 때 더 실감이 났다. 그때 그는 '세상이 뭔가 잘못되어 가고 있다'는 것을 알 수 있었다. 포도 재배가 유독 잘 되었던 2003년, 2009년, 2015년, 2018년, 2019년, 그리고 2020년까지 모두 가물었던 해였다. 그 가뭄이 숲을 움직이게 하고 있었다.

유넬레는 자신의 사륜구동차 스코다 예티를 몰고 나갔다. 그는 먼지 하나 없이 깨끗한 도로를 타고 목조주택들과 슈페트 제재소를 지나, 숲으로 가는 자갈길이 구불구불 이어지는 언덕을 올랐다. 차창을 열고 그는 자신이 심은 나무들을 하나하나 가리켜 보였다. 참나무, 벚나무, 너도밤나무, 가문비나무, 잎갈나무. "그런 큰 상처가 있을 줄 사람들은 생각도 못 할 거예요." 그는 그렇게 말하고는 차를 세우고, 차에서 내려 길가의 흙을 한 줌 집어 들었다. 그는 마른 흙을 부수어서는 나에게 보여 주며 말했다. "그전에는 강수량이 보통 1년에 800밀리미터는 되었어요. 그런데 최근 2년 동안은 590밀리미터, 730밀리미터 내리더니, 올해는 600밀리미터도 안 내렸어요."

가뭄의 영향은 어디에서든 찾을 수 있었다. 갈림길 끝에 베어 낸 전나무들이 쌓여 있었는데, 그 부피가 600세제곱미터는 되는 듯했다. "모두 벌레 먹은 나무들이에요." 유넬레가 말했다. 산봉우리 쪽으로 계속 올라갈수록 바닥에 큰 가지와 잔가지들이 길바닥 여기저기에 떨어져 있었다. 코끼리 코처럼 길게 가문비나무 줄기에서 전정기가 삐죽 나와 있었다. 유넬레는 몸을 굽혀 나무줄기를 들여다보았다. 크기가 성냥 머리만 한 커피브라운색 딱정벌레 같은 벌레가 나뭇결 사이를 기어다니고 있는 모습이 보였다. "너무 늦었어요."

아무도 경고를 들으려 하지 않는다

마르크 하네빈켈Marc Hanewinkel은 이제야 조금 만족스러웠다. 수년 동안 삼림경제학자들은 기후변화에 대비하려는 바덴뷔르템베르크 삼림연구소의 의뢰를 받아 기후위기 지도를 들고 삼림청과 각 부처를 돌아다녔다. 그중 한 지도에는 바덴뷔르템베르크의 윤곽이 그려져 있었는데, 검은색과 V자 모양의 붉은색으로 채워져 있었다. 그 색깔들은 2050년경 가문비나무의 기후적응 정도를 의미했다. 초록색은 '최적의 기후'를 나타내는 것이었고, 그다음이 노란색, 그리고 빨간색 순이었다. 검은색은 '분포 외 지역'으로, 나무들이 기후에 거의 적응하지 못하는 지역이라는 뜻이었다. 지도에 초록색이나 노란색은 보이지 않았다. 이 메시지는 숲의 주인들에게 보내는 경고장과도 같았다. 이번 세기 중반이 될 때쯤이면 가문비나무를 더 이상 못 키우게 될 수도 있다는 뜻이었다.

하지만 그때까지만 해도 아무도 그 말을 들으려 하지 않았다. 성장이 빠른 가문비나무 숲은 반세기만 지나도 고급 목재와 수익을 가져다 줄 수 있었다. 독일의 거의 모든 서까래가 가문비나무로 만들어진다. 그래서 하네빈켈이 그 지도를 선보였을 때 반응은 당연히 좋지 않았다. "당신은 벌써 죽은 숲속을 소풍하고 있는 것 같군요!"

그래서 이 삼림경제학자는 컴퓨터로 시뮬레이션한 모델을 보여 주었다. 이것은 미래의 모습을 미리 보여 주는 모델이었다. 기후변화가 생물종의 서식지를 어느 방향으로 이동시킬지를 알아내려면 과학자들이 '기후보호 지역'을 지정해야 한다. 보통 생물종들이 현재 어디에 분포하고 있는지, 그곳의 기후 조건들, 그러니까 온도와 습도 같은 것은 어떤지를 간단하게 입력하면 된다. 그러면 이 모델은 미래에 희귀식물들이 살 수 있는 지역이 어느 쪽으로 바뀔지, 그럼으로써 어떤 다양한 시나리오가 나올 수 있는지를 산출해 낸다. 하지만 이 모델에 이 세기 중반까지 약 2도가 상승할 거라는 최악의 시나리오는 아직 마련되어 있지 않았다. 프라이브루크 대학교의 이 삼림경제 및 삼림계획과 교수는 말한다. "하지만 거의 임박한 것이나 다름없습니다."

그는 예고했다. 가문비나무는 더 일찍 죽고, 더 적게 번식할 것이며, 또한 다른 나무들에도 나쁜 영향을 미칠 것이라고 말이다. 그사이 벌레와 곰팡이의 습격도 점점 더 심해질 것이며, 이것은 이 지방뿐 아니라 유럽의 다른 지역에서 역시 마찬가지일 것이다. 그는 스위스, 핀란드, 네덜란드의 동료들과 함께 극단적인 기후 시나리오상으로는 가문비나무가 서유럽, 중유럽, 동유럽에서 멀리 물러나 북유럽으로 이동할 것이라고 예상했다. 2100년경이면 가문비나무를 알프스와 북부 스웨덴, 핀란드와 노르웨이에서도 볼 수 있게 될 것이라고 말이다.[47]

이른바 이러한 상대적 종의 분포 모델에 논란의 여지가 없는 것은 아니다. 어떤 생물종이 기후에 따라 변화하는 공간을 완전히 활용하지 못하는 것은 어쩌면 당연한 일일지도 모른다. 이미 사람들이 그곳을 차지하고 정착해서 농사를 짓고 있을 수도 있고, 산이나 강이 이들이 다른 지역으로 나아가지 못하도록 막고 있을 수도 있고, 경쟁에 더 강한 종들이 이들을 막을 수도 있다. 더 자세히 알아보고 싶다면 이 모델들에서 토지 이용 내역이나 생물종 사이의 경쟁 같은 다른 요인들을 확인해야 한다.

어쩌면 그때마다 각 생물종들은 '그들의' 기후와 균형을 이루지 못할지도 모른다. 그 말은 곧 '실제로' 생물들이 살아남을 수 있는 틈새 지역은 '기본적인' 틈새 지역일 뿐, 어떤 종의 절대적인 기후경계선인 것은 아니다. 그러므로 과학자들이 도출해 낸 미래의 분포 지역과 실제가 전혀 다를 수도 있다.

그럼에도 생물학자들은 대부분 다른 것보다 이 방법을 더 좋아한다.[48] 이 방법에 아주 커다란 장점이 있기 때문인데, 비교적 쉽고 빠르게 많은 생물종에 적용할 수 있기 때문이다. 이는 유용하고 실행 가능한 출발점으로 여겨지지만, 실제로 이동이 일어나는 지역과 혼동되어서는 안 될 첫 번째 위험평가 요인으로 간주되기도 한다.[49]

그러나 2018년 이후 누구도 하네빈켈을 비난하거나 뭐라고 하지 못했다.[50] 몹시 무더운 여름이었고, 2003년의 폭염보다도 더 뜨거운 여름이었다. 최근 몇 년의 평균기온보다도 3도 이상 높았다. 하지만 2018년 중유럽의 여름을 특별하게 만든 건 정작 기온이 아니었다. 비가 충분히 내리기만 한다면, 숲은 열기를 견딜 수 있다. 정말로 중요한 문제는 가뭄이다. 4월부터 9월까지 들판은 바싹 말랐고, 강도 물길이 막혔다. 전문가들이 열기와 가뭄을 한데 아울러 가리키는 이 '뜨거운 가뭄'은 특히 숲에 크나큰 피해를 주었고, 이러한 가뭄은 기후 예측상 앞으로 점점 더 자주 일어날 예정이라고 했다.[51] 이러한 현상은 2019년과 2020년 여름까지 계속되며 가뭄이 이어졌다. 마치 이미 미래에 온 것 같았다. 최근 2~3년 동안 우리는 이미 2060년을 엿본 것이나 다름없다.[52]

특히 가문비나무가 호되게 당했는데, 나무껍질딱정벌레가 약해진 나무줄기를 공격하기도 전에, 가뭄 때문에 이미 바늘잎이 모두 색이 바래 버린 것이다. 하르츠산, 작센스

위스, 남슈바르츠발트 지역 숲의 근간이 무너졌다. 다 합치면 자를란트주보다 더 넓은 면적이었다. 유럽소나무라고 더 나을 것이 없어서, 이 '건조 전문가'조차 오랫동안 버티기는 했으나 결국 남방한계선까지 밀려났다. 그러니까 스위스 발레의 건조한 골짜기까지, 프랑스 남부와 독일 남서부 지역까지 말이다. 몇 년 사이 남쪽의 라인 평야를 포함해 위쪽으로는 프랑크푸르트까지 거의 모든 숲이 사라져 버렸다. 남은 것은 대초원뿐이었다. 이 모델에 따르면, 유럽소나무는 이 세기가 끝날 때까지 분포 지역의 반 정도가 사라질 것이며, 중유럽과 남동유럽에서부터 알프스산맥과 카르파티아산맥 같은 고지대, 그리고 북유럽까지 후퇴할 것으로 보인다. "분포 지역의 이동 속도가 급격하게 빨라지고 있다"고 하네빈켈은 말한다.

그렇게 되면 대체 무엇이 문제가 될까? 숲 대신 초원과 관목 지대가 들어서면 벌들이 돌아다닐 수 있을까? 새들이 둥지를 트고 야생식물들이 무성히 자랄 수 있을까? "이것은 꽤 심각한 재앙입니다." 이 삼림경제학자는 말한다. 숲이 사라지고 난 뒤에 남은 땅은 물을 많이 저장할 수가 없다. 그렇게 되면 땅은 태양과 바람에 더 많이 노출되고 건조해지며 더 쉽게 침식된다. 우리 인간들의 건강에도 역시 문제가 생긴다. 숲속에서 혈액순환과 호흡과 신경은 진정되며, 면역체계 또한 강화된다.[53] "우리는 많은 생태계 서비스*를 잃게 될 것입니다."

너도밤나무: '진정한 재앙'

가문비나무에게 이미 예견되어 있는 일, 유럽소나무가 걱정
해야 하는 일은 상업적으로 중요한 다른 나무종들에게도 급
작스럽게 닥쳐 왔다. 유럽 숲의 아이콘인 너도밤나무는 오
랫동안 기후변화 시대의 선택받은 나무종으로 여겨져 왔다.
중세 초기에 그랬듯이, 사람들이 없었다면 너도밤나무 숲은
이 땅의 60퍼센트를 뒤덮었을 것이다. 따라서 이렇게 생각
할 수도 있다. 너도밤나무에게 원래의 자연 지대를 돌려주
기만 하면, 자연은 혼자 힘으로 바로잡을 것이라고 말이다.
이 모델 역시 이렇게 말한다. 반짝이는 초록빛 나뭇잎들이
서로 어긋나게 자라는 이 나무들은 아주 깊고 건조한 지대
만 제외하고는 독일에서 아직 더 오랫동안 핵심적인 역할을
할 것이다.[54]

그래서 독일 곳곳의 삼림감독관들은 가문비나무 숲과
유럽소나무 숲을 너도밤나무들과 함께 섞거나 완전히 대체
해서 조성해서 30년 만에 1,000제곱킬로미터 이상 늘어났
다. 뤼겐섬의 면적에 맞먹는 넓이였다. 그러는 동안에도 많

* 생태계와 생물종이 지속 가능하고 인간 생활을 영위하게
  하는 상태와 과정. 인간이 생태계 기능으로부터 직접 또는 간
  접적으로 얻는 재화와 서비스 혜택, 인간이 생태계로부터 얻는
  편익, 그리고 인간이 생태계로부터 얻는 각종 혜택 등으로 다
  양하게 정의된다.

은 사람들은 이것이 잘하는 일일까 의심했다. 2018년 독일 많은 지역의 너도밤나무 잎들이 7월에 벌써 갈색으로 물들었다. 그리고 다음 해 여름에는 너도밤나무의 수관樹冠이 절반이나 떨어져 나갔고, 수많은 활엽수가 완전히 고사해 버렸다.[55]

삼림감독관 유넬레 역시 프리젠하임에 너도밤나무를 심었다. 숲 면적의 3분의 1 이상이 활엽수종이었다. "너도밤나무가 기후에 잘 적응하니까요." 하지만 숲길을 따라 걸어 올라가면서 그는 고개를 흔들며 분노를 터뜨렸다. 그는 120년 이상 그곳에 뿌리를 내리고 있던 너도밤나무 군락 앞에 섰다. 잿빛 나무껍데기가 벗겨지고, 나뭇가지에도 잎이 떨어지고 없었다. "모두 벌레 먹었어요." 삼림감독관이 말했다. "10월 중순에 다 베어 낼 겁니다."

육점박이비단벌레, 잎갈나무좀붙이, 그리고 나무껍질 딱정벌레까지 이 세 종류의 딱정벌레들이 너도밤나무들을 공격하고 있었다. 가뭄이 나무들을 무력하게 만들었다. 유넬레는 바싹 마른 흙을 움켜쥐었다가 다시 손가락 사이로 흘려보내고는 손에 남은 흙먼지를 힘껏 털어 냈다. "나무에게 너무 미안해요." 그가 한숨을 내쉬며 말했다.

가뭄은 너도밤나무를 몇 배로 더 힘들게 한다. 보통은 물줄기가 뿌리에서부터 잎까지 일정하게 흐른다. 그러나 땅이 건조해지면 나무들이 온 힘을 다해 물을 빨아들이려 하기 때문에 압력이 커진다. 빨아들이려는 힘이 너무 커지면 공기가 너무 많이 들어가 결국 관다발이 파열된다. 물이 부족해서 공동이 생기는 것이라고 생물학자들은 말한다. 이를 막기 위해 너도밤나무는 그 벌어진 틈을 메운다. 하지만 이것은 광합성, 그러니까 빛과 이산화탄소가 당과 산소로 바뀌는 과정을 방해한다. 그러면 결국 나무는 굶어 죽게 된다. 열 또한 너도밤나무를 괴롭히는 직접적인 요인이다. 여리고 매끄러운 나뭇잎들은 뜨거운 햇살을 견뎌 내지 못한다. 42도 정도만 되어도 나뭇잎들은 타 버리기 시작해서 화상을 입고 만다.

"너도밤나무에게야말로 정말 재앙이라 할 수밖에요." 마르크 하네빈켈은 말한다. 가문비나무와 유럽소나무를 본래 자생지가 아닌 다른 장소에 심게 되면서, 이 활엽수—너도밤나무를 심게 된 건 사실 자연스러운 선택이었다. "우리 지역은 이제 너도밤나무 주산지예요." 이 삼림경제학자는 말한다. "이 넓은 지역의 너도밤나무가 모두 죽어 버리고 나면, 이렇게 물을 수밖에 없을 겁니다. 이제 이후의 숲은 어떻게 될까? 이런 식으로 계속해서 우리 숲을 지켜 나갈 수 있을까?"

그리 먼 이야기가 아니다. 가장 최근에 일어난 가뭄이 너도밤나무를 상당히 병들게 하긴 했지만, 정상적인 환경이 갖추어지면 대부분은 다시 회복할 것이다. 하지만 너도밤나무 잎들은 평소보다 더 늦게 생기고, 그 수가 더 적어지면서 결국 성장이 멈추어 버릴지도 모른다. 몇 년 지나지 않아 나무들은 습도 조절장치를 제거해 버릴지도 모른다. 반대로 침엽수들은 벌레들에게 공격당하거나 바늘잎들이 떨어져 완전히 사라져 버릴지도 모른다. 삼림업자들은 나무들이 기후변화에 잘 적응하도록 나무 사이의 거리를 최적으로 유지하고 꼼꼼히 측량해서, 너도밤나무 숲을 이상적으로 조성하기 위해 세심하게 관리하고 있다. 하지만 그 정도로 충분할까? 가뭄 이후 다시 회복할 충분한 시간이 나무들에게 주어질까?

그것은 우리 인간이 어떻게 하느냐에 달렸다. 독일과 체코의 환경학자들은 우리가 이 세상의 온도를 높일수록 가뭄 역시 그만큼 계속되리라는 것을 증명해 보였다.[56] 우리가 이미 알고 있듯, 너도밤나무의 미래와 숲의 미래 역시 우리의 손에 달려 있다.

다른 한편, 그 미래는 또한 숲과 나무 자신에게도 달려 있다. 삼림생태학자들은 유럽너도밤나무가 기후변화에 얼마나 버틸 수 있을지 알아내려 애쓰고 있다. 몇 년 전까지만 해도 이 나무의 저항력이 아주 크다고 과대평가되었는데, 이것은 어떤 오해에서 비롯된 것이었다. 그러니까 고식물학자들은 빙하기가 끝난 후 열 유전자를 얻은 너도밤나무가 이탈리아와 발칸반도, 그리스 같은 지중해에서 유럽 전 지역으로 퍼졌다고 오랫동안 믿어 왔던 것이다. 하지만 삼림감독관들이 경험하기로는 그렇지 않은데, 이들은 오래전부터 자국의 너도밤나무가 여름철의 건조함에 얼마나 예민하게 반응하는지 알고 있었다. 2016년이 되어서야 비로소 이 오해가 풀렸다.

로마 라 사피엔차 대학교의 도나텔라 마그리Donatella Magri를 비롯한 고식물학자와 유전학자 들은 마지막 빙하기가 끝난 이후 유럽너도밤나무의 이동경로를 재구성하기 시작했다. 유전자 분석 기술이 발달하여 새로운 화석을 발견하고 꽃가루를 분석할 수 있게 된 덕분이다. 마그리는 말했다. "두 가지 정보의 기원을 통합함으로써 우리는 레퓨지아* 분포지부터 현재의 위치까지, 너도밤나무 개체군이 어떻게 확산되었는지 추적할 수 있었습니다."

결과는 아주 놀라웠다. 남부 이탈리아의 유럽너도밤나무는 예상대로 북쪽으로 뻗어 나갔지만, 포강 유역의 평야를 넘지는 못했다. 피레네산맥이나 발칸반도의 레퓨지아에서 역시 이 나무들은 거의 뻗어 나가지 못했다. 결국 이 나무들은 중유럽과 북유럽의 개체군들과 전혀 접촉하지 않았던 것이다. DNA 표지자를 밝히고 보니 이 나무들은 이탈리아와 발칸반도의 동종과는 유전학적 구조가 완전히 달랐다. 이는 중유럽과 북유럽 너도밤나무의 기원이 지중해가 아니라는 사실을 뜻한다. 다른 데서 그 기원을 찾아야 했다.

* 과거에 광범위하게 분포했던 생물체가 소규모 집단으로 생존하는 지역 또는 거주지. 빙하기에 동식물이 멸절했으나 그 중 빙하의 영향을 피해 빙하기의 동식물상이 제한적으로 유지되어 있는 산악 지역과 같은 장소를 말한다.

결국 고식물학자들은 중유럽 너도밤나무에 대한 오래된 단서들을 찾아냈다. 늪이나 호수에 남아 있던 나무와 나뭇잎과 열매와 씨앗, 그리고 꽃가루 같은 정보들을 통해서 말이다. 화석 보고서를 통해 이들은 이러한 결과를 얻어 냈다. 독일 유럽너도밤나무의 기원은 알프스 동부, 현재의 슬로베니아와 아드리아해 동부 연안을 따라 이어진 디나르알프스산맥에 있었다. 어쩌면 체코 남부 역시 해당될 수도 있었다. 예상했던 것보다 훨씬 북쪽으로 먼 곳인데, 이는 두 가지 관점에서 너도밤나무에 문제라는 점이 밝혀졌다.

　　따라서 너도밤나무 확산의 역사를 좀 더 자세히 살펴볼 필요가 있다. 11만 5,000년 전, 마지막 빙하기가 시작되어 날씨가 추워지기 시작하자 너도밤나무 숲은 작은 군락지로 나뉘었을 거라고 마그리는 추정한다. 저지대에 툰드라가 형성되고 알프스에 얼음이 뒤덮이는 사이 나무들이 모여 있는 각각의 군락지에서 떨어져 나온 일부 너도밤나무들은 습기가 충분한 산골짜기를 피난처로 삼았다. 1만 1,700년 전 기후가 다시 따뜻해지고 얼음이 녹기 시작하자, 언덕과 산맥을 시작으로 해서 저지대에 이르기까지 알프스 동쪽과 아드리아해 북쪽의 개체군이 다시 늘어나기 시작했다. 나무들이 함께 전선을 이루거나 한 것이 아니라 각각의 나무들이 환경의 변화에 맞추어 독립적으로, 서로서로 때로는 느리게 또 때로는 빨리 앞으로 나아간 것이었다.

　　너도밤나무는 발달이 매우 느리다. 수령이 40년이 지

나야 비로소 (때로는 150년이 지나서야)[57] 번식한다. 너도밤나무의 열매가 떨어지고 깍지가 벌어져서 씨앗이 나오면 다람쥐와 새 들이 이곳저곳으로 퍼뜨린다. 오랜 시간이 걸리는 일이다. 너도밤나무가 저지대에 이르면, 그곳엔 느릅나무와 보리수, 그리고 때로는 참나무까지 이미 자리를 잡고 있다. 그렇게 이 나무들이 빽빽한 숲을 이루어 경쟁자인 너도밤나무를 막아서고 있다.

결국, 그럼에도 유럽너도밤나무가 자리잡을 수 있었던 것은 아마도 인간들 덕분일 것이다. 동유럽 출신의 농부와 축산업자 들이 중유럽까지 나아갔을 때, 이들은 숲을 개간하고 취락지와 경작지와 방목지를 조성했다. 토양이 황폐해지면 그들은 계속해서 또 이동했다. 그렇게 너도밤나무의 시대가 시작되어 멀리 뻗어 나간 것이다. 너도밤나무의 빽빽한 나뭇잎들이 만들어 내는 그늘 아래서는 다른 어떤 나무들도 제대로 자랄 수가 없었다. 이 빙하기 이후 수천 년간 너도밤나무의 개체 수는 폭발적으로 증가했다. 3,500년 전그 속도가 점점 느려져 중세시대에 현재와 같은 면적인 약 100만 제곱킬로미터에 달하게 되기 전까지는 말이다.[58]

이동은 계속된다

기후변화와 함께 이러한 이동은 새로운 추진력을 얻게 되었다. 중산간 지대와 알프스에서 건조함을 견디지 못한 가문비나무가 결국 자리를 내어 준 지대를 너도밤나무가 점령했다. 스칸디나비아에서 역시 활엽수가 전진하고 있었다. 스웨덴 남부 스몰란드의 오랜 너도밤나무-가문비나무 혼합림이 그랬던 것처럼, 2005년 열대성 폭풍 구드룬이 가문비나무의 일부를 쓰러뜨리고, 이어서 같은 해 가뭄이 이 나무의 수염뿌리를 망가뜨리고, 또 그다음 해에는 나무좀이 퍼지면서 중세 말 이후 줄곧 유지해 왔던 균형은 무너지고 말았다.[59]

너도밤나무의 역사는 그러니까, 이런 교훈을 준다. 활엽수들은 기후대의 이동을 겨우 뒤따르고 있다는 것이다. 독일 너도밤나무의 기원이 (그 외에 다른 여러 나무종 역시) 아주 오랫동안 저 멀리 남쪽이라고 생각되어 왔으므로, 이 나무의 확산 속도 역시 과대평가되었다. 기후변화는 너도밤나무가 새로운 환경을 찾기 전보다 더 빨리 서식지를 빼앗아 버리고 말 것이다.

기후변화로 인해 이들에게 적당해진 북방한계선 쪽의 서식지로 아직 나무들이 이동하지 않았을 때, 생물학자들은 '한발 앞선 식민지화'에 대해 언급했다.[60] 이 지역 개척자들의 그릇된 성급함만을 말하는 것은 아니다. 비록 늦게라도 어디에서든 이동은 시작되었어야 하기 때문이다. 하지만 나무들은 그렇게 하지 않았다. 물론 많은 나무종이 일단 움직이기 시작하긴 했다. 이들은 알프스를 오르고,[61] 프랑스의 대서양 연안을 따라 북쪽으로 이동했다.[62] 하지만 모든 나무가 그런 것은 아니며, 어디에서나 그런 것도 아니다. 나무들의 이동을 방해하는 무언가가 있기 마련인 것이다.

인간들은 급속히 평지를 차지하고 경작지와 촌락지와 도로를 만든다. 생물들의 서식지를 잘게 나누어 망가뜨리고 원래 그곳에 없었던 나무종들을 심어 새로운 숲을 만든다. 가문비나무가 그 예인데, 침엽수로 큰돈을 벌 수 있었으므로 스웨덴인들은 그 수가 늘어난 어린 너도밤나무들을 곧장 뽑아 버렸다.

게다가 나무종끼리도 서로를 방해한다. 캐나다 생물학자들은 최근 온대 지역의 숲들이 왜 그렇게 미국 북동부 한랭 침엽수림 지대로 나아가기가 힘든지를 밝혀냈다. 학자들은 이를 이른바 '우선 효과'[63]라고 설명한다. 특정 지역에 새롭게 정착하는 첫 번째 종은 다른 종들이 뒤따라오지 못하게 만들 수 있는 것이다. 가문비나무 숲과 전나무 숲은 빛과 공간, 영양소를 통제할 수 있고, 그렇게 함으로써 사탕단풍이나 참나무의 어린 묘목들이 터를 잡지 못하게 만들 수 있다. 사탕단풍과 참나무가 새로운 환경, 더 따뜻한 기후에 더 잘 적응할 수 있음에도 말이다. 오랫동안 그 자리에 터를 잡고 있던 나무들은 바늘잎과 죽은 나뭇가지들로 바닥을 덮어 두껍고 건조한 산성토양층을 만든다.[64] 기후가 이 나무들에 적합하지 않게 변하더라도, 많은 나무종이 남방한계선 안에서 몇십 년은 더 버틸 수 있다. 그렇게 더 남쪽에서 올라오는 침입자들의 공격을 막는 것이다. 하지만 숲이 더 젊어질

수는 없다. 이들의 개체군은 점점 더 쇠퇴하고, 회복할 수 없게 된다. 생물학자들은 이를 '멸종채무'*라 부른다.[65]

남쪽에서부터의 이동

나무들이 북방한계선에서 기온이 더 낮은 지대로 나아가기를 아직 주저하는 반면, 남방한계선 쪽의 나무들은 이미 대규모로 이동하고 있다. 너도밤나무는 카탈루냐에서 몬세니 산맥 위 기온이 더 낮은 지대로 이동하면서 이들을 뒤따라온 월계수에 자리를 내주었다.[66] 가뭄이 위세를 떨면서, 아펜니노산맥과 지중해의 다른 산맥에서도 너도밤나무는 성장이 느려졌는데,[67] 헝가리에서도 마찬가지였다.[68] 여러 지역에서 너도밤나무는 미기후가 자신들에게 유리한 지대로, 바닥이나 산비탈에서 아직은 물을 빨아들일 수 있는 잔존 물이 남아 있는 지대로 이동했다. 남쪽에는 한때 나무들이 크게 번식했던 지역들이 조각조각 나뉘어 이제는 듬성듬성 남아 있을 뿐이다. 깃털이 다 빠지고 납작해진 이불처럼 말이다.

그러는 동안에도 가뭄의 공격은 계속되어 너도밤나무

* 종들은 그들의 서식지가 위축되고, 한계 이상의 기후변화가 일어나고, 침략종이 확산된다 해도 즉각 멸종되지는 않는다. 최초의 충격 이후 종의 마지막 개체가 사라지기 전까지 여러 세대가 걸릴 수 있다.

의 중심 서식지까지 침입해 들어왔다.[69] 프랑켄이나 브란덴 부르크는 이미 몇 해 여름 동안 남방한계선 지역과 같은 날씨가 이어졌다. 독일의 너도밤나무는 이런 날씨에 적응하지 못했고, 혼합림 속에서 참나무와 유럽서어나무, 보리수가 자리를 넓혀 가는 동안 너도밤나무는 결국 제 몫의 자리를 잃어버리고 말았다. "우리도 이젠 여전히 자연적으로 자생하는 서식지를 많이 알지 못합니다." 하네빈켈은 그렇게 말했다.

삼림 연구가들은 유럽너도밤나무가 독일의 풍경 속에서 사라지면 어떤 일이 벌어질지 상상도 하고 싶지 않을 것이다. 그늘진 숲이 기후변화의 시대에 왜 더욱 중요한지 이해하기 위해 나는 비가 쏟아질 듯한 어느 가을날 우커마르크로 갔다. 어느 주차장에서 나는 예아네테 블룸뢰더Jeanette Blum-röder의 VW-트럭으로 갈아탔다. 에버스발데 대학교 생태 및 생태 시스템 매니지먼트센터에서 일하는 그는 독일에서 가장 오래된 너도밤나무 숲인 '성스러운 전당Heilige Hallen' 으로 나를 데려갔다. 이곳의 나무들은 거의 350살에 가까워 언제라도 쓰러질 수 있는 상태라 숲 출입이 자유롭지 않았다.

　나무들은 하늘 높이 50미터까지 뻗어 있었다. 가지는 줄기 윗부분에 이르러서야 펼쳐졌는데, 어떤 나뭇잎도 다른 나뭇잎을 가리지 않았다. 아닌 게 아니라, 숲은 정말 성스러운 전당을 떠올리게 했다. 마치 더운 여름날에도 안에 들어 서자마자 서늘한 공기가 감싸 오는 돔 안에 있는 기분이 들었다. 너도밤나무의 나뭇잎들이 지붕을 만들어 햇빛을 가리고 숲을 어두컴컴하게 만들어서만은 아니었다. 이 원시림의 곳곳은 굵은 나무줄기들이 둘러싸고 있으며, 죽은 나뭇가지들은 수많은 버섯, 지의류, 선태류와 어린나무 들의 배양터가 되어 주고, 새와 박쥐, 딱정벌레 들에겐 은신처가 되어 주며, 숲에 물을 가두어 주기도 했다. 우리는 언덕을 덮고 있는, 습기를 먹은 반짝이는 가지와 나무줄기, 황갈색의 나뭇잎 이불 위를 걸었다. 블룸뢰더는 죽어서 틈이 벌어진 한 나무줄기 안에 손을 집어넣어, 이미 반쯤 부식토가 되어 버린 나무껍질을 한 움큼 끄집어냈다. "마치 젖은 스폰지 같죠." 물을 짜내며 그가 말했다.

몇 미터 더 들어가자 바닥에 나무막대가 하나 박혀 있고 꼭대기에는 나무로 만든 작고 하얀 오두막이 올려져 있었다. 온도계와 습도계가 비에 젖지 않게 해 주는 오두막이었다. 기온과 습도를 측정하고 분석한 결과, '성스러운 전당'의 기온은 다른 소나무 숲보다 평균 8도나 낮았다. 이는 심하게 더운 날 어떤 숲은 40도까지도 올라갈 수 있지만, 어떤 숲은 30도 정도로 유지할 수 있다는 뜻이었다. "많은 생물종에게 이것은 생존이 달린 문제일 수 있어요." 블룸뢰더가 말했다.

그렇다고 기후변화 시대에 독일의 마지막 원시림이 잘

보존되고 있다고 생각한다면 그것은 큰 착각이다. '성스러운 전당'의 핵심 지역은 자연보호구역으로 지정되어 있어서 잘 바뀌지 않지만, 이 너도밤나무 숲의 외곽 지역에서는 다른 그림이 펼쳐지고 있었다. 길가에는 굵은 너도밤나무 둥치들이 겹겹이 쌓여 있고, 큰 도로에서부터 진흙투성이 차로들이 숲속으로 아무렇게나 갈라져 들어가고 있었다. 블룸뢰더는 그중 한 길을 따라 들어가다가 산새풀이 무성하게 자란 작은 빈터에서 멈추었다. 윗면이 매끄럽게 잘려나간 나무 그루터기로 보아 너도밤나무가 쓰러진 지 그리 오래되지 않은 것 같았다. 아직 서 있는 얼마 안 되는 나무들도 백색부후*에 시달리고 있었다. 나무들이 듬성듬성해지고 햇빛에 노출될수록 더위와 가뭄에 맞서 중심 지역을 지키기가 어려워진다. "우리가 대신 나서서 이 신성한 보물을 지키고 보호해야 하지 않을까요?" 블룸뢰더가 말했다.

우리는 반 토막 난 나무줄기와 가지 들이 어지럽게 얽혀 누워 있는 곳으로 들어섰다. 생물학자인 블룸뢰더는 그 자리에 멈추어 서서 멍하니 어린 개솔송나무 두 그루를 쳐다보았다. 최근에 심은 것이 분명해 보였다. "꼭 이렇게 해야 하는 걸까요?" 그가 물었다. "우리는 지금 '성스러운 전당'에 있어요. 여긴 원래 원시림인데 말이에요!"

---

* 목재에 균류가 침입하여 목질이 분해되고 파괴되는 과정에서 흰색을 띠고 연질화되는 현상.

슈퍼나무를 찾아서

숲이 움직이기 시작한 이후, 이 숲을 어떻게 해야 할지를 두고 문화 전쟁이 시작되었다. 숲의 소유주들은 대부분 고사한 나무들을 가능한 한 빨리 숲에서 치우고 아직 팔 수 있는 나무들은 팔고 싶어 했다. 그들은 연방정부에서 지원을 받아 빈터에 나무를 새로 심었다. 주로 루브라참나무 같은 수입종들이나 성장이 빠르고 키가 큰 개솔송나무처럼 더위에 더 강한 나무들이었다.

크리스티안 유넬레는 프리젠하임에서 비슷한 실험을 하고 있었다. 터키 개암나무, 일본 자작나무, 남아메리카 히코리를 포함해, 그는 총 49종의 나무를 인근 지역 숲에 심었다. 50번째 나무는 이미 오버하머바시의 브라이히 임업소에서 대기 중인 레바논시다*였다. "2,000그루가 준비되어 있어요." 삼림감독관 크리스티안 유넬레가 눈을 빛내며 말했다. "아직 더 돌보고 보살펴야 하지만요."

하지만 숲을 재건하는 데 짜증을 내는 사람들도 있었다. 라인강 전 지역의 숲을 그대로 놔두자는 시민운동이 일어나고 있었다. 여러 환경론자들의 주장대로라면, 숲은 이미 어떻게 해야 할지 최선의 방법을 알고 있고,[70] 일단 단일

---

* 지중해 연안 지역의 산지에 자생하는 소나무과 개잎갈나무 속의 상록 침엽수.

림이 깨끗하게 정리되고 나면 다시 여러 수종의 나무들을 허락하는 나무껍질딱정벌레의 도움을 받을 수도 있다는 것이었다.

몇몇 삼림생물학자는 세 번째 방법을 선택했다. 이들은 너도밤나무처럼 우리에게 가장 중요한 토종 수종이 기후변화를 스스로 이겨내리라고는 생각하지 않았지만, 그렇다고 다른 대륙에서 온 수종들을 수입하려 하지도 않았다. 이들의 해결책은 시칠리아에서 남부 스웨덴까지, 저지대에서 고산 지대까지, 넓게 펼쳐져 있는 분포지에서 더위와 가뭄에 저항 능력이 있다고 밝혀진 너도밤나무 개체군을 찾는 것이었다.

토종 개체군은 동알프스의 비교적 작은 지역에서 유래했는데, 남쪽에서 유래한 그 친족들에 비해 이 나무들이 유전적으로 불리한 것으로 보이지는 않는다. 다양하고 풍부한 대립 유전자는, 그러니까 유전학적 변화의 다양성은 남쪽에서부터 북쪽 위로 갈수록 점점 더 줄어든다. 최근의 연구 결과에 따르면[71] 건조함에 대한 저항력 역시 지중해 지역에서 더욱 두드러지는 것으로 드러났다.[72]

바로 이러한 것들이 생태학자와 삼림업자 들이 하려는 일이다. 열 유전자로 인해 나무들이 북쪽으로 이동하고는 있으나, 토종 너도밤나무 숲이 전부 대체되어서는 안 되며, 시칠리아나 발칸반도의 나무들을 한 그루씩, 너도밤나무 숲에 옮겨심고, 나머지는 유전자 이동에 따라 자연스럽게 흘러가도록 내버려 두자는 것이다.

이를 시도해 보려 했던 이들 가운데 한 사람이 만프레트 포르스트로이터Manfred Forstreuter다. 베를린 자유대학교의 이 생물학자는 유럽 곳곳에서 유럽너도밤나무 묘목을 수집했다. 그리고 2019년 어느 추운 겨울날, 그는 자원봉사자들에게 그루네발트에 묘목들을 심어 달라고 부탁했다. 그렇게 그루네발트에는 프랑스 방투산의 유럽너도밤나무와 이탈리아 에트나산의 유럽너도밤나무들이 나란히 심어졌다. 그리스의 유럽너도밤나무 옆에는 보스니아 헤르체고비나와 스웨덴 남부에서 온 유럽너도밤나무가 있었다. 큰 잎사귀에 곧게 뻗은 유럽너도밤나무와 잎사귀가 작고 마디가 굵게 함부로 자란 유럽너도밤나무가 함께 자라게 된 것이다. "여기 이곳에 유럽 전역에서 온 유럽너도밤나무의 유전자들이 모여 있는 셈이죠." 포르스트로이터는 흥분한 듯 보였다.

남쪽에서 온 나무들은 건조하고 뜨거운 여름을 견딜 수 있는 능력을 입증해 보여야 할 뿐 아니라, 독일의 늦추위 역시 이겨내야 했다. 너무 일찍 싹이 트면 결국 실패로 돌아가고 말 것이다. 새로 심어진 첫해부터 나무들은 늦추위와 건조함과 나무껍질딱정벌레와 싸워야 했다. 나무들 가운데 몇몇은 이미 바이에른주 횔러바흐에서 가져온 묘목처럼 죽어 버리고 말았다. 새로운 조건에서 살아남을 수 있는 나무가 없다면 남은 방법은 하나뿐이었다. 여러 다른 개체들을 접목시키는 방법이었다. "프랑스 남부의 나무와 스웨덴의 나무를 접목할 수도 있어요." 포르스트로이터는 자신의 견해를 드러냈다. 그는 신중해야 한다는 것을 잘 알고 있지만, 진보적인 방법이 필요하다고 생각했다. 그가 말했다. "우리가 아무것도 하지 않는다면 너도밤나무 숲의 생태계는 무너지고 말 것입니다. 그렇게 되면 생물다양성 역시 무너지게 되겠지요. 그러므로 할 수 있는 모든 것을 해 보아야 합니다."

물론 모두가 그렇게 생각하는 것은 아니다. 유럽에서 종자 거래는 매우 엄격하게 제한되고 있다. 독일에서 (삼림증대를 위한) 종묘법은 품종을 보호하기 위해 그때그때 해당 지역의 씨앗만을 사용하도록 권고하고 있다. 윤리적으로도 고민해 보아야 하는 문제다. 나무들을 이동시키면 자연의 흐름에 막대한 영향을 미칠 것이기 때문이다. 수백만 년이 넘도록 수종樹種들은 계속해서 변해 왔고, 각 지역의 기후 조건에 적응했으며 작은 틈이라도 차지하려 경쟁해 왔다. 지금 와서 온갖 지역에서 온 외래종들을 뒤섞는다면, 우리는 이 나무들이 어떻게 그렇게 적응해 왔는지를 파악할 수 없게 될 것이다.

프리젠하임의 삼림감독관 유넬레 역시 이따금 자신이 하고 있는 일이 맞는지 의심하곤 했다. 최근 그는 직원들에게 숲을 폐쇄하는 게 어떻겠느냐고 제안했다. 그들의 노력이 더는 통하지 않는다는 이유에서였다. 곰팡이와 벌레 때문에 갈라지고 변색된 가문비나무와 너도밤나무 목재를 사려는 사람은 아무도 없을 테니 말이다.

하지만 그의 생각은 받아들여지지 않았다. 그는 숲에서 장작을 베어 파는 200여 가구와 이들에게서 땔감을 사는 수백 가구를 생각했다. 30년 넘게 목재를 가공해 온 작은 제재소와 이들이 나무를 공급하는 소목장이와 목수도 떠올랐다. "헤스 노르베르트, 롤란드 헤어초크, 베실레, 그라이너……" 유넬레는 손가락을 꼽아 보았다. "사실 도저히 숲을 폐쇄할 수가 없습니다."

도저히 가망이 없다는 것을 알고 있으면서도 그는 계속할 수밖에 없었다. "제가 마치 무모하기 짝이 없는 돈키호테처럼 느껴지네요."

미래의 숲

산림감독관이나 숲의 주인 들은 이런 불안감에 몹시 시달리고 있다. 앞으로 우리 숲이 어떻게 될지 아무도 정확하게 알 수가 없으니 말이다. 너도밤나무도 다른 어떤 슈퍼나무도 뜨겁고 건조한 기후 조건을 견뎌 낼 수 없다면 대체 어떤 나무가 살아남게 될까? 나는 독일 최남서부에서 실마리를 하나 찾아냈다. 이 화산 지대에는 수천 년 이래 한 수종이 뿌리 내리고 있었던 것이다. 이 수종은 하네빈켈이 제시한 모델에 가장 적합하며, 세기말 기후에서도 유럽 여러 지역에서 자랄 수 있었다.

하네빈켈은 굽이굽이 이어진 그늘진 숲길을 따라 관목
이 우거진 산속으로 걸어 올라갔다. 오른손을 보리수와 유
럽흰느릅나무가 서 있는 비탈에 대고, 왼손을 들어 마디가
굵은 나무들을 하나하나 쓸어내렸다. 둥근 잎사귀의 윗면은
어두운 초록색, 아랫면은 회록색으로 반짝이고 있었다. 솜
털 같은 감촉이 느껴졌다. 잔털참나무였다.

지중해의 활엽수종들은 수천 년 이래 북방한계선까지
분포 지역을 확장해 보주산맥에서 비가 오지 않는 지대까지
자리 잡았는데, 벨포르트 협곡*을 통해 론 밸리에서 넘어온
지중해의 뜨거운 공기가 이 지역으로 유입되었기 때문이다.
이 건조한 산비탈에서 (유럽졸참나무도 마찬가지인데) 잔
털참나무는 부족한 물을 얻으려고 경쟁할 필요가 없다. 독
일에서는 건조함을 잘 견디는 잔털참나무 1만 1,000그루
정도가 큰 개체군을 이루며 자라고 있었다. 하지만 꼭 그렇
게까지 할 필요가 없을지도 모른다. "독일 활엽수림의 상당
부분이 언젠가는 이렇게 될 가능성이 큽니다." 하네빈켈이
말했다.

이런 상상은 꽤 솔깃하게 들린다. 듬성듬성 자라는 잔

* 북쪽의 보주산맥과 남쪽의 쥐라산맥 사이에 비교적 평평
한 지형의 지역. 북해와 지중해 사이의 유럽 유역의 일부인 동
쪽의 라인강과 서쪽의 론강의 배수 유역 사이의 유역.

털참나무 사이사이에서 관목과 약초와 꽃이 자라날 수 있으며, 심지어 난초가 자랄 수도 있다. 이런 다양한 식물들은 사마귀 같은 곤충들을 끌어들이고, 곤충들은 다시 도마뱀 같은 파충류와 이 산비탈에 잘 적응하는 유럽벌잡이새와 후투티 같은 새들의 먹이가 될 것이다.

나쁜 소식은 목재 생산이 크게 줄어들 것이라는 점이다. 잔털참나무, 코르크참나무, 월계수의 경우, 같은 면적에 너도밤나무 숲이 빽빽했을 때보다 5분의 1까지 목재가 줄어들었다. 가문비나무나 소나무는 더 말할 것도 없었다. 하네빈켈은 이 세기가 끝날 때까지 돈이 되는 북유럽의 침엽수가 사라지고 지중해 참나무 종들이 이를 대체하게 되면 유럽의 경제적 손실이 수천억 유로에 달할 것이라 예측했다.[73] 숲은 이제 목재 생산이 아니라, 물을 저장하고 그늘을 만들고 땅을 다지고 탄소를 저장하며 여러 생물종들을 보호하고 휴양지를 제공하는 등 여러 다른 기능에서 가치를 찾아야 할 것이다. 스위스 발레의 여러 협곡에서는 이미 잔털참나무가 구주소나무를 밀어내고 있었다.[74]

산에서 내려오면서 하네빈켈은 다시 한번 오른쪽 비탈면의 마디가 거친 나무줄기를 쳐다보았다. 그는 지중해 문화권 농부들이 듬성듬성한 숲 한가운데에서 어떻게 경작지를 관리하는지 생각해 보았다. 안달루시아의 참나무 숲, 그리고 너도밤나무와 코르크참나무 그늘 아래에서 풀을 뜯도록 양과 염소와 소를 풀어놓고 이베리아 돼지에게 도토리를 먹이는 스페인의 방목지, 데헤사스Dehechas도 떠올려 보았다. 시선을 잠시 잔털참나무로 돌렸다가, 그는 다시 몸을 돌려 산을 내려왔다. 그가 말했다. "우리가 가지고 있는 숲에 대한 이미지를 바꿔야 해요."

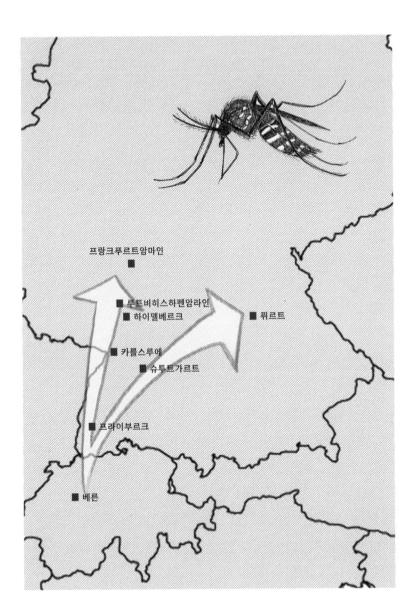

프랑크푸르트암마인
■

루트비히스하펜암라인
■
하이델베르크
■
■ 퓌르트

카를스루에
■
슈투트가르트
■

프라이부르크
■

베른
■

8 전진 중인 곤충들

북쪽으로 향하는 행렬들
함부르크, 2019년

이동하는 것은 나무들만이 아니다. 나무 안팎에 함께 사는 곤충들 역시 마찬가지다. 그리고 이 사실은 나무뿐 아니라 우리 인간의 건강에도 영향을 미친다. 어떤 지역에서는 공생활公生活이 멈추어 버릴 수도 있다. 2019년 5월 22일, 함부르크 시민들이 일몰 후 도시의 남쪽 아우토반을 봉쇄해 버렸던 것처럼 말이다. 이날 밤 A1*을 마비시킨 것은 작은 벌레 한 마리였다.

　운전자들이 길을 돌아가는 사이 텅 빈 고속도로에는 리프트가 달린 차 한 대가 갓길 한쪽에 멈추어 섰다. 흰 방호복을 입고 방독마스크를 쓴 남자가 차에서 내렸다. 그가 올라탄 곤돌라가 천천히 위쪽으로 올라가 도로변 관목 숲에

---

　*　브레멘에서 함부르크에 이르는 구간.

바짝 붙었다. 투시경으로 안을 들여다보자 나무줄기마다 실 크 주머니가 달려 있고, 그 아래에는 엄청나게 많은 무언가 가 꿈틀거리고 있었다.

관목 숲에 얼기설기 매달린 고치 안에는 2~3센티미 터 정도의 갈색 유충 수천 마리가 꿈틀거리고 있었다. 바로 몇 주 전에 부화한 이 참나무나방 유충들은 숲 덤불을 엄청 나게 먹어 치우고 있었다. 벌레들은 어린 참나무잎들을 가 장 좋아하지만, 참나무잎이 없으면 먹을 수 있는 것이면 뭐 든 먹어 치운다. 벌레들은 밤마다 먹이를 찾아 줄을 지어 크 고 작은 나뭇가지 아래까지 10미터씩 기어 온 것이다.[75] 벌 레의 작은 몸통에서는 대략 70만 개나 되는 섬모가 나 있어 서, 위험을 감지하면 독을 뿜어낸다. 이 솜털들은 바람에 실 려 날아가 사람들에게 호흡곤란과 현기증, 알레르기성 쇼크 를 일으킬 수도 있다.[76]

해충방제회사 렌토킬Rentokil은 함부르크 A1 위로 엄청 나게 큰 흡진기를 가져가서, 무리 지어 있는 유충들을 차례 대로 빨아들였다. 섬모들이 공기 중으로 날아올랐다. 렌토 킬의 기술팀장인 크리스티안 클록하우스Christian Klockhaus 는 "함부르크에서 참나무나방을 발견한 것은 최근 2~3년 안에 처음"이라고 설명했다. 작업 요청 상황을 보자마자 그 는 곧바로 알아챘다. "나방들이 천천히 북쪽으로 이동하고 있습니다."

겨울이 따뜻해지고 봄 기온이 높아지면서 1990년대

이후 참나무나방은 독일 전역으로 퍼져 나가고 있다. 그중에서도 2018년과 2019년의 건조한 날씨는 주변의 온도에 극도로 민감하게 반응하는 냉혈동물인 이 곤충들에게 특히 유리했다. 나방들은 겨울에 날아들어 이른 봄 더 일찍 부화해서 가을까지 엄청나게 번식했다. 점점 더 많은 묘지와 공원과 호수가 폐쇄되었고, 어린이집 행사도 취소되었다. 아이들의 팔에 갑자기 피부 발진과 농포가 생겼고, 눈도 충혈되었다.

7월 초까지 배불리 먹은 유충들은 번데기가 되었다가 나방으로 부화한다. 나방은 가을이 되면 참나무 수관에 200여 개의 알을 낳고, 알들은 다음 해 봄 다시 벌레가 된다. 그리고 사이클은 새롭게 시작된다.

단지 독일 최북단과 스칸디나비아반도의 대부분, 그리고 영국 제도 북부의 유럽졸참나무와 루브라참나무만이 이 밤나방류*에게 해를 입지 않았다. 하지만 이 밤나방류의 서식지는 이번 세기 중반까지는 계속해서 북쪽으로 이동할 것이다.[77] 그런데 남부 유럽에서는 이와는 정반대 양상이 나타나고 있었다. 이 지역의 날씨가 벌써 재주나방과의 나방들에게는 너무 더웠던 것이다.

독일에서 참나무나방이 점점 더 북쪽으로 이동하는 사이, 프랑스에서는 밤나방의 친척인 소나무행렬모충나방이

---

* 애벌레가 행렬을 지어 이동하는 특징이 있다.

나타났다. 이름에서 이미 말하고 있듯 소나무를 노리는 이 밤나방과의 유충들은 지중해권에서부터 프랑스 전체로 퍼져 나가고 있다. 공교롭게도 이 나라의 수도는 오랫동안 피해를 입지 않았는데, 파리 분지 남쪽의 기후가 이 나방의 유충들을 허락하지 않았기 때문이다. 열로 인한 빗장이 수도 남쪽의 곤충들을 막았던 것이다. 그러나 1990년대 중반 이 지역이 따뜻해지면서, 밤나방류는 보이지 않는 장벽을 넘을 수 있게 되었고, 이후 지금까지 이들은 연평균 5~6킬로미터씩 북쪽을 향해 이동하고 있다.[78]

이 유충들은 인간들 때문에 더 빨리 앞으로 나아가고 있다. 몇 년 전 소나무행렬모충나방의 대규모 서식지가 프랑스 북동부의 알자스 지방에서 발견되었는데, 이는 이들의 북방한계선에서 북쪽으로 약 190킬로미터나 떨어진 곳이었다. 남부 지방의 이 나방들은 아마도 관상용 소나무를 운반하는 화물차에 함께 실려 왔을 것이다. 나무와 함께 운반되는 흙 속에서 번데기들은 오래 살 수 있으니 말이다.

곤충뿐 아니라 다른 절지동물들 역시 남쪽에서 중유럽으로 점점 더 많이 몰려들고 있다. 예를 들어 남부 독일에 퍼져 있는 여치과나 사마귀과 곤충들이 그렇다. 최근만 해도 이런 종들은 "생장기가 짧아 (원래 서식지에서처럼) 제대로 번식하기가 어려웠다"고 크리스텔 로비네Christelle Robinet를 비롯한 오를레앙 국립농업식품환경연구소의 삼림 연구가들은 말했다. "하지만 이제 변하고 있다."

다리가 여덟 개 또는 여섯 개인 이 새로운 이주자 가운데엔 사람들이 절대로 마주쳐서는 안 될 곤충도 있었다. 2018년 여름, 독일에서는 진드기 발진티푸스나 크리미안콩고열을 옮길 수도 있는 참진드기 속의 열대성 진드기들이 다수 발견되었다. 나방파리는 지중해권에서 바덴뷔르템베르크와 라인란트팔츠 지역까지 들어와 이미 카이저스라우테른 북부까지 자리를 잡았다.[79] 나방파리는 피부에 심한 염증을 일으키고 내장기관을 감염시킬 수 있는 기생충인 레이시마니아*를 사람의 피에 옮길 수도 있는데, 다행히 아직까지 감염된 나방파리는 발견되지 않았다.

아열대 및 열대 지역의 모기는 지구에서 가장 위험한 생물 가운데 하나로 여겨지는데, 이들로 인한 사망자가 연평균 어림잡아 80만 명에 이르는 것으로 추정된다(인류의 역사에서 전쟁이나 살인으로도 이 정도로 많은 사망자가 나오지는 않았다).[80] 3,500종이 넘는 모기 가운데에는 독일의 전염병 연구자들에게 몇 가지 특별한 걱정거리를 안겨 주는 모기도 있었다. 원래의 서식지에서 멀리 떨어진 새로운 지역을 공략하고 있는 이 모기들은 뎅기열과 지카바이러스, 황열을 포함해 온갖 위험한 바이러스와 다른 병원균을 옮길 수 있다. 그중에서도 특히 두 종의 팽창 욕구가 두드러져 보

---

* 파동편모충류에 속하는 원생생물 속의 일종으로 리슈마니아병/리슈만편모충증을 일으키는 기생생물이다.

였다. 바로 흰줄숲모기Aedes albopictus와 이집트숲모기Aedes aegypti다. 이들의 종種 및 속屬의 표기는 '성가시고 괴로운'이라는 뜻의 고대 그리스어에서 유래했는데, 별것 아닌 듯 들릴지 몰라도 이들은 이 땅에 엄청난 재앙을 불러올 수도 있다.

세상에서 가장 위험한 생물의 독일 공격을 막아내려는 생물학자처럼
루트비히스하펜 밀름, 2019년 8월 2일

핸드폰이 울렸다. 노르베르트 베커Norbert Becker는 발신번호를 보았다. 모르는 번호였지만 지역번호를 보니 왠지 알 것 같기도 했다. 한 여성이 집에서 좀 이상하게 생긴 모기를 발견했다고 했다. 베커는 모기 사진을 찍어 보내 달라고 부탁했다. 몇 분 지나지 않아 당시 이 지역 모기피해극복행동연합KABS의 책임자가 영상통화를 걸어왔을 때, 그는 화면 속 모기의 가슴과 배, 다리에 있는 검고 흰 무늬를 보았다. 등에는 흰 세로줄무늬가 있고, 뒷다리 마디 끝부분 역시 흰색이었다. 더 볼 것도 없이 흰줄숲모기였다.

그 자체로는 특별할 것이 없었다. 평소에도 베커의 전화기는 10분에 한 번 씩 울려댔는데, 라인 평야 상류 어디쯤에서 흰줄숲모기나 다른 특이한 모기를 발견했다는 이들이 많았기 때문이다. 하지만 그날 그를 깜짝 놀라게 만든 것은 좀 달랐다. 인근 다른 지역에서 온 전화였기 때문이다.

흰줄숲모기는 그를 루트비히스하펜에 있는 집으로 돌아가게 만들었다. 최대의 적수가 있는 그곳으로.

베커는 흰줄숲모기와 애증의 관계였다. 35년도 더 전에 그는 공교롭게도 코로나바이러스 진원지이기도 한 우한에서 처음으로 이 모기와 마주쳤다. 당시 하이델베르크 대학교에 있던 그는, 당시 폭발적으로 늘어나며 말라리아를 옮기고 있던 중국얼룩날개모기Anopheles sinensis로부터 중국 대도시 외곽에 있는 논밭을 구하러 중국 우한까지 가야 했다. 그는 한 마리 한 마리 확인하고 세어 나가며, 사기그릇에 담긴 모기 수백 마리 사이에서 흰줄숲모기를 발견했다.

베커에게 이보다 더 아름다운 모기는 없었다. 볕에 그을린 얼굴에 짙은 은발로 실제보다 더 젊어 보이는 71세의 이 남자는, 하이델베르크 대학교에서 실험용 흰줄숲모기를 키우려고 유리상자에 주먹을 넣고 암컷 모기 수백 마리가 몇 분 동안 자기 피를 빨게 한 적도 있었다. 그는 심지어 딸들 중 한 아이의 가운뎃이름에 이 모기의 학명인 '아에데스 Aedes'를 붙여 주기도 했다.

하지만 1센티미터 정도 되는 이 이국의 모기가 독일에 들어오는 것을 막는 일이 바로 그에게 주어진 임무였다. 이 모기는 치군군야바이러스의 주요 요인으로 간주되는 데다가 뎅기바이러스와 지카바이러스를 포함한 21개 이상의 바이러스를 옮길 수도 있었다. "이 모기가 이제 여기까지 왔네요. 이 작은 생물의 코를 납작하게 만드는 일이 내겐 진정한 만족감을 줍니다." 베커는 2020년 7월의 어느 날 루트비히스하펜 멜름 지역의 한 카페에서 라인팔트 지방 특유의 노래하는 듯한 말투로 웃으며 말했다. 카푸치노 잔을 내려놓는데 그의 목소리가 낮아졌다. "하지만 어려운 상대죠."

독일에서 서식하고 있는 모기들

흰줄숲모기는 진정한 생존예술가다. 암컷들은 오래된 폐타이어나 화분에 알을 낳는다. 그 안에서 그들은 전 대륙을 옮겨 다닌다. 유충들은 극도의 건조함 속에서도 몇 달씩 혹은 몇 년씩도 살아남는다. 세계 무역과 인구 증가로 인해 이 모기들은 전 지구에 퍼지게 되었고, 이들은 세계 곳곳에서 피를 빨고 알을 낳고 부화했다. 게다가 이 모기의 유충들은 건조기가 닥쳤을 때 모든 개체 수가 사멸하지 않도록 애를 써서 얼마간은 그대로 남아 있는다. 암컷 모기가 100여 개의 알들을 한 군데에 낳지 않고 가능한 한 여러 장소에 나누어 낳는 것이다. 물뿌리개에도 양동이에도 풀장에도 알을 낳는다. 그렇게 이들 후손의 생존 가능성은 더욱 높아진다.

처음에 베커는 고향의 모기와만 싸우면 되었다. 비영리단체인 KABS는 모기로 인한 질병 등에서 벗어나기 위해 빙겐에서부터 브라이자흐까지 100여 개의 자치단체와 협업해 왔다. 하지만 어느새 라인강 상류 저지대는 열대 곤충과 아열대 곤충들이 침입해 들어오는 관문이 되었고, 곤충들은 이탈리아에서 들어오는 화물차나 기차, 아우토반 A5를 타고 무임승차해 들어와 그들이 살기에 적합한 이곳에 도착했다. "여긴 이제 거의 지중해권의 날씨나 다름없으니까요." 2020년, 30여 명의 동료와 흰줄숲모기에만 매달려 온 이 생물학자는 거의 40년 만에 KABS 수장 자리에서 내려오며 그렇게 말했다. 그럴 수밖에 없었다. 모기들이 바람을 통해 퍼져 나갔으니 말이다. 2014년 프라이부르크에서 처음 발견된 이 모기들은 2015년에는 하이델베르크에서, 2016년에는 진스하임에서, 2017년에는 뢰어라흐와 카를스루에에서, 그리고 2019년에는 슈투트가르트에서도 나타났다. 예나와 퓌르트에서 역시 무리 지어 살고 있었는데, 이제 멜름에까지 나타난 것이다.

　이런 일이 일어나서는 안 되었다. 새로운 종류의 모기와 그 병원균이 북유럽까지 퍼지게 될 것이라고, 모리츠 크레머Moritz Kraemer를 비롯한 옥스퍼드 대학교 동물학부 연구자들은 이미 경고했다.[81] 이 국제적인 연구자 조직은 통계학을 이용해 기후모델과 인구 증가를 모기들의 확산과 연결 지었다. 오랫동안 알프스산맥이 이들의 진격을 막아 왔지만, 일단 이 장벽을 넘자 흰줄숲모기는 연평균 150킬로미터의 속도로 공격해 들어오고 있었다는 사실을 밝혀냈다. 향후 30년 안에 이 모기는 독일과 프랑스 전역에서 발견될 것이다.[82]

황열병을 옮길 수 있는 데다, 뎅기열의 가장 중요한 요인인 이집트숲모기는 따뜻한 날씨를 좋아해서 아직은 시간이 좀 남아 있는 듯하다. 하지만 미국과 중국에서는 이미 빠른 속도로 퍼지고 있는 데다, 이번 세기 중반까지 시카고와 상하이까지 퍼질 수도 있으며, 그렇게 될 경우 유럽에서도 수십 년 안에 남부 이탈리아와 터키까지 퍼져 나갈 것으로 보인다.[83]

이 두 모기는 생태학적으로 다른데, 아열대성의 흰줄숲모기는 알을 낳을 저수지가 있고, 또 사람들 말고도 토끼와 개와 소 들의 피도 빨 수 있는 교외나 시골에 주로 모여드는 반면, 열대성의 이집트숲모기는 도시의 집들을 가장 좋아한다.[84] 이집트숲모기는 사람의 따뜻한 피를 더 좋아하고, 깨끗한 물에 알을 낳는다.[85]

옥스퍼드의 이 연구자는 향후 5년에서 15년 사이에 이집트숲모기와 흰줄숲모기가 생태학적 영역을 최대한 넓혀 나갈 것이라 추정하고 있다.[86] 일단 2020년, 2030년부터 이 모기들은 기후변화로 인해 그 행동반경을 넓혀 나갈 것이다. 유럽은 그러니까 이 모기들이 간신히 살아남을 수 있는 최전방이다. 하필이면 이 두 종류의 모기들은 유럽의 대도시들과 중국 남부, 그리고 미국 남부 지역처럼 인구가 과도하게 증가하는 지역에 정착할 전망이다. "현재의 기온 상승률을 낮추기 위해 적절한 조치를 취하지 않으면 이 모기들의 서식지가 더 많은 도시로 뻗어 나갈 것"이라고 크레머는 말한다. "면역력이 약한 사람들이 특히 걱정입니다."

더 따뜻하고 습한 유럽에서 처음으로 흰줄숲모기나 이집트숲모기에게 감염되어 병에 걸리는 사람들이 대규모로 증가할 것이라는 말이었다. 2080년이 되면 환자 수가 4억 5,000만에 달할 수도 있다. 새로운 병원균에 사람들이 처음으로 노출되는 지역에서는 전염병이나 중증 환자가 나타날 위험이 몹시 크다.

이 모든 것이 노르베르트 베커가 어떻게든 흰줄숲모기를 막으려 애쓰는 이유다. 2019년 8월 그 전화를 받은 이후, 그는 동료들과 함께 멜름으로 가서 전화를 걸어 온 사람의 집 뒷마당으로 들어가 빗물받이통에 알약 하나를 녹였다. 포자의 단백질을 형성하는 박테리아를 억제시키는 약 BTI(Bacillus thuringiensis israelensis)였다. 이것은 죽은 모기 유충에서 추출한 단백질의 결정체로, 모기 유충을 먹어 치운 후 죽어 버린다. 아무려나 그는 이것으로 충분치 않으리라는 것을 이미 예감하고 있었다.

실제로 그 여름이 지나는 동안 그는 이 지역에서 수십 통의 전화를 받았다. 흰줄숲모기가 이미 이 지역에 정착했다는 뜻이었다. 베커는 해결책을 찾아야 했다. 겨울이 온다고 문제가 저절로 없어질 거라 기대할 순 없었다. 몇 년 전 흰줄숲모기는 심지어 슈바르츠발트의 더 추운 겨울을 나기도 했으니 말이다.[87]

다음 해 봄, 그는 다시 신중하게 팀을 꾸렸다. 팀원 가운데는 그의 조카와 하이델베르크 대학생도 있었다. 이들은 2020년 5월, 재건축지구로 가서 1,800세대가 넘는 집에 인쇄물을 나누어 주었다. 쓸데없이 정원에 물을 방치해 두지 말라는 경고가 담겨 있었다. 또 조금이라도 의심스러울 때는 풀장이나 빗물통이나 화분받침에 풀어 녹여 두라는 말을 전하며 주민들에게 BTI를 나눠 주었다. 그런데도 사흘 후 첫 전화가 왔다. 흰줄숲모기가 멜름에서 겨울을 나는 데 성공한 것이었다.

새로운 연결이 맺어지고
오래된 것들은 끊어지고

코로나바이러스의 위기는 우리 인간이 자연을 대하는 일이 얼마나 어려운 일인지를 가르쳐 주었다. 인간들은 전 세계로 뻗어 나가, 야생동물과 야생식물 들을 최후의 은신처까지 몰아넣었다. 심지어 사향고양이나 뱀, 박쥐를 잡으려 그 최후의 피난처에 침입하기까지 하는데, 그것은 (아마도) 우리 인간의 세력을 더 증대시키고 우리의 먹거리에 이른바 '와일드 노트', 즉 야생에서 온 것까지 더하려는 욕심에서 비롯되었을 것이다.[88] 이렇게 인간들이 야생에 너무 가까이 다가갔기 때문에 결국 병원체가 숙주를 바꾸고 인간들에게 전이되기 더 쉬워졌다.

기후변화는 이를 역이용해서 상황을 더욱더 악화시키

고 있다. 인간들은 더 이상 야생으로 나아가지 못하고, 거꾸로 야생이 인간들의 사회로 들어오고 있다. 각종 동식물들이 그들의 최후 피난처였던 열대 지방에서 무리 지어 빠져나가고 있는데, 그 지역이 그들에게 너무 덥고 건조해지고 있기 때문이다. 그렇게 주변 마을과 들판으로 도망 나온 동식물들은 점차 인간의 영역으로까지 들어오게 될 것이다.

동물과 식물 들이 각기 다른 속도로 극지방을 향해 이동하고 있으므로, 그전이라면 절대 맞닥뜨리지 않았을 종들이 서로 만나게 된다. 결국 유럽에서 역시 동물에서 동물로 병원균이 전이될 위험이 높아질 것이며, 새로운 바이러스가 나타날 것이라고 미국 생태학자들은 예측하고 있다.[89] "종의 이동은 완전히 새로운 질병들을 일으킬 우려가 있다"고, 태즈메이니아 대학교 해양사회생태학 센터장인 그레타 페클 역시 말한다. "수많은 새로운 결합들이 이루어지는 동시에 지금까지 생태계와 병원체를 통제해 온 오래된 관계들은 끊어지고 있습니다. 이제 모든 것이 상당한 위험에 직면하게 되었습니다."

두 개의 동물집단이 특히 빠르게 극지방으로 퍼져 나가고 있는데, 우리 인간들에게 질병을 옮길 수도 있는 그 하나는 박쥐다. 박쥐는 엄청나게 먼 거리까지 단숨에 이동할 수 있는 데다 개체 수가 많아 모든 바이러스의 우세한 숙주가 될 수 있다.[90] 박쥐가 비행을 통해 다른 포유류보다 더 빨리 행동반경을 넓혀 가면서, 다양한 종들 사이에 새로운 바이러스를 옮기는 데 큰 역할을 할 것으로 예상되며, 어쩌면 인수공통감염병성 바이러스를 새로운 지역으로 옮기게 되리라고 생태학자들은 말하고 있다. 유수의 과학자들은 이미 코로나 사태와 기후변화의 직접적인 연관관계에 대해 추측하고 있다. 2021년 2월의 한 연구 결과에 따르면, 중국 남부 원난성의 식물계가 변화하면서 새로운 박쥐 약 40종을 유혹했고, 이로 인해 이 지역에 100여 종의 변이바이러스를 옮길 수도 있다고 한다. 이 점이 사람들에게 코로나19를 일으키는 SARS-CoV-2의 전염을 촉진시켰을 수도 있다.[91]

그 두 번째 동물집단은 모기다. 매개체로서 모기는 숙주에서 숙주로 간접적으로만 바이러스를 옮길 수 있지만, 사람을 통해 박쥐과보다 더 빠르게 상황을 진행시킬 수 있다. 세계적으로 연구자들은 이번 세기말까지 3~4도 이상 기온이 올라가면서 모기로 인한 질병의 전이가 최대치가 될 것이라고 전망하고 있다. 이론적으로 향후 30년 안에 전체적으로 거의 5억 명이 넘는 사람들이 황열, 지카, 뎅기열, 치군군야 같은 질병을 옮기는 모기와 접촉하게 될 것이며, 2080년까지 그 숫자는 10억 명으로 늘어날 것이다.[92]

"우리를 속이려는 거야?"

2020년 7월의 무더운 어느 날, 한나 베커Hanna Becker, 파트리시아 힙Patricia Hipp, 소피 랑엔테페콩Sophie Langentepe

-Kong은 모기 로고가 그려진 하늘색 티셔츠를 똑같이 맞춰 입고 멜름 주택가를 집집마다 돌아다녔다. 마치 '모기 경찰관' 같았다고 그들은 우스갯소리를 한다.

"흰줄숲모기를 물리치려고 왔습니다." 현관문이 열릴 때마다 그들은 그렇게 설명했다.

5월 이후 그들은 계속해서 주민들이 모기에 이미 물렸는지 확인했고, BTI를 뿌려 가며 모기가 부화할 가능성이 있는 진원지를 조사했다. 이들은 3, 4주마다 이 일을 반복했다. 그렇지만 모든 주민이 친절하게 자기 집 뒤뜰로 안내해 주지는 않았다. 어느 지역 페이스북 그룹에 세 명의 여성이 현관문을 두드릴지 모른다는 경고문이 올라오기도 했다. "우리를 속이려는 거 아니에요?" 한 사람이 댓글을 달자 다른 한 사람이 진정시켰다. "믿을 만한 분들이에요!"

첫 번째 정원은 다 괜찮은 듯 보였다. 화분과 화분받침대, 양동이 모두 잘 건조되어 있었고, 흰줄숲모기의 흔적은 전혀 없었다. 하지만 이 여성들은 물이 가득 차 있는 수영장을 발견했다. "정기적으로 물을 갈아 주나요?" 파트리시아 힙이 밝은 머리칼에 수염이 까칠하게 자란 살찐 남자에게 물었다.

"나흘에서 닷새마다 갈아 줍니다." 남자가 작은 목소리로 대답했다.

"저기 안에 뭔가 있는 것 같은데요." 힙이 수영장 가까이 다가가며 말했다. "가장자리마다 잔뜩 매달려 있어요."

한나 베커가 수영장 위로 몸을 굽히자, 물속에서 뱀처럼 구불거리고 있는 모기 유충들이 보였다. "여기 이거 보이시죠?" 베커가 남자에게 물었다. "당장 물을 빼내세요. 지금 당장이요!"

"모두 죽여 버려야겠어." 파트리시아 힙은 그렇게 말하며 별것 아니라는 듯 노란 스프레이로 BTI 희석액을 수영장 안에 뿌렸다.

다행히 흰줄숲모기는 아니었다. 흰줄숲모기치고는 긴 덩어리의 색깔이 그렇게 어둡지 않았다. 뱀처럼 구불거리는 모양도 흰줄숲모기가 아니었다. "그냥 보통 모기예요." 한나 베커가 단언했다.

마지막으로 한 번 더 당부한 후, 세 젊은 여성은 다시 노르베르트 베커가 기다리고 있는 거리로 나섰다. 스파이어에 있는 KABS 사무실에서 그는 상자 하나를 가지고 나왔다. 그날 정오 이탈리아에서 특별배송되어 온 상자였다. 그 안에는 흰줄숲모기들이 들어 있었다. 그는 그 모기 수천 마리를 이 재건축지구에 풀어놓을 생각이었다. "차에 모기들이 있어!" 그가 기쁜 듯 말했다. 그의 세 전우는 냉담하게 현실을 직시하고 있었다.

모기들의 밀집도가 중요해

여러 전염병 연구자들이 흰줄숲모기 때문에 엄청난 공황상태가 올 거라고 경고하고 있다. "이 모기들은 현재 이동 중이고, 이론적으로 질병을 옮길 수 있습니다." 베를린 로베르트코흐 연구소 감염병관리본부의 크리스티나 프랑크Christina Frank는 말한다. "하지만 이들에 대한 위험성은 머지않아 통제할 수 있게 될 것입니다."

프랑크는 이 모기들과 가까이 살고 있는 유럽인들이 열대 지방 풍토병이 있는 사람들과 같은 감염의 위험에 노출되어 있다는 인상을 주지 않으려 했다. "모기가 특히 밀집되어 있는 지역 어디나 심각한 풍토병이 나타나고 또 확산될 위험 역시 높습니다." 다행히 유럽은 아직은 그 상황까지 이르지는 않았다.

하지만 바로 이 부분에서 노르베르트 베커는 말을 보탰다. 그는 독일에서 흰줄숲모기의 발생 요인을 최대한 줄이고자 한다. 종려나무가 서 있는 앞마당에서 윙윙거리는 잔디 깎는 기계 소리를 들으며 그가 멜름 지역 재건축지구를 지나는 동안, 부드러운 미풍이 약간의 찬 기운을 실어 오고 있었다. 베커는 자신의 매트그레이색 메르세데스 벤츠 E300de 하이브리드의 트렁크를 열고 흰 플라스틱 컵 열세 개를 꺼냈다. 컵 속에서 흰줄숲모기 수천 마리가 윙윙거리고 있었다.

이 생물학자는 연립주택 입구의 그늘에 앉아 미심쩍어하는 두 여성의 눈길을 뒤로하고 플라스틱 컵을 가지고 나무가 심어진 도로 중앙의 안전지대로 들어갔다. 그는 조심스럽게 컵에 둘러진 고무밴드를 빼고 그물망을 벗겨 냈다. 마치 누가 컵 안에 연기라도 밀어넣은 듯 모기들은 바닥에 붙어 검게 무리 지어 있었는데, 그물망이 열리자 갑자기 작은 구름 떼 같은 것이 위로 솟구쳐 오르더니 공중으로 흩어졌다. 한 마리 한 마리, 점점 더 많은 흰줄숲모기가 공중으로 날아올랐다. "스스스스스······" 귓가가 윙윙거렸다. 하지만 베커는 꼼짝 않고 그 자리에 서서 컵을 흔들어 마지막 한 마리까지 모두 컵 밖으로 내보냈다. 그는 알고 있었다. 이 흰줄숲모기들은 사람을 물지 못한다는 것을. 모기는 모두 수컷이었다. 심지어 살균되어 새끼를 낳을 수 없는 수컷들이었다.

볼로냐의 어느 특별실험실에서 연구원들은 모기 알들을 수백만 배로 늘린 다음 수컷 번데기들을 골라내 방사선을 쬐었다. 한 번에 19분간 1.9그레이* 씩이었다. 그것은 마치 트로이의 목마와도 같은 베커의 비밀무기였다. 이들이 야생 수컷들을 충분히 물리쳐 주기만 한다면, 야생 암컷들은 화분에, 새 물통에, 물뿌리개에 아마도 수정이 안 된 알들만을 낳게 될 것이다.

이러한 이른바 '곤충불임방사법SIT'은 완전히 새로운 방법은 아니었다. 40년 전에 이미 베커의 동료들은 마인츠 지방의 금빛숲모기를 퇴치하기 위해 이 방법을 시도한 바

* Gy, 방사선흡수선량의 단위.

있었다. 하지만 모기 수가 너무 많아 실패할 수밖에 없었는데, 방사선을 쬐고 불임이 된 모기 한 마리에 야생 모기 10억 마리가 달려들었던 것이다. 하지만 흰줄숲모기는 아직은 통제할 수 있는 정도였다. 베커에 따르면, "아직 개체 수가 적을 때, 더 빨리 전쟁을 시작할수록 더 잘 통제할 수 있을 것"이었다.

독일에 풍토병이 생긴다면 얼마나 많은 일이 벌어질까. 혈액에 지카바이러스가 감염된 어느 여행자가 독일에 돌아와 흰줄숲모기나 이집트숲모기에 물리고, 그 모기가 또 다른 사람을 물면 병은 전염될 것이다. 그렇게 바이러스는 계속 확산될 것이며, 나중에 모기에 물린 사람 역시 새로운 제물을 찾는 이 두 종류의 모기에 물린 것과 같아지고, 결국 계속 그렇게 되풀이될 것이다. 최근 전문가들은 독일 내에서는 아직까지 감염 발생 사례가 거의 없으며 멀리 퍼지지 못하고 있다고 밝혔다.

하지만 폭발적인 감염으로 이어질 위험이 정말 그렇게 먼 이야기일까? 독일인들이 가장 좋아하는 지역인 알프스에서 내려다보면 과연 괜찮기만 할까 의심하지 않을 수 없다.

치쿤구니야와 뎅기열이 유럽에
아드리아해, 2007년 이탈리아

카스틸리오네 디 세르비아는 라벤나에서 남쪽으로 약 10킬

로미터 떨어진, 인구가 2,000여 명 정도 되는 작은 마을이
다. 일요일이면 노인들은 소나무 숲 그늘 아래를 지나 성 안
토니오 아바테 교회로 예배를 드리러 간다. 아이들이 학교
에 가려면 사비오강을 가로지르는 두 개의 다리 가운데 하
나를 건너야 한다. 사비오강은 물줄기가 졸졸졸 흐르는 작
은 강으로, 강의 저편에는 이웃 마을인 카스틸리오네 디 라
벤나가 맞붙어 있다.

이 두 지역의 2층짜리 주택들은 꽃 화분이 가득한 작은
정원으로 둘러싸여 있다. 몇 년 전까지만 해도 화분받침에
는 물이 고여 있기 마련이었다. 양동이나 빗물받이통 역시
마찬가지였다. 누구도 그것들이 문제가 될 수 있을 거라고
는 생각하지 못했을 것이다. 하지만 바로 이것들이 2007년
이 지역을 강타하여 전 세계에 알려진 그 역병의 요인이 되
었다.

이것은 또 다른 질병의 도화선이 되었다. 이후 감염병
연구자들이 밝혀낸 바에 따르면, 6월 중순 한 남자가 가족
을 만나기 위해 마을에 들어왔다. 인도 케랄라에서 휴가를
보내고 막 돌아온 그는 처음에는 열이 조금 나는 정도로 그
리 심각해 보이지는 않았다. 당시 이 남아시아의 나라에서
100만 명이 넘게 감염되었던 이 전염병은,[93] 그때까지만 해
도 카스틸리오네 디 세르비아 주민들은 거의 들어 본 적도
없는 생소한 병이었다. 그것은 바로 치군군야바이러스였다.
동아프리카의 한 단어에서 유래한 이 감염병은, '몸을 굽힌

남자'*라는 뜻을 가지고 있었다.[94]

여행에서 돌아온 남자가 마을에 들어온 지 열흘쯤 지나자, 그의 사촌 역시 건강이 나빠지기 시작했다. 사촌에 이어 점점 더 많은 마을 사람들의 건강이 안 좋아졌다. 아주 어린 아이부터 백발의 노인까지, 사람들은 고열과 피로, 발진에 시달렸고, 몇몇은 관절이 심하게 부어올라 조금만 건드려도 견딜 수 없는 통증을 경험하기도 했다. "몇 번인가는 아예 일어설 수도, 자동차에서 내릴 수도 없을 정도였어요." 〈뉴욕타임스〉는 이 지역 한 연금 생활자의 말을 전하기도 했다.[95] "이제 끝이구나, 전 그렇게 생각했어요. 그래, 내 시간은 여기까지야. 이렇게 죽는구나. 그렇게 말이에요."

8월 중순에 벌써 100명 넘는 주민들이 병에 걸렸지만, 의사들은 어찌 된 영문인지 전혀 알 수가 없었다. 의사들은 온갖 가능한 원인들을 검토했다. 강 때문이라고 했다가, 정부를 탓했다가, 이민자들을 겨냥하기도 했다.

급기야 거의 모든 가정에 환자들이 생기고 말았다. 그런데 주목할 만한 것은, 가족들끼리는 서로를 감염시키지 않는 듯하다는 것이었다. 이 때문에 곤충에게로 혐의가 돌아갔다. 이 지역의 나방파리 때문일까?

---

* 이 병에 걸리면 사지에 발진이 생기며 심한 관절통을 수반한다. 극심한 고통 때문에 몸이 구부러지는 증상이 나타나기도 한다.

감염병 연구자들에게 연락해서 혈액검사를 의뢰했다. 라벤나 보건국 직원들은 원인을 찾기 위해 이탈리아인들에게는 성대한 여름휴가인 페라고스토Ferragosto, 승모승천대축일까지 중단시켰다. 작고 검은 컵 속에 든 것을 나무막대기로 긁어냈을 때, 그들은 깜짝 놀랐다. 나방파리는 한 마리도 없었다. 대신 흰줄숲모기들이 있었는데, 한두 마리가 아니라 떼를 지어 있었다.

　　1990년까지만 해도 이탈리아에는 흰줄숲모기가 없었다. 하지만 미국에서부터 중고 타이어를 싣고 온 배 한 척이 제노바에 정박했고, 그 안에 고여 있던 물도 함께 쏟아져 나왔다. 그 안에는 0.5밀리미터 길이의 검은 모기 알들이 떠다니고 있었다.

　　이탈리아 항구 도시에 처음으로 흰줄숲모기가 나타난 것은 어느 교실에서였다.[96] 이후 이 침입종侵入種은 몇 년 만에 로마를 거쳐 시칠리아까지, 이탈리아 전역에 퍼졌다. 그리고 2006년 드디어 카스틸리오네 디 세르비아에서까지 검고 흰 무늬가 있는 이 곤충이 발견된 것이다.

　　처음에는 조금 성가신 정도였다. 그런데 2007년, 이들이 질병을 옮길 수 있는 능력을 최대로 발휘할 수 있는 정황이 생겼다. 유난히 따뜻한 겨울이 지나고 4월 15일부터 화분받침과 양동이와 고인 물에 있던 알들이 평소보다 훨씬 더 일찍 부화하기 시작한 것이다.[97] 그리고 때마침 인도 여행을 마치고 돌아온 남자를 물었고, 그 피를 퍼뜨렸

다. 그 피에는 토가바이러스과科의, 정확하게 70나노미터
(0.00007밀리미터) 크기의 이 바이러스가 가득했다.

라벤나 보건국은 국립고등보건연구원에 2년 전 인도양
의 프랑스령 섬인 레위니옹에서 발생했던 것과 완전히 비슷
한 증상을 보이는 열병에 대해 보고했다. 당시 레위니옹 주
민 77만 명 가운데 3분의 1이 치군군야바이러스에 감염되
어 200명 이상이 사망했다.[98]

2007년 8월 말 실험실의 분석 결과, 아드리아해의 이
두 지역에서도 치군군야바이러스에 감염된 것으로 의심되
는 환자가 생겼다.[99] 현대 유럽에서 처음으로 열대성 질병이
발병한 것이다.

곧이어 곤충박멸 전문가들이 두 마을의 정원으로 모여
들어, 살충제를 뿌리고 모기 알들이 부화할 만한 곳들을 제
거하기 위해 양동이와 화분받침, 분수대에 고인 물들을 모
두 정리했다. 9월 초 발병은 억제되었다. 결과적으로 이탈
리아인 300명 정도가 감염되었고, 그중 기저질환이 있던
세 명이 사망했으며, 회복된 이들 가운데 많은 사람이 이후
관절염을 앓게 되었다.

유럽 최초의 뎅기열과 지카바이러스

2010년 프랑스에서 역시 비슷한 일이 나타났다. 흰줄숲모
기가 프랑스 남부 지역에 치군군야바이러스를 옮긴 것이다.

이 바이러스는 한 번의 등장으로 끝나지 않았다. 2014년과 2017년에 새로운 사례가 나타났다. 2017년 이 바이러스가 이탈리아에서도 다시 등장했는데, 특히 건조한 여름이 지나는 동안 모기들은 칼라브리아 지역 및 로마와 로마 근교에 사는 300명이 넘는 이탈리아인들을 감염시켰다.[100] 역시 치군군야바이러스였다.

2010년 8월 니스에 사는 한 노인이 고열과 근육통, 극심한 피로를 호소했다. 그는 눈동자 뒤쪽에서도 통증을 느꼈는데, 눈을 움직일 때마다 통증이 더 심해진다고 했다. 1980년대 이후 열대 지방에서 다시 폭발해, 세계보건기구가 발표한 바, 지금까지 이 지역 "질병과 사망의 주요 원인"이 되고 있는 뎅기열의 전형적인 증상이었다.[101]

2010년 8월까지만 해도 이러한 증상은, 유럽에서는 열대 지방에서 바이러스를 옮아 온 몇몇 여행자에게만 나타났으며, 다른 사람들에게 옮겨지지도 않았다. 하지만 니스의 이 노인은 심지어 최근 프랑스를 떠난 적도 없었다. 대신 서인도 제도에 사는 친구들이 노인을 찾아왔다.

노인은 며칠 만에 회복했지만, 얼마 지나지 않아 18세 소년이 같은 증상으로 병원을 찾아왔다. 그는 첫 뎅기열 증상을 보인 그 노인의 이웃 주민이었다. 바로 이 지역에서 흰줄숲모기가 발견되었다.[102]

흰줄숲모기는 2017년 8월 남프랑스에서 발생한 지카 바이러스를 처음 옮긴 토착종으로 의심되고 있다.[103]

그 자취가 점점 더 가까워지고 있으므로 지카바이러스가 독일에서도 나타날 수 있지 않을까 하는 의문이 드는 것은 당연한 일이다. 바이로이트 대학교의 생물지리학자 카를 바이어쿤라인Carl Beierkuhnlein은 말한다. "그렇습니다. 이제 여름이 되면 전염이 가능한 조건들이 이미 만들어지고 있습니다."

감염을 일으키려면 앞서 말한 바와 같이 두 가지 조건이 필요하다. 이 사람 저 사람 물 수 있을 만큼 충분히 공격적인 흰줄숲모기가 그 하나다. 몇 달 동안 충분히 더운 날씨가 계속되면 그로 인해 이 곤충의 몸속 바이러스가 활성화되는 온도에 다다르게 되고, 다른 숙주에서도 활동할 수 있게 된다. 바이어쿤라인에 따르면 "기후변화는 이러한 시간대를 연장시키고, 독일에서 역시 지역에 따라 폭발적으로 확산되도록 만들기 때문에 매우 중요하다". "대규모는 아닐지라도 적어도 수백 건 정도는 충분히 가능"하다는 것이었다.

프라이부르크를 예로 들 수 있겠다. 몇 년 전부터 흰줄숲모기가 이 지역에 정착한 데다, 여름 몇 달 동안 남프랑스처럼 더위가 지속되고 있으며, 열대 지방을 여행하고 돌아온 사람들이 계속해서 뎅기열에 감염된 채 들어오고 있다. 이러한 각각의 사실들이 아직은 위험할 만큼 한데 얽히지는 않고 있는 것은 순전히 운 때문일 수도 있다.

2015년 말, 세상은 뎅기열과의 전쟁에서 승리할 돌파구를 찾아냈다. 논란의 여지는 있지만 최초의 백신이 시장에 나와 성공을 거둔 것이다.[104] 그사이 지카바이러스와 치군군야바이러스에 대응할 백신을 찾으려는 노력 역시 활발히 이루어졌다.[105] 사람들은 제약회사가 공교롭게도 지금 백신 개발에 박차를 가하는 것은 우연이 아니라고들 생각한다. 곤충과 그 병원균들이 열대 지방을 벗어나 우리가 사는 도시와 마을로 들어오고 있으니 말이다. 지금까지 제약회사들은 열대 지역 바이러스에 대항하는 백신을 개발하는 데는 큰 관심이 없었을 거라고 바이어쿤라인은 생각한다. 거의 100년간 뎅기열이나 비슷한 다른 병원균들은 가난한 열대 지방에서만 나타난다고 생각해 왔기 때문이다. "그런데 이 질병들이 이제 북쪽으로 이동하면서 시장도 생기고 있는 셈이죠."

하지만 새로운 백신에 대한 머리기사들은 독일이 흰줄숲모기의 공격에 대해 전혀 준비되어 있지 않다는 사실을 감추고 있었다. "정치인들은 어차피 막을 수 없는 운명이라고 생각합니다." 이 생물지리학자는 말한다. "아이가 우물에 빠지고 나서야 움직이는 사람들이니까요."

몇 가지 시도해 볼 일들을 예로 들어 보자면, 유럽 내의 화물운송을 통제하거나 흰줄숲모기의 모니터링을 강화하는 것도 방법이다. 바이어쿤라인은 일반의一般醫들에게 독일 어느 지역에서 어느 시기에 다양한 종류의 열대성 질환이 전염될 수 있는지를 알려 주는 애플리케이션을 개발했다. 여행을 다녀온 것도 아닌데 치군군야바이러스인지 뎅기열인지 불분명한 증상을 보이는 환자가 진료실에 찾을 때, 의사는 이 앱을 통해 그가 흰줄숲모기에 감염된 것인지 아닌지를 확인해 볼 수 있다.

이러한 조기경보 시스템은, 감염 사례들이 눈에 띄지 않게 잠복해 있는 것을 방지할 수 있고, 이로 인해 지역적인 폭발을 조기에 예방할 수 있다. 하지만 이것은 독일의 흰줄숲모기의 숫자가 일정 정도를 넘어서지 않는 한에서만 가능하다.

흰줄숲모기에게 너무 더운 열대 지방

하지만 그렇게 유지되려면, 우리는 당장이라도 기후변화를 막아야 한다. 그래야만 모기들이 유럽까지 넘어오는 것을 막을 수 있다. 그런데 아이로니컬하게도 다른 대륙에서는 지구온난화가 오히려 열대성 모기들을 쫓는 데 도움이 되기도 한다. 말라리아를 옮기는 감비아학질모기Anopheles gambiae는 25도일 때 위험한 감염병을 가장 잘 전달하는데, 2018년에만 2억 2,800만 명이 넘는 사람들이 말라리아에 걸렸고, 40만 명 넘게 사망했다.[106]

말라리아는 오늘날 이미 그 매개체인 말라리아모기를 통해 아직 사람들의 저항력이 증명되지 않은 북쪽으로 퍼져나가고 있는데, 반면 중앙아메리카와 남아메리카 같은 지역에서는 오히려 발병률이 감소하고 있다.

미국의 생물학자와 지리학자 들은 아열대 지방의 흰줄숲모기 역시 점점 더 적도에서 멀어져 가고 있다는 사실을 발견했다.[107] 온난화가 더욱 심해지면서 남동아시아와 서아프리카 또는 카리브해 같은 지역들은 오히려 사정이 나아졌는데, 흰줄숲모기와 그 병원균에게(이들에게 최적의 온도는 약 26도다) 이 지역들이 너무 더워졌기 때문이다.[108]

하지만 나쁜 소식은 이렇게 열린 틈을 이집트숲모기가 메울 수 있다는 점이다. 잘 알려져 있다시피 이집트숲모기는 더 따뜻한 것을 좋아하는 데다 사하라 남부에 이미 넓게 퍼져 있다. 이집트숲모기는 29도 정도에서 아르보바이러스를 가장 잘 옮긴다. 이러한 사실은 실제로 이미 드러나고 있다. 뎅기열과 치군군야바이러스, 지카바이러스에 감염된 사례가 빠르게 증가하고 있는 것이다.[109]

이는 아프리카의 건강관리 시스템의 가장 큰 과제 가운데 하나인데, 이것이 곧 말라리아로 이어지기 때문이다. 한편 유럽의 건강관리 시스템으로서는, 열대성 질병의 대규모 발병은 전혀 새로운 문제다.

멜름의 주택단지에서 노르베르트 베커와 그 동료들은 방사선 처리된 마지막 흰줄숲모기 수컷들을 풀어놓고 있다. 어떤 어미 모기가 집에 알을 낳을지 사람들은 알 수가 없다. 사실 모기 자체는 전혀 위험하지 않다. 오히려 그 반대다. "이걸로 (흰줄숲모기) 개체군이 완전히 박멸되면 좋겠네요." 팔츠주 출신의 베커는 그렇게 말했다. 대조군에서는 번식 가능한 알의 수가 크게 줄어들었으며, 2020년 루트비히스하펜 지역의 주민들 역시 겨우 두 건의 사례를 보고했을 뿐이었다.

적어도 그가 활동하는 인근 지역에서는 베커가 이 흡혈 곤충을 처리할 가능성이 있다. 하지만 독일 전역의 모기들을 막을 수 있을 거라는 희망은, 그는 이미 오래전부터 가지지 않고 있었다.

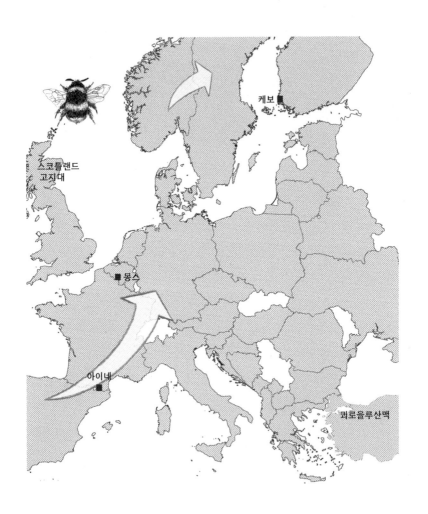

스코틀랜드
고지대

케보 ■

■ 몽스

■ 아이네

꽈로울루산맥

9 어리뒤영벌의 패러독스

우리 사회에 들어온 피에 굶주린 열대 곤충 무리를 좋게 생각하자면, 사실 모기나 진드기나 그 유충들에게 딱히 나쁜 의도는 없다. 이들은 그저 기후변화와 세계화가 가져온 가능성들을 최대한 이용하고 있는 것뿐이다. 결국 이들 서식지의 경계를 무너트리고 인간 사회로 끌어들이고 있는 것은 바로 우리 자신이다.

물론 남쪽에서 이 지역으로 이동해 온 모든 곤충이 우리에게 해를 끼치는 것은 아니다. 많은 곤충이 오히려 매우 이로우며, 생물다양성에 이바지한다. 여러 곤충학자가 설명하기를, 북아프리카와 아시아에서 넘어온 수백 종의 곤충이 없었다면 기어 다니고 날아다니는 이 나라의 곤충들의 세계는 훨씬 더 빈약해졌을 거라고 한다. 기후변화는 여전히 전반적으로 주요 원인으로 작용하지만, 곤충들이 감소하는 원인은 다른 데서 찾아야 한다. EU 농업기금 때문에 도로와 숲의 경계까지 땅을 밀어 확장하고, 살충제를 뿌리며 면적을 넓히고 있는 경작지 같은 것들 말이다.

어리뒤영벌 교황의 발견

피에르 라몽Pierre Rasmont 역시 오랫동안 그렇게 믿어 왔다. 벨기에 몽스 대학교 동물학연구소장인 그는 1980년대부터 어리뒤영벌을 연구해 왔다. 라몽은 털 무늬 때문에 여러 동물학자가 '날아다니는 테디베어'라고 부르는 이 온순한 생물을 좋아했다. 옆으로 스쳐 날아가기만 해도 그는 벌의 종류를 알아맞힐 수 있었다. 동료들 사이에서 그는 '유럽 어리뒤영벌의 교황'으로 통한다.

라몽 역시 오랫동안 기후변화가 인간과 동물에게 큰 영향을 미칠 거라고는 전혀 생각하지 못했다. 한 세기에 1~2도 차이가 대체 무슨 의미가 있단 말인가?

하지만 2003년 여름 그는 생각을 바꾸었다. 유례없는 폭염이 유럽 전역에 맹위를 떨쳤다. 파리에서는 너무 많은 노인이 사망하는 바람에 인근의 모든 장의사가 터져 나갈 지경이었으며, 렁지스 시장의 식자재 냉동창고가 급한 대로 시체보관실로 쓰여야 했을 정도였다.[110]

그해 여름에도 라몽은 예년 여름처럼 한 학생과 함께 피레네산맥에 있었다. 이 지역 어리뒤영벌의 유전학적 다양성을 조사하고, 유럽의 다른 산악 지대와 비교해 보기 위해서였다. 피레네산맥의 산촌마을 아이네는 이 연구를 위한 가장 이상적인 출발점으로 보였다. 평소 같으면 흰색 노란색 연보라색 야생화들이 만개해 있는 고지대 초원 위에는 산과 초원과 해안에서 온 각종 어리뒤영벌이 잔뜩 몰려들어 윙윙거렸을 것이다. 유럽에 분포하는 어리뒤영벌 69종 가운데 거의 절반 정도가 그곳에 몰려들었던 것이다.

그러나 2003년, 라몽은 좀 다른 비전을 그려야 했다. 마른 덤불 숲속에는 예전에 나타나던 개체군 가운데 일부만을 발견할 수 있었다. 그전이라면 쉴 새 없이 풀밭 위를 스치고 지나다녔을 과학자들의 채집망은 그저 손에 들려 있기만 할 뿐이었다. 라몽은 뭔가 '심각하고 중요한 일'이 벌어지고 있음을 깨달았다. 전혀 예기치 못한 뜻밖의 일이었다.

2주 후, 그는 유럽 최북단에 있는 핀란드 마을 케보로 날아갔다. 이곳 역시 어리뒤영벌의 천국이라 여겨지는 산간지방이었다. 예년이라면 어리뒤영벌을 20분 만에 400마리씩 잡을 수 있었다. 하지만 이곳 역시 뭔가 달랐다. 기온이 34도까지 올라갔는데, 그 전까지 관측된 최고 기온보다 9도나 더 높았다. 등산화 밑에서 시든 지의류, 선태류가 바스락거리며 부서졌다. 어리뒤영벌은 도무지 보이지 않았다. 라몽은 말했다. "그제야 알았습니다. 폭염이 어리뒤영벌을 멸종시킬 수도 있다는 것을 말이죠."

이 야생벌 전문가는 벨기에 몽스 대학교 동물학연구소 앞 잔디밭의 한 나무 벤치에 앉아 있었다. 그가 쓴 모자 위로 따뜻한 가을바람이 불었고, 나무 테이블 위로 보리수 잎이 떨어졌다. 이날 아침 연구소에서 코로나19 확진자 두 명이 나와서 우리는 이 벽돌건물 밖으로 쫓겨나 있었다. 벤치에 앉아 라몽은 동료와 그의 팀에 있는 학생들이 지나갈 때마다 그들을 불러세웠고, 그들은 마침 아픈 라몽의 거북이를 위해 알약을 건네거나 머핀을 주거나 연구 과제에 대한 세부사항들을 이야기했다. 그 학생들 없이는 라몽은 연구를 계속할 수 없을 것이다. 그에게는 밝혀내야 할 질문들이 아직 많이 남아 있었다. 특히 유럽의 어리뒤영벌 미래에 대해서 말이다. 그의 강의는 여왕벌(라몽)을 도와주는 수많은 암벌(학생)과 몇몇 수벌(동료)로 이루어진 어리뒤영벌 집단이나 다름없었다.

라몽이 어리뒤영벌을 찾는 까닭은 그가 산도 몹시 좋아하기 때문이었다. 현재 지구상에 날아다니는 250종 이상의 벌들은 약 3,400만 년 전 에오세*에서 올리고세**로 넘어가는 과도기에 진화하기 시작했다. 이 지구가 급격하게 차가워지던 시기였다. 어쩌면 이 냉각기에 어리뒤영벌들은 젊은 히말라야의 계곡으로 내몰렸고, 그곳에서부터 벌들이 더 추운 지대로 퍼져 나갈 수 있었을 것이다.[111] 현재 빽빽하게 돋은 털 덕분에 추위를 견딜 수 있는 어리뒤영벌들은 많은 산악 지대에서 유일하게 꽃가루를 옮기고 있는 것으로 보인다. 프랑스 피레네산맥과 스코틀랜드 고지대, 터키 쾨로을

* 신생대 제3기를 다섯 개로 구분할 때 두 번째에 해당하는 시기.

** 신생대 제3기를 다섯 개로 구분할 때 세 번째에 해당하는 시기.

루산맥을 돌아다니며 어리뒤영벌을 만날 수 있었던 라몽으로서는 그동안 운이 좋았던 게 '틀림없다'.

하지만 2003년 이후 어리뒤영벌의 서식지는 그전과 달라졌다. 더위와 가뭄이 지나간 이 지역 곳곳에서, 어리뒤영벌의 밀집도는 지역에 따라 1~2단계 이상 떨어졌다. 모두 비교적 인적이 닿지 않은 지역이었다. 건물이 지어지지도 않았고, 경작지도 없었으며, 살충제가 뿌려진 적도 없는 곳이었다. 덥고 건조한 몇 해가 지나는 동안, 라몽은 춥고 습했던 해에 비해 어리뒤영벌을 찾아보기가 네 배나 더 힘들다는 사실을 깨달았다. 이 생태학자는 이러한 현상을 두고 '어리뒤영벌 결핍 증상'이라 이름 붙였다.

이때까지만 해도 곤충의 멸종을 둘러싼 논쟁에서 기후변화는 그저 미미한 영향만 미친다고 생각되었다. 하지만 이제 라몽과 그의 동료 스테파니 이저비트Stéphanie Iserbyt는 지구온난화의 결과가 이미 오래전부터 나타나고 있었던 건 아닐까 의심스러웠다. 태풍이나 가뭄, 폭염과 같은 극단적인 현상들의 형태로 말이다. "전 세계적인 통계에서는 고려되지 않은 그런 현상들이 어리뒤영벌의 운명에 영향을 미쳤던 것 아닐까?" 2012년 어느 학술저널에서 두 사람은 그렇게 묻고 있다.[112]

무엇이 어리뒤영벌을 죽게 만들었는지 라몽은 여전히 정확하게 알지 못한다. 처음에는 꽃들이 시들거나 말라 버리고 물이 증발해서 벌들이 굶어 죽거나 말라 죽었다고 생각했다. 하지만 그렇다면 모든 종이 같은 정도로 사라져야 했으나 그렇지 않았다. 또 다른 가능성으로는 열기가 직접적으로 어리뒤영벌을 파멸시켰다는 것인데, 라몽은 유별나게 무더운 며칠 동안 어리뒤영벌들이 공중에서 죽은 채 바닥으로 떨어지는 것을 실제로 목격하기도 했다.

가설을 검증하기 위해 라몽과 그의 심복 바티스트 마르티네Baptiste Martinet는 보통 때는 파충류 알을 부화시킬 때 쓰는 따뜻한 인큐베이터에 어리뒤영벌을 한 마리씩 집어넣었다. 몽스에서 그는 내게 그 기계장치를 보여 주었는데, 전자레인지 비슷한 그 장치에는 온도 표시 기능이 있었다. 그 안에서 몸을 뒤집으며 다리를 움찔거릴 때까지 수컷 어리뒤영벌을 섭씨 40도에 노출시켰다.[113] 열 때문에 쇼크를 일으킬 때까지 말이다. 라몽과 마르티네는 곤충의 몸이 얼마나 오래 열기를 버틸 수 있는지 온갖 종류의 곤충들을 모두 실험해 보았다. 극지방 곤충들은 20분을 넘기지 못했고, 온대지방의 몇몇 곤충들은 두 시간 혹은 세 시간을 버텼다. 그리고 꽃부니호박벌Bombus terrestris처럼 어느 지역에서나 찾아볼 수 있는 곤충은 무려 열두 시간이나 살아남았다.

인큐베이터를 이용한 이 실험으로 어리뒤영벌과의 벌들이 열에 매우 다르게 반응한다는 사실이 밝혀졌다. 그런데 놀랍게도 라몽은 서로 다른 개체군들이 같은 방식으로 거의 정확히 동일하게 행동하고 있음을 밝혀낼 수 있었다. 벌들이 노르웨이 최북단의 노르카프에 있든 스페인에 있든 말이다. 이 말은 곧 벌들이 남방한계선의 더 뜨겁고 건조한 환경에는 적응할 수 없다는 뜻이다. 같은 종끼리는 열 저항성이 거의 같았던 것이다.[114] 이러한 발견은 라몽을 깜짝 놀라게 했다. 그것은 결코 어리뒤영벌에게 좋은 소식이 아니었다. 기후변화로 인해 여름이 더 뜨겁고 건조해지는 동안, 특히 남방한계선 부근 대부분의 벌들의 열 저항성이 허용치를 넘어서고 있었다. 머지않아 이 지역의 벌들은 사라지고 말 것이다.

이러한 우려를 뒷받침하기 위해 그는 16개국의 연구소들과 연합해 EU 프로젝트를 진행했다. 이들은 유럽에 서식하는 야생벌과 어리뒤영벌의 분포 데이터를 400만 건 이상 수집하고 하나의 데이터뱅크로 통합했다.

이즈음 북미의 한 거시생태학자 역시 이런 목표를 추구하고 있었다. 오타와 대학교의 제러미 커Jeremy Kerr는 몇 년 전에 이미 캐나다의 나비들이 서식지를 북쪽으로 옮기고 있음을 확인했다. 그는 이제 어리뒤영벌을 조사하려던 참이었다. 2010년 피사에서 진행된 어느 콘퍼런스에서 그는 피에르 라몽을 만났다.

커는 몽스에서 온 동료에게 설명했다. "저는 조금 전에 막 저 북쪽 앨버타에서 왔습니다. 앨버타는 평년보다 15도 정도 기온이 높아졌어요. 어리뒤영벌은 아예 찾아볼 수도 없게 되었어요."

"저는 지금 북부 핀란드에서 오는 길입니다." 라몽이 대답했다. "저 역시 같은 현상을 지켜보았습니다."

북극에서의 오랜 연구들은 이 두 가지 사실들을 연결시켰고, 이를 통해 이들은 기후변화의 영향에 대한 판단력을 더욱 날카롭게 다듬었다. 피사에서 역시 이들은 두 대륙의 어리뒤영벌이 기후변화에 어떻게 반응하는가 하는 문제에 대한 공동 연구를 계획했다. 이를 위해 이들은 하나의 데이터뱅크를 마련했다. 100년 이상 유럽과 북미에 서식해온 어리뒤영벌 67종에 관한 42만 건이 넘는 관찰 기록을 바탕으로 데이터를 입력한 자료였다. 가장 오래된 것은 박물관 자료였다. 그다음으로 이들은 어느 시기에, 어떤 종류의 어리뒤영벌이, 어느 지역에 분포했는지 확인했다. 1901년에서 1974년까지 한 번, 그리고 지구온난화가 이미 시작된 이후 몇 년 동안 또 한 번. 그 결과, 명백한 패턴을 발견할 수 있었다. 어리뒤영벌들은 최남단의 서식지에서 빠져나와 평균 약 300킬로미터 정도 북쪽으로 이동했다는 것이었다.[115] 특히 스페인과 멕시코에서 서둘러 도망쳐 나온 어리뒤영벌들은 집단 전체가 사라져 버리거나 산 위로 도망쳐 해당 지역 사람들이 큰 피해를 입었다.

반면 북방한계선에서 이 작은 곤충은 머물 곳을 거의 찾을 수 없었다. 각각 북쪽으로 평균 37킬로미터, 114킬로미터 이동했음에도 기후변화에 겨우 적응했던 새나 나비와도 또 달랐다.[116] 커는 어리뒤영벌들의 분포 지역을 남쪽에서 북쪽으로 말아 감기는 카펫에 비유했다.

이러한 현상은 대체 무엇 때문에 일어날까? 이를 밝혀내기 위해 커와 라몽은 벌들의 서식지 이동을 최고 기온, 살충제 도포, 풍경의 변화 등과 관련한 장기 데이터와 비교해 보았다. 그 결과, 직접적인 상관관계는 단 한 가지 요인, 그러니까 기후변화뿐인 것으로 나타났다.

커와 라몽은 이러한 결과를 저명한 학술지 《네이처》에 발표하려 했으나, 1년 동안 세 번이나 심사하고도 평가위원들은 게재를 허락하지 않았다. "미국의 사례와는 맞지 않는다더군요." 라몽이 불평하듯 말했다. 많은 생태학자가 서식지가 파괴되고, 지형이 조각조각 나뉘고, 또 살충제가 살포되는 것이 큰 영향을 미치고 있다고 그는 확신하고 있었다. 의심할 여지가 없었다. "문제는 그 때문에 어리뒤영벌이 기후변화의 희생양이라는 사실 **역시** 받아들여지지 않는다는 것입니다."

이후 이 논문이 《사이언스》[117]에 발표되자 몇몇 비평가가 의견을 피력했다. 기후변화로 인해 남쪽 끝의 어리뒤영벌들이 사라진 것은 사실이나, 더 근본적인 원인은 아직 밝혀지지 않았다는 것이었다. 어쩌면 기온이 높아지면서 기생충들이 더욱 번식하는 바람에 어리뒤영벌들을 괴롭히고 있는 것인지도 몰랐다.[118] 또는 그전에 관리 집중 구역이 늘어나면서 이미 어리뒤영벌이 줄어들고 있다가 지구온난화가 결정타를 날린 것일 수도 있었다. 예를 들어, 어느 뒤영벌속의 경우, 야생화들이 피어 있던 초원이 점점 더 경작지로 변해 버리면서 검은색과 밝은 노란색 털이 난 이 날벌레가 2010년 이후 서식지를 대부분 잃어버렸으니 말이다.[119] 언젠가 이 벌들은 프랑스의 중부산맥에서 발견된 적도 있었다. 그렇지만 2003년 기온이 평소보다 10도 이상 오르자 이 뒤영벌속은 마지막 서식지마저 잃어버리고 말았다.[120]

라몽과 커는 일종의 패턴은 발견했으나, 그 뒤에 있는 메커니즘은 아직 찾지 못한 상태였다. 그래서 커는 그해 후속 연구를 이어 가기로 했다. 그는 동료 피터 소로이Peter Soroye와 함께 지난 세기말부터 이번 세기초까지 언제 어디에서 혹서기와 가뭄이 다양한 종류의 어리뒤영벌들의 열 임계값을 무너뜨렸는지 살펴보았다. 그리고 그들은 이것이 곤충들이 사라진 장소와 일치한다는 사실을 밝혀냈다.[121] 다시 말해 기후변화로 인해 이 벌들이 견딜 수 있는 열기를 넘어서는 지역에서 어리뒤영벌이 일정한 영역을 차지하게 될 가능성이 줄어들었다는 것이다. 그 결과 유럽에서 이들의 서식지는 평균 17퍼센트 줄어들었으며, 북미에서는 심지어 절반가량이나 줄어들었다.

커와 그의 동료들은 어리뒤영벌은 이제 시작일 뿐이라고 추정했다. 폭염과 가뭄이 점점 심해지고 잦아질수록 다른 곤충들이 견딜 수 있는 정도를 넘어설 것이며, 이들은 서식지의 남방한계선의 일부를 잃게 될 것이다. 기온이 천천

히 상승하는 것이 아니라, 횟수와 강도 모두 증가하는 정도
가 엄청나기 때문이다.[122] "대부분의 생물들은 어떤 기후 속
에 사는 것이 아니라 날씨 속에 살고 있는 것입니다." 커는
그렇게 설명했다.

어리뒤영벌은 모두 어디로 갔을까?

어느 맑은 늦여름날, 나는 잘레강 연안에서 언덕을 이루고
있는 작센안할트주의 작은 마을인 프리데부르크로 갔다. 그
곳에서 나는 할레에 있는 헬름홀츠 환경연구센터의 올리
버 슈바이거Oliver Schweiger를 만났다. 어깨까지 머리를 기
른 이 거시생태학자는 제러미 커와 피터 소로이의 연구 데
이터를 확인할 수 있는 한 영구관찰지로 나를 데려갔다. 어
느 나무에선가 올빼미 한 마리가 날아올랐다. 셰퍼부르크와
갈겐베르크 위를 선회하는 큰까마귀와 말똥가리가 계곡을
따라가며 크게 울부짖고 있었다. 그곳은 아주 특별한 장소
였다. 하르츠산 아래 비가 적은 이 지방에는 여러 동물과 식
물이 정착해 살고 있었지만, 사실 이 지역은 몹시 춥고 습한
곳이었다. 예를 들어 유럽벌잡이새는 퇴적암 동굴에서 부화
하는데, 그 어느 곳보다 북쪽으로 멀리 떨어져 있는 곳이다.
이 지역 역시 3년 전부터는 비가 잘 내리지 않아 더욱 건조
해졌다. "2018년 강수량은 250밀리미터로, 지난 몇 년간 평
균강수량의 절반밖에 안 됩니다." 슈바이거는 말했다. "스텝

지방에서나 볼 수 있는 수치죠."

　　다음 2년 동안 상황은 미미하게나마 나아졌으나 여전히 비는 부족했다. 이런 현상은 도처에서 나타났는데, 그전에 양들이 풀을 뜯던 초원은 모두 바싹 말라 버렸고, 서양톱풀과 질경이, 백리향, 샐비어가 드문드문 아주 조금씩 피어 있을 뿐이었다. 전화로 슈바이거는 나를 진정시켰다. 이맘때쯤에는 여러 종류의 어리뒤영벌을 볼 수 있어야 한다. 그런데 꿀벌 몇 종을 제외하면 수분매개자가 날아다니는 것을 지금은 거의 찾아볼 수 없게 되었다. 바람이 너무 심해서일 수도 있고, 어쩌면 식물들이 이미 말라 버려서일 수도 있다. 더 많은 정보가 있어야 지난 몇 년을 평가할 수 있겠지만, 결론을 내리기에 아직은 자료가 부족하다. 어쨌든 슈바이거는 유독 따뜻한 지역에 분포하던 여러 어리뒤영벌이 기후변화로 인해 예상보다 더 일찍 독일을 떠나기 시작했다는 사실을 배제할 수 없다고 했다. 현재 30여 종의 어리뒤영벌 가운데 절반 정도가 레드리스트*에 올라 있으며, 이 벌들은 폭염과 가뭄과 폭풍에 몹시 취약하다. 이것은 인근 유채밭을 경작하는 농부들에게는 결코 좋은 소식이 아니다.

　　언덕 주변을 한 차례 돌고 난 후 슈바이거는 군데군데 말똥들이 널브러져 있는 풀밭에 멈추어 서더니 그 자리에

---

　　*　국제자연보호연맹이 멸종 위기에 처한 동식물을 정리하여 2~5년마다 발표하는 보고서.

쪼그리고 앉았다. "여기 한 마리가 있네요!" 오렌지색과 검은색 무늬의 뒤영벌 한 마리가 이 꽃에서 저 꽃으로 날아다니고 있었다. 어느새 벌은 다시 푸른 하늘을 가로질러 윙윙거리며 날아올랐다. 유럽에서 가장 흔하게 볼 수 있는 어리뒤영벌의 한 종류인 빗기뒤영벌Bombus pascuorum이었다. 이번 세기말에는 뒤영벌조차 독일에서는 사라지고 없을지도 모른다고 여러 연구 모델들은 추정하고 있다. 하지만 꽃부니호박벌이 그랬듯, 이 벌들은 더 추운 북유럽에서 살아남을 수 있을지도 모른다. 그러나 보이지 않는 어떤 장벽이 대부분의 어리뒤영벌들을 가로막고 있는 듯 보인다. 마치 추격자에게 끊임없이 쫓기면서도 도저히 빠져나올 수 없는 악몽처럼 말이다. "왜 그런지는 우리는 알지 못합니다." 슈바이거는 그렇게 말했다.

육지생물들이 뒤처지는 반면 해양생물들은 등온선에 바짝 붙어 이동하고 있음을 밝혀냈던 조나탕 르누아르의 '바이오시프트' 프로젝트를 떠올려 보자. 르누아르의 설명에 따르면, 이들의 서식지가 사라지고 지형이 조각조각 나뉘는 바람에 육지생물들이 북쪽으로 나아가기 어려웠다는 것이었다. 그런데 이상하게도 어리뒤영벌은 그렇지 않았다. 관리가 집중되고 단편화되는 지형뿐 아니라 상대적으로 인간의 손을 타지 않은 지역에서도 벌들의 상황이 다르지 않았던 것이다. 실제로 이들을 가로막는 것이 무엇인지 추측할 수만 있다면 많은 종류의 어리뒤영벌들이 그렇게 쉽게 사라져 버리지는 않을 것이다. 비록 벌들이 뿔뿔이 흩어지기는 하더라도 새로운 장소에서라도 집단을 형성하고, 그곳에서 여왕벌들이 다시 새로운 영역을 일굴 수 있어야 한다. 하지만 새로운 곳에 간다 해도 어쩌면 적절한 꽃나무들이 자라지 않을 수도 있고, 아니면 따뜻한 몇 년이 지난 다음 다시 추운 날이 시작되어 새로운 식민지마저 얼어붙을지도 모를 노릇이다.

수분매개자는 꿀벌만 있는 게 아니다

하지만 벌들을 이주시킬 방법이 몇 가지 있긴 하다. 검은 꽃부니호박벌은 먹이를 까다롭게 고르지 않고, 북쪽 멀리까지 이동할 수 있다. 피에르 라몽은 이것이 그들의 야간행동과 관련이 있다고 생각했다. 해가 지고 나면 여왕벌들은 수컷들을 유혹하기 위해 수 킬로미터를 날아다니며 그 궤적에 냄새로 표시를 한다.[123] "바로 이때가 어쩌면 벌들이 퍼져 나가는 순간일 수도 있습니다." 몽스 출신의 동물학자는 그렇게 추측했다.

꽃부니호박벌은 이미 극지방을 건너갔다. 몇 년 전 라몽은 원래 분포한계선에서 북쪽으로 800킬로미터 떨어진 노르웨이산맥의 물가에서 이 만능재주꾼들을 발견했다. 그곳에서 거대한 식민지를 이룬 이 벌들은 가능한 한 모든 꽃나무를 점령하고는, 극지방에 사는 벌들의 작은 서식지를 위협하고 있었다. "머지않아 꽃부니호박벌이 극지대 생물들을 대체할 것이 분명합니다." 라몽이 말했다.

하지만 이 생태학자는 꽃부니호박벌을 비난할 마음은 없다. 결국 이들이 우리 인간을 도울 것이었다. 살아남는 수백만 마리의 어리뒤영벌들은 토마토와 사과와 체리뿐 아니라 키위와 복숭아, 모든 베리류의 과일들에 꽃가루를 옮길 것이다. 온실에서, 들판에서, 그리고 과수원에서 말이다. 인간이 먹고사는 전 농작물의 4분의 3이 수분매개자들에 의지하고 있다.[124] 어떤 사람들은 꽃부니호박벌을 이미 현재 상업적으로 가장 중요한 곤충들, 그러니까 유럽꿀벌, 즉 양봉꿀벌Apis mellifera을 대신할 거라고까지 보고 있다. 양봉꿀벌의 개체 수는 최근 몇 년 사이 계속해서 줄어들고 있다. 2018년과 2019년 겨울만 해도 대략 500억 마리가 죽었다. 캘리포니아 아몬드나무의 수분을 담당해 줄 벌들이었다.[125] 살충제와 어쩌다 딸려 들어온 바로아진드기가 동시에 영향을 미쳤으리라 짐작된다.[126] 이는 화물차에 수백만 통을 싣고 미국을 가로질러 운반되는 꿀벌의 임대료를 인상하게 만들었다. 캘리포니아의 아몬드나무에서부터 워싱턴의 사과나무와 메인주의 블루베리나무에서 꽃가루를 차례로 옮겨줄 꿀벌들 말이다.[127]

실험 결과, 수박과 오이, 호박 같은 농작물들에도 더 효율적인 수분매개자가 없는 한 어리뒤영벌의 역할이 큰 것으로 밝혀졌다.[128] 꿀벌들이 꽃가루를 옮기기가 쉬운 꽃들로만 옮겨 다니는 반면, 어리뒤영벌은 거의 어떤 꽃도 빼놓지 않는다. 어리뒤영벌은 혀가 길어 축축하고 끈적한 과엽果葉 암술머리의 꿀을 쉽게 빨아들이는 데다, 다른 꽃가루와 인공수정도 쉽게 할 수 있다. 또 이들은 진동수분이라 불리는 특별한 기술을 사용한다. 이는 날갯짓으로 일정한 진동을 일으켜서 토마토나 감자, 블루베리처럼 쉽게 접근하기 어려운 특정한 꽃들의 꽃가루주머니에서 꽃가루를 털어 내는 방법이다. 바람이 불어도 비가 와도, 어스름이나 10도 기온에도 어리뒤영벌들은 일을 한다. 이것이 어리뒤영벌들이 곳곳에서 여러 농작물들의 주요 수분매개자가 된 까닭이다. 꿀벌들이 있건 없건 간에 말이다.[129] 어리뒤영벌들이 활동하는 곳에서는 과일의 품질이 더 좋은 데다 수확량도 증가한다. "어리뒤영벌들은 야생에서 만날 수 있는 최고의 수분매개자이며, 토마토와 호박, 베리류에는 특히나 가장 훌륭한 수분매개자입니다." 피터 소로이가 말했다. "우리가 밝혀낸 결과는 야외뿐 아니라 우리의 식탁에서 역시 어리뒤영벌이 줄어들고 생물다양성 역시 크게 줄어든 미래에 직면해 있음을 보여 주고 있습니다."

지금도 이미 많은 농작물과 과실수들의 수분이 제대로 이루어지지 않고 있다.[130] 미국 환경경제학자들이 밝혀낸 바에 따르면 야생벌들이 사라진 지역의 수확량이 특히 감소하고 있다.[131] 농부들이 다른 농작물과 과실수가 자라던 곳을 옥수수밭으로 바꾸어 버리거나, 살충제를 뿌려서일 수도 있고, 기온이 높아지고 가뭄이 심해져서 이들이 살지 못해서일 수도 있었다. 피에르 라몽은 컴퓨터 시뮬레이션을 통해 꽃부니호박벌은 이번 세기말까지 유럽의 서식지 대부분을 포기해야 할 거라고 추정하고 있다. 벌들에게 유럽은 너무 더워질 것이다. 현재 이들의 분포 지역은 남쪽으로는 사하라에 거의 맞닿아 있는데, 이 라인은 최악의 기후 시나리오상 파리와 마인츠까지 올라갈 것으로 예상되며, 상황이 그렇게까지 나쁘지 않다 하더라도 최소한 마드리드와 로마 정도까지는 올라갈 것으로 예상된다. "사실상 남유럽에서는 농업을 이어나가기가 어려울 것입니다." 라몽은 그렇게 말했다.[132]

어리뒤영벌의 감소는 단지 농부들에게만 영향을 미치는 것이 아니다. 야생식물의 85퍼센트는 수분매개자들의 도움으로만 번식할 수 있는데, 이들이 없다면 어떤 풍경에서도 꽃을 찾아볼 수 없게 될 것이다. 야생식물이 없다면 수많은 동물이 베리류를 먹을 수 없게 되고, 생태계는 무너질 것이다. 게다가 땅이 물을 제대로 흡수하지도 가두어 두지도 못하게 될 것이며, 빗물에 흙이 쓸려가 버리면 인간들에게 역시 큰 문제가 생길 것이다.

전 세계 생물종의 움직임이 이 수분매개자까지 북쪽으로 몰아가는 사이에, 남쪽에서 살던 온갖 종류의 유해한 동식물들이 우리에게 몰려오고 있다. 우리는 이들과 식량을 두고 싸워야 한다. 지금도 이미 균류와 곤충과 달팽이와 설치류 들은 전 세계 곡물의 절반가량을 먹어 치우고 있다.[133] 옥스퍼드 대학교 생물학자들은 북반구의 해충 수백 마리를 조사한 뒤 이들이 최근 50년간 해마다 평균 약 3킬로미터씩 북극 쪽으로 이동해 왔음을 밝혀냈다.[134] 기온이 상승하면서 해충들이 그저 나타나기만 한 것이 아니라, 더욱 번식하고 활동성 역시 좋아지고 있었다. 이 모든 일로 인해 결국 우리는 앞으로 더 많은 곡물을 포기하게 될 것이다. 특히 세계에서 가장 생산이 많은 지역, 그러니까 프랑스와 미국, 중국에서 말이다.[135]

그러므로 이 해충을 통제하고, 동시에 UN의 기대대로 이번 세기 중반까지 지구상 20억 명 이상을 먹여살리려면 농부들이 뭔가 아이디어를 내야 한다.[136] 그중 한 가지는 새로운 재배 방법을 찾는 것일 수도 있다. 작물이 밀집되어 경작지에는 살충제를 더 많이 뿌려야 할 거라고 전문가들은 추정한다. 하지만 지금도 이미 농부들은 살충제를 구입하고 잡초와 곰팡이를 제거하는 데 매년 300억 달러를 쓰고 있으며, 내성이 생긴 해충들 때문에 해마다 사용량 역시 늘어나고 있다. 어이없는 점은 살충제는 해충만 없애는 게 아니라, 다른 모든 수분매개자와 설치류, 새, 거미, 날벌, 파리, 빈대 같은 해충의 천적까지도 없애 버린다는 사실이다. 살충제 사용으로 인해 심지어 한때는 전혀 해롭지 않았던 생물들까지 해롭게 변해 버리기도 한다. 경쟁이 사라지면 아무 방해도 받지 않고 번성할 수 있기 때문이다.[137] 북쪽의 몇

몇 나라는 새로운 물고기와 수분매개자, 그 동료 들에게서 이익을 얻기도 하겠지만, 전체적으로 살펴보면 인간들이 지구를 더 따뜻하게 만들수록 세계 인구를 먹여살리는 일은 더 복잡해질 것이며, 통제하기도 어려워질 것이다.

"그것은 우리 정책과는 반대되는 일이오"

2016년 11월 14일, 피에르 라몽은 브뤼셀의 한 유리건물 안으로 들어갔다. 피레네산맥에서 큰 충격을 받은 지 13년이 지난 후, 이 생태학자는 유럽의 어리뒤영벌들이 더 따뜻한 세계에서 어떻게 살아남을 수 있을지 예측하기 위해 자료를 충분히 모았다. 그렇게 그는 이 털북숭이 작은 생물의 이동에 대해 EU 전문위원회 동료들에게 동의를 얻어 냈다. 라몽에 따르면, 기후변화가 지금처럼 계속된다면 이번 세기말까지 어리뒤영벌의 4분의 3 이상이 서식지 대부분을 잃게 될 것이고, 3분의 1은 완전히 멸종될 수도 있다. 벌들은 특정한 미기후가 생기는 남쪽의 몇몇 지역에만 남아 있게 될 것이다. 마르세유 인근의 생트봄 포레스트 같은 곳들은 특히 보호되어야 한다. 남프랑스의 2,000년 된 이 너도밤나무 숲은 주변의 열기를 막아 주는 산비탈에 자리하고 있는데, 이 숲에는 서쪽 경사면에 건조한 지중해 식물들이 번식하고 있다. 그리고 수많은 종류의 어리뒤영벌들에게 은신처와 시원한 공간을 마련해 준다. 라몽은 어리호박벌 같은 남쪽의 새로운 종들이 독일로 몰려오고 있으며, 덩치 큰 이 벌들 중 몇 마리가 이미 자리를 잡았다고 말했다.

우리 부모님 댁 프랑켄 스타일 정원에는 몇 년 전부터 어리호박벌이 단골들처럼 종종 장작더미에 둥지를 틀고 겨울을 난다. 이 벌들은 마치 엄청나게 덩치 큰 어리뒤영벌 같아 보이는데, 시커먼 몸에 푸르게 빛나는 날개가 있다. 어리호박벌들은 사람을 쏠 수도 있지만, 아직까지는 우리를 가만히 내버려 두고 있다. 어리뒤영벌 가운데 오히려 기후변화의 혜택을 받고 있는 종류가 몇 있는데, 황토색뒤영벌도 그중 하나다. 지중해권에 널리 퍼져 있는 이 덩치 큰 어리뒤영벌은 수십 년 안에 독일과 프랑스 전역에 퍼질 것으로 예상된다.[138] "그 벌들을 막아서는 안 됩니다." 라몽은 브뤼셀에서 그렇게 말하며 전문위원회 위원들에게 야생벌들이 기온이 더 낮은 서식지로 이동할 수 있도록 오히려 도와야 한다고 강조했다. 모든 벌이 멸종 위기에 처한다면, 이들의 이동이 오히려 하나의 선택지가 되어야 한다는 말이었다.[139]

이 이야기를 들은 위원회의 의장은 라몽을 쳐다보았다. 몇 달 전 EU는 원치 않는 침입종 리스트를 채택했다.[140] 이는 사실상 현재 다른 대륙에서 유럽으로 유입되어 빠르게 확산되며 유럽 생태계를 위협하는 동식물 66종에 대한 일종의 지명수배로, 그중에는 사향쥐와 아메리카너구리, 북아메리카 황소개구리 등이 있었다. 그런데 벨기에 출신의 동물학 교수가 지금 EU 전문위원회 의장에게 남쪽에서 온 이 침입자들의 비위를 맞추어야 한다고 말하는 셈이었다. "그 것은 유럽이 2년 전부터 채택해 온 정책과 반대되는 일입니 다!" 의장이 말했다.

라몽은 다른 대륙에서 넘어온 외래 생물종들이 문제가 될 수 있다는 사실을 부인하지는 않는다. 대부분의 경우, 이 들은 유럽 내의 생태계를 전혀 교란하거나 이용하지 않지 만, 어떤 새로운 종은 마치 운석처럼 덮쳐 오기도 한다. 유라 시아산 얼룩말홍합은 캐나다의 일부 수생 생태계를 거의 무 너뜨리다시피 했다. 북미의 동부회색청서는 유럽 토종 다람 쥐들을 몰아냈고, 북미 빗해파리류는 흑해에서 멸치류와 청 어를 거의 멸종시키다시피 했다.[141] 흰줄숲모기 같은 곤충들 은 미래에 우리의 건강체계에 큰 문제를 일으킬 수도 있다. 하지만 라몽이 비판하는 것은 각 생물의 이동에 대한 기본 태도다. 유럽을 봉쇄하면 될 거라는 믿음 같은 것 말이다. 이 것은 마치 난민을 두고 벌이는 토론과도 비슷해 보인다.

아닌 게 아니라, 이 '블랙리스트'에 대해 정리하고 있는 EU의 팸플릿[142] 서문에는 외래종에 대한 적대적인 뉘앙스 가 묻어난다. 여러 생태학자가 이러한 '바이오 제노포비아' 에 대해 말하고 있다.[143] "바다나 산맥과 같은 생태학적인 장 벽이 생태계가 독립적으로 발달할 수 있도록 해 왔으므로, 이러한 경계선 안쪽에 있는 생물종들은 서로 어울려 세심한 상호작용을 통해 균형을 이루고 있다. 이 경계를 넘는 생물 종들은 이러한 균형을 심각하게 교란시킬 수 있으며, 심지어 생태계를 완전히 변화시킬 수도 있다."

그 뒤에는 현재까지 만연해 있는 어떤 사고방식이 숨어 있다. 바로 생물종들이 견고하게 균형을 유지하며 살고 있다는 생각이다. 그런데 인간들이 나타나 이를 무너뜨렸다. 이제 동식물들이 되살아날 수 있도록 예전 상태로 회복시켜야 한다. "이미 균형이 다 깨졌단 말입니다!" 라몽의 목소리가 높아졌다. "기후변화가 우리의 삶을 완전히 불균형하게 만들고 있습니다." 하지만 생물종들이 서식지를 옮겨 가면서 답을 구하려 애쓰는 동안, 환경보호론자와 정치인 들은 이 생물들을 특정 지역에 강제로 몰아넣고 그 안에서 이들을 보호하려 온 힘을 다하고 있었다. 그러니까 독일과 유럽의 국경 안, 자연보호구역 안에서 말이다.

"이렇게 안일한 생각을 버려야 합니다." 라몽은 주장했다. 전 세계 수백만의 동식물들은 어떻게든 스스로 길을 찾고 있다. 이들은 보호구역을 떠나 국경을 가로질러 대륙에서 대륙으로 이동하고 있다. 하지만 수많은 정치인의 머릿속은 도무지 그렇지가 않은 듯하다. 여러 정부 부처, 의회 사무실, 그리고 행정 부처에서는 여전히 새로운 종들의 침입을 관리하고 통제할 수 있다고 믿고 있다.[144]

라몽은 침입종에 대한 협소한 시각을 재고하기를 권고한다. 대부분은 현재 독일 전역에 퍼져 있는 주홍잠자리와 긴호랑거미의 경우처럼 자연스럽게 이동한 것이기 때문이다. 또 외부에서 들어온 동물종들조차 다가올 기후변화에 따른 이동의 선례에 지나지 않을 수도 있다. 인도의 장미목도리앵무[145]나 아프리카흑따오기의 경우처럼 말이다. 흰 깃털에 검은 머리, 갈고리 모양의 부리를 가진 이 거대한 새들을 브르타뉴의 사냥꾼들은 수천 마리도 넘게 쏘아 떨어뜨렸다. 이들이 제비갈매기의 서식지를 위협한다는 이유로 말이다.[146] 기후변화로 인해 리비아와 이집트에서 살 곳을 잃어버리고 기후가 비슷해진 남프랑스의 바르주까지 넘어온 이집트수달도 라몽은 예로 들었다. 그는 말을 이었다. "하지만 이제는 그걸로는 안 됩니다. 정책은 침입종으로 보이는 거의 모든 생물종을 거부하고 있습니다."

남쪽에서 넘어온 이런 생물종이 없다면 우리도, 우리의 생태계도 앞으로 큰 문제에 직면하게 될 것이다. 우리에겐 원래 서식지를 떠난 종들로 인해 생긴 빈틈을 메워 주는 이들이 필요하다. "막기만 할 것이 아니라 이제는 받아들이고 새롭게 조직해야 할 때입니다." 몽스에서 온 어리뒤영벌 연구자가 말했다. "남쪽에서 새로운 종들이 들어오는 흐름을 이제 더 이상 막아서는 안 됩니다. 이 흐름은 어떠한 제한보다도 더 강력한 힘을 발휘하고 있습니다." 라몽은 덧붙였다. "이러한 흐름은 계속될 것입니다."

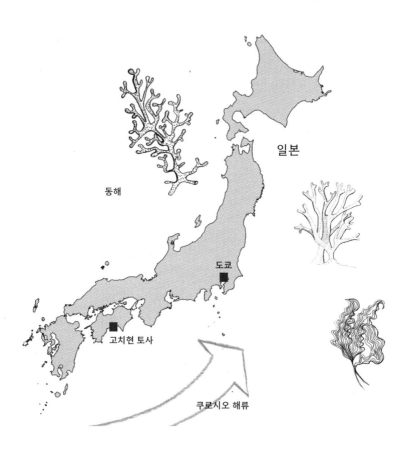

일본

동해

도쿄

고치현 토사

쿠로시오 해류

10 멸종 위기에 처한 문화상품:
일본과 다시마

어리뒤영벌의 교황이 브뤼셀에서 경험한 일들은 그만의 경험이 아니다. 전 세계 생물학자들이 정치인들에게 생물종의 이동에 대해 말할 때마다 벽에 부딪히는 것 같다고들 말한다. 어떤 현상을 인지하고 나면 어느 정도 반감이 생기기 마련이다. 이런 무지는 어디에서 비롯되는 걸까? 어쩌면 이 문제가 아직 그렇게 급하지 않다고 여겨서일 수도 있다. 기후변화로 인해 책임져야 할 현장이 지금도 이미 너무 많기 때문에 말이다. 그리고 이에 대해 가능한 답들이 너무 복잡하고 압도적인 것으로 보여서일지도 모르겠다.

하지만 어쩌면 더 심각한 이유가 있을지도 모른다. 생물종의 이동은 우리 인간에게 닥친 문제이며, 당연히 고민할 수밖에 없다. 산을 오르고 바다를 건너면서 동식물들이 대규모로 극지방 쪽으로 몰려가는 사이, 이들은 통제에 대한 우리의 환상을 포함해 인간이 세워 놓은 경계를 웃음거리로 만들고 있다. 자연을 평가절하하는 태도와 야생을 최후의 보호구역 안에서 얼마간 지켜낼 수 있으리라는 믿음 같은 것을 말이다. 최근 예측에 따르면, 이번 세기가 끝날 때까지 수만 종의 생물이 국경을 넘어 몇몇 나라에서 완전히 떠나 버릴 수 있다고 한다.[147] 결국 이런 동식물들은 단지 자연에 대한 우리 인간의 애매모호한 태도뿐 아니라, 기후 변화에 대해서도 계속 생각하게 만든다. 더는 이 문제를 모른 척할 수 없도록, 이 생물종들이 지구를 가로질러 시위하듯 행진하며 직접 몸으로 보여 주고 있으니 말이다.

이 모든 것이 왜 이러한 현상을 인지하기만 하고 국제적인 합의나 소통을 하지 않는지, 왜 국가들이 이 문제를 함께 고민하지 않고 생물계의 이동에 대해 각자 따로 대응하는지를 설명해 준다. 그때그때 경우에 따라서 말이다. 어떤 유입종이 어떤 나라에 유익한지 아니면 위협이 되는지에 따라서, 그것들이 토착 생태계를 해치는지 거의 눈에 띄지 않는지에 따라 이것들을 보호하기도 추방하기도 무시하기도 한다.[148] "우리는 인류의 생존에 중요한 생물학적 다양성의 운명을 이대로 맡겨 두어서는 안 됩니다." 해양생물학자 그레타 페클은 주장한다. 이러한 시도가 얼마나 쓸모없는지, 일본 인근 해안의 해조류 숲의 몰락이 잘 보여 준다.

일본 토사만, 1997년

처음에는 단지 각각의 개별적인 사건일 뿐이었으나, 모아

보면 어느새 하나의 일관된 그림을 그려 보일 때가 있다. 출항했다가 돌아오는 일본 어부들의 그물 속 물고기들이 점점 더 줄어들었고, 어부들은 이상한 것을 보았다고들 말했는데, 바다 멀리에서부터 해조류 숲이 급속히 사라지고 있다는 것이었다.

해조류 숲은 거대한 바닷말로 이루어져 있는, 사실상 물속에 있는 숲이나 다름없다. 이 세계에 들어간 것들은 어쨌거나 수중 숲속을 떠돌아다닐 수 있었다. 나무의 뿌리처럼 생긴 해조류의 부착기가 바다 밑바닥에 자리를 잡으면 밧줄처럼 생긴 자루는 그 위로 60미터까지 자랄 수 있으며, 부레 덕택에 높은 수압 속에서도 쓰러지지 않을 수 있고, 수면 가까이에서 물속으로 들어온 햇빛을 에너지로 바꿀 수 있는 엽상체도 있다. 해조류 숲은 더 넓은 지역으로 뻗어 나가, 빛이 들어오면 황동색 바닷말 위로 그늘을 드리우는 우듬지를 형성한다. 차가운 것을 좋아하는 이 생활공동체는 이렇게 해서 마치 산호초와도 비슷하게 매력적인 지대를 만들어 낸다. 해조류 숲은 산호초처럼 그렇게 종류가 많지는 않지만, 그 대신 오스트레일리아 남부 지역에만 서식하는 신비로운 물고기인 나뭇잎해룡처럼 매우 특정한 지역에만 존재하는 더욱 고유한 생물이다.

일본인들에게 해조류 숲은 민족적으로 의미가 깊어서, 심지어 갈조류를 위한 사당이 있을 정도다.[149] 요오드와 여러 미량요소가 풍부해서 거의 모든 요리에 해조류를 사용한다. 너풀거리는 엽상체의 끝(다시마)을 잘라내어 수프를 끓이거나 김으로 스시를 만들기도 한다.[150] 해조류 숲은 일본인의 식탁 위에 자주 오를 뿐 아니라, 지역 어업을 지탱해주는 상업적으로 중요한 물고기나 소라, 갑각류의 은신처가 되어 주기도 한다.

해조류 숲이 사라지기 시작하자, 이 나라는 당연히 큰 걱정에 빠졌다. 이러한 현상이 완전히 새로운 것은 아니었다. 1980년대에도 환경부는 감시프로그램을 가동해 바다의 난기류와 성게로 인해 줄어드는 해조류를 지켜냈다. 하지만 1997년, 이 현상은 극적으로 가속화되었다. 토사만에서 헬골란트*만 한 면적의 해조류 숲이 사라져 버린 것이다. 한때 지배종이었던 갈조류인 감태Ecklonia cava가 뜯기고 찢어진 채 붙어 있다가, 몇 년 지나지 않아 바위들에는 해초가 아예 자라지 않거나 아주 볼품없는 정도로만 남게 되었다. 이러한 현상에 일본인들은 이소야케いそやけ**라는 일본식 이름을 붙였다. '바위 해안'과 '다 타버려 재만 남은'이라는 뜻의 두 글자를 합쳐 만든 이름이었다.

해조류 숲이 붕괴된 이유는 대체 무엇일까? 해안을 담

---

* 독일 북서부의 섬. 면적 2.09제곱킬로미터.
** 해안 근처의 바닷물이 많은 강우로 온도와 염분이 낮아지면서 조류(藻類)가 시들어 생물들이 피해를 입는 현상. 백화현상. 연안 암반 지역에서 해조류가 사라지고 흰색의 석회 조류가 달라붙어 암반 지역이 흰색으로 변하는 것.

당하는 관청은 처음에는 바다 밑바닥의 퇴적물이나 태풍, 아니면 원자력발전소에서 나오는 폐수 때문이 아닐까 추측했다.[151] 하지만 해조류 숲의 거의 절반이 사라져 버릴 정도로 곳곳이 망가졌으므로, 그 원인 역시 특정 지역의 문제라고 할 수 없었다. 전반적인 원인을 찾아야 했다. 일본 앞바다에서 특히 두드러지게 나타나는 해수 온도 상승과 같은 것 말이다. 1980년대 이후 일본 남서부의 해수는 10년에 0.3도씩 상승해 왔다. 토사만의 겨울은 30년 전보다 1.7도가량 더 따뜻했다.[152] 이것은 뿌리가 없는 갈조류에게는 큰 문제였다. 갈조류가 자라기 위해서는 영양분이 필요한데, 물이 따뜻해질수록 이 영양소가 줄어들기 때문이다. 이것이 간접적인 원인이라면, 더 직접적인 원인은 물이 너무 따뜻해서 해초가 쉽게 녹아 버린다는 것이었다. 오스트레일리아 서부에서도 이런 일이 일어났다. 2011년 극심한 해양 열파가 갑자기 들이닥쳐, 해안선을 따라 100킬로미터에 달하는 해조류 숲이 모두 사라져 버린 것이다. 해조류의 북방한계선의 일부가 무너지면서 점점 더 오스트레일리아의 남부 대륙붕단 쪽으로 내려오고 있었다.[153] 그런데 정말 그렇게 간단한 문제일까?

시드니, 해양과학연구소, 2011년

2011년 11월, 해양생태학자 요헤이 나카무라Yohei Nakamura는 오스트레일리아로 날아갔다. 온대 지역 해양 생태계의 열대화를 주제로 한 워크숍에 참여하기 위해서였다. 뉴 사우스 웨일스 대학교에서 일하면서 새로운 현상들을 추적하고 있는 해양생태학자 아드리아나 버지스Adriana Verges가 개최한 워크숍이었다. 그는 이집트 수에즈 운하가 건설되면서 거의 모든 초식 열대어들이 홍해에서 지중해로 밀려들어 가 이 지역의 해조류들을 모조리 먹어 치웠다는 점을 발견했다. 버지스는 이런 일들이 자연적으로 벌어질 수도 있는 것은 아닐까 자문해 보았다. 난류가 초식 열대어들을 아열대 지역과 온대 지역의 바다로 몰고 들어오는 지역이니까 말이다. 그 자체로는 전혀 새로운 일이 아니지만, 기후변화는 이러한 과정을 더욱 심화시킬 수 있었다. 난류가 유입되면 해수의 온도가 전체 평균보다 두 배에서 세 배까지도 더 올라간다. 각각의 열대어들이 산발적으로 밀고 들어오면서 지속적으로 열대화가 이루어지는 것이다. 시드니에서 열린 워크숍에서 버지스는 전 세계에서 온 해양생태학자들을 향해 물었다. "현재 이미 이런 일들이 일어나고 있다는 또 다른 증거가 뭐라도 있지 않을까요?"

몇 년 동안 과학자들은 이 문제에 대해 검토해 왔다. 예를 들어 오스트레일리아 동부, 태평양에서 열대 지역과 온대 지역 사이 경계구역에 자리한 해조류 숲의 분포한계선 같은 것들을 말이다. 무언가 변한다면 바로 이런 곳이 문제일 터였다. 다행히도 이 지역에는 오래전부터 해저 카메라가 바다 밑에 설치되어 있었다. 10년간의 녹화영상을 분석한 결과, 버지스는 해조류 숲이 점차 줄어들다가 결국 완전히 사라져 버렸음을 알 수 있었다. 그밖에도 연구자들은 어떤 일이 일어나고 있는지 시험해 보기 위해 몇몇 지점의 헐벗은 바위 위에서 자라고 있는, 이 지역에서 우세한 해조류인 감태를 표본으로 삼아 관찰했다. 버지스는 영상 속에서 헤엄쳐 지나가던 독가시치Siganus fuscescens 떼가 다시마의 엽상체를 갉아먹는 장면을 발견했으며, 잿빛 황어 한 마리 역시 이 해초를 뜯어먹는 모습을, 또 흰수염분홍성게가 다가와 달라붙어서는 다시마를 천천히 뜯어먹는 모습을 보았다. 그렇게 몇 시간 만에 표본 갈조류는 모두 뜯어먹혀 버리고 말았다.

과학자들은 세계의 다른 지역에서 역시 비슷한 현상을 관찰할 수 있었는데, 특히 일본에서 그랬다.[154] 요헤이 나카무라는 바닷물이 뜨거워질수록 독가시치와 비늘돔Calotomus japonicus이 갈조류 숲을 모두 먹어 치우는 장면을 토사만에서 추적할 수 있었다. 열에 취약한 갈조류의 균형이 결국 깨지고 더 이상 열파에서 회복할 수 없게 만드는 결정적인 요인이 물고기일 것이라는 확신은 점점 더 확고해졌다.[155] 하지만 바위는 오래 비어 있지는 않았다. 해조류 대신 새로운 것이 자리를 잡았기 때문이다. 그것은 다름 아닌 산호였다.

일본에 산호초가? 일본에 산호초가!
일본, 토사만

사실 산호충珊瑚蟲과 해조류의 혼합종인 산호초는 정착종*
들을 포괄하는 말이다. 산호는 그 사이에 서로서로 연결되
어 자리 잡고 있다. 물고기들과는 달리 이것들은 쉽게 헤엄
쳐 움직일 수가 없으므로, 주변 환경이 악화되어도 어떻게
든 버티는 수밖에 달리 방법이 없다. 하지만 그 후손들은 더
유리한 장소를 찾을 수 있다. 1년에 한 번 산호들은 난세포
와 정충을 동시에 방출하는데, 수정이 되면 유충들은 엄청
나게 불어나 마치 분홍색 구름 같아진다. 이것들은 때때로
몇 주 혹은 몇 달이 넘도록 해수면 위를 떠다니다가 이 대륙
의 동해안에서 큰물이 극지방으로 이동하는 난류를 따라 이
동한다. 북대서양의 멕시코 만류나 오스트레일리아의 동오
스트레일리아 해류, 어두운 빛깔 때문에 검은 해류라고도
부르는 일본의 쿠로시오 해류 등은 열대 지역에서 따뜻한
물을 끌어온다. 이 해류와 함께 열대어와 산호 유충도 함께
따라온다.

　　이들은 오랫동안 이곳에서 추운 겨울이 오면 다시 길을

---

　*　채포(採捕)에 적합한 단계에서 해저 또는 그 아래에 정지하
고 있으며, 또한 끊임없이 해저 혹은 그 아래에 접촉하지 않고
서는 이동할 수 없는 생물로, 산호·조개·해조 등이 있다.

떠나는, 단지 지나가는 손님일 뿐이었다. 그러나 1980년대 일본 남해안 앞바다가 뜨거워지면서 상황은 달라졌다. 그 후로 이들은 폭발적으로 증가해서 여름이면 토사만에는 수백 종이 넘는 산호들이 넘쳐났다. 몇 년 전 수온은 특정 종류의 산호들이 겨울을 날 수 있는 한계(15~18도)를 넘어섰다.[156] 그중에서도 돌산호 종류인 작은용종돌산호Acropora muricata나 발리 쇼트케이크Acropora latistella 같은 몇몇 종류들은 영구적으로 이곳에 정착했다. 이때 산호는 산호충의 기반을 마련해 주는 초식 물고기들의 사전 작업으로 큰 도움을 얻는다. 물고기들 때문에 해조류 숲이 오래 버티지 못했기 때문에 오히려 산호들이 더 자랄 수 있었던 것이다. 반대로 산호 집단은 지금까지 떠돌아다니던 열대어들에게 한곳에서 정착할 수 있도록 은신처와 먹잇감을 제공해 주었다. 산호가 있는 곳에는 금세 물고기들이 따라오기 마련인 것이다. 나카무라는 이러한 정권 교체의 증거를 처음으로 제시해 보인 연구자였다. 토사만에 잠수해 들어갔을 때 그는 자리돔과의 네온블루색 물고기와 거의 원형에 가까운 알록달록한 나비고기들이 돌산호 주위를 헤엄쳐 다니는 모습을 볼 수 있었다. 대신 해초는 거의 찾아볼 수 없었다.

그사이, 세계의 다른 지역에서 역시 열대 지역이 아닌 곳에서 발견된 새로운 산호초에 대한 보고가 이어졌다. 오스트레일리아의 주요 도시인 시드니의 항구 수문 바로 앞에서 겨울을 나는 돌산호가 발견되었다. 돌산호는 해류를 따라 오스트레일리아 동해안에 약 300킬로미터가량 이어지고 있었다. 상사줄자돔Abudefduf saxatilis나 검은나비고기 Chaetodon flavirostris 같은 열대어도 함께였다.[157]

열파 때문에 해조류 숲이 훼손되어 황폐화된 오스트레일리아 서해안의 바다 밑은 산호와 열대어와 다른 난류어종들이 점령하고 있었다.

사슴뿔산호와 엘크호른산호는 카리브해에서 멕시코만까지 퍼졌고, 플로리다 해변을 따라 북쪽으로 50킬로미터 이상 멀리 떨어진 지역에서까지 모습을 드러냈다.[158] 그전에는 관찰된 적이 없던 지역이었다.

전 세계적으로 산호들은 원래 분포 지역에서 각각 북위 33~34도, 남위 33~34도 지점까지 이동하고 있다. 난류들은 마치 아우토반처럼 산호들을 연평균 14킬로미터에 달하는 최고 속력으로 극지방 쪽으로 몰아가고 있었다.[159]

하지만 산호와 그 무리, 또 열대어들이 아무리 아름다워도, 그래서 아무리 많은 관광객을 끌어들여도 일본인들은 이 새로운 손님들이 그다지 달갑지 않았다. 곧이어 해조류 숲이 주요 서식지였던, 귀조개라고도 부르는 전복의 개체 수 역시 크게 감소했기 때문이다. 1996년까지만 해도 어부들은 토사만에서 1.7톤가량의 바다달팽이를 끌어올렸으나, 2000년에는 거의 찾아볼 수 없게 되었다. 대하와 오징어 역시 모습을 감춰서 어부들은 갑자기 수입원을 잃고 말았다.

수천 년 이상 일본인들은 해조류 숲 덕분에 먹고살았다. 그 외에 세상 어느 곳도 이보다 더 많은 종류의 해조류–38종에 달하는–가 있는 곳은 없었다. 이러한 사실들이 바로 이 나라가 그렇게 맥없이 이것들을 포기하지 못하는 이유다. 일본 어업청은 이제 거의 모든 해안 지역에서 나타나고 있는 이소야케(백화현상) 문제를 어떻게 다루어야 할지에 대한 지침서를 발표했다. 그 안에는 해조류 숲이 무너지는 것을 막기 위한 25가지 방법이 정리되어 있었다. 그중에는 해조의 포자를 퍼뜨리고 많은 해조류가 자리를 잡을 수 있도록 콘크리트 블록이나 돌을 설치하고, 금속 지지대나 격자그물로 이것들을 보호하는 것 같은 방법이 제시되어 있다. 하지만 가장 중요한 지침은 어부들에게 초식 열대어와 성게를 '잡아들여' 최대한 '줄여 달라는' 요청이었다.[160] 간단히 말해, 이 침입자들을 제발 박멸해 달라는 것이었다.

하지만 어부들이 그물 속 그 독가시치들로 대체 무얼 할 수 있을까? 어업청은 이 문제에 대해서도 해답을 고민했다. 일본인들은 그전까지의 식습관을 바꾸어 이 물고기들을 먹어 치워야 했다. 그러려면 사람들에게 이 낯선 물고기가 맛있어 보이게 만들어야 했다. 2019년 어느 눈문에서 밝혔듯, 많은 사람이 이 물고기 특유의 '향'과 등지느러미에 달린 '독이 있는 가시' 때문에 꺼려 했던 것이다.[161] 하지만 전문가들은 이런 대책이 효과가 있을지 의심하고 있다. "문제는 어부들이 점점 더 나이가 많아지고 또 어부 수도 줄어들고 있다는 것입니다." 나카무라는 설명한다. "이러한 조치를 이행할 만한 인력 자체가 부족합니다."

장기적으로 보면 일본의 해조류 숲은 남쪽에서 온 경쟁자들이 없다 해도 더는 살아남지 못할 것이다. 해조류 생산의 중심 자체가 일본 최북단의 홋카이도 연안이고, 그곳은 바닷물이 더 차가워서 어차피 독가시치나 그 동료들이 가는 해역이 아니기 때문이다. 하지만 그 바다 역시 점점 더 따뜻해지고 있으므로, 결국 해조류 숲이 사라질 것에 미리 대비해야 한다. 최근 30년 동안 다시마 수확량은 절반으로 감소했고, 그 결과 가격은 두 배가 되었다. 장기적으로 보면 일본의 음식문화가 완전히 바뀌게 될 것이다. 홋카이도 연구기관의 연구자들은 이번 세기말이면 홋카이도 주변 바다의 온도가 약 10도가량(!) 더 따뜻해질 것이며 그로 인해 해조류 숲은 서식지의 4분의 3을, 어쩌면 전부를 잃어버리게 될 수도 있다고 추측하고 있다.

물론 다음 세대 역시 다시마를 완전히 포기하지는 않아도 될 것이다. 오늘날에는 육지에서 인공적으로 바닷물을 가득 채운 저수조에 해조류를 점점 더 많이 재배하고 있기 때문이다. 하지만 양식 다시마는 자연산 다시마에 비해 품질이 몹시 떨어지므로, 전통을 중요시하는 많은 다시마 생산자들에게 이 방법은 물론 대안이 될 수 없다.[162]

또 다른 문제 하나는 성게[163]나 해초를 먹는 열대어들, 암초를 이루는 산호들의 이동을 저지하는 것이 윤리적으로 정당한가 하는 것이다. 아무리 이것들이 오래된 생태계를 위협한다 해도 말이다. "각종 행사에서 저는 자주 이런 질문을 받곤 합니다. '다른 환경으로 이동하면서 원래 그곳의 생태계에 부정적인 영향을 미치는 그런 생물종인데도 그냥 놔두라는 말입니까? 사냥꾼이나 경쟁자나 다름없는데도요?' 하고 말입니다." 20년도 더 전에, 그때 막 시작되고 있던 생물종의 이동에 대해 연구하던 레슬리 휴즈가 내게 말했다. "저는 이렇게 되묻습니다. '당신이라면 총을 쏠 건가요, 훈장을 줄 건가요?' 사람들은 부정적인 영향을 탓하며 총을 쏘아 버릴 수 있습니다. 하지만 훈장을 줄 수도 있습니다. 그것들은 어쨌든 기후변화에 적응해서 살아남았으니까요."

토사만의 산호초와 열대어 들은 가장 좋은 예일 것이다. 한편으로 이것들은 해조류 숲이 무너지는 현상에 책임이 있지만, 또 한편으로는 이것들 역시 그저 열에도 살아남을 수 있는 지역을 찾으려 애썼을 뿐이며, 이는 곧 우리 인간이 이들에게 끼친 환경 변화에 적응하려던 것이니 말이다.

어떤 면에서 이들은 영웅일 수도 있다. 지옥을 벗어나 살기 좋은 새로운 장소에서 자신의 종을 보존해서 살아남았으니 말이다.

3부

열대: 대탈출

11 어두운 비밀

멕시코와 카리브해에서 미국 남부로, 북아프리카에서 유럽 남부로, 모기와 야생벌, 새와 물고기, 그리고 심지어 산호까지도 적도에서 더 큰 폭으로 그 분포지를 넓혀 나가고 있는 지금, 이것들은 우리 사회에 새로운 과제를 던져 주고 있다. 이 사실은 너무나 자명하다. 그런데 그렇게 생물종들이 이동할 때 열대 지역에서는 실제로 어떤 일이 벌어질까 나는 궁금했다. 아직 이렇게 더운 지역에 사는 다른 종들은 뒤늦게 이동할 수도, 은신할 장소를 못 찾을지도 모른다. 이미 그곳은 지구의 가장 더운 지대이니 말이다.

어쩌면 열대 지역 생물종들은 웬만큼 버틸 수 있는지도 모르겠다. 수백만 년 전부터 더위에 적응해 왔으니 말이다. 알프레드 월리스Alfred Wallace는 거의 150년 전에 이미 그렇게 생각했다. 영국의 이 자연과학자는 열대 우림에 '기후의 극단적인 항상성과 지속성'이 있다고 보았다. 그래서 "각 식물들은 열기와 습도에 거의 같은 정도로 적응해 왔으며, 전 지질시대에 걸쳐 거의 변하지 않았다"[01]고 생각했다.

하지만 그렇지 않다면? 끔찍한 시나리오가 눈앞에 떠오른다. 이 세상에서 가장 다양한 종들이 사는 지역이 점차 사라지고, 열대 지역 사람들은 죽게 될 것이다. 나는 이 문제를 좇아 보기로 했고, 그 첫 번째 답을 과거 깊숙한 곳에서 찾아냈다.

에를랑엔, 북바이에른 자연사박물관, 2018년

볼프강 키슬링Wolfgang Kießling의 사무실로 가는 길은 벌써부터 지구의 역사를 돌아보게 만들었다. 정원에는 암모나이트가 뒹굴고 있고, 계단참에는 화석화된 산호로 된 석판이 있었다. 2억 년도 더 된 것이었다. 오래된 건물 2층에 있는 그의 방에는 시조새 모형이 걸려 있었다.

이 고생물학자는 2017년 조금 무모한 실험을 하나 했다. 4억 5,000만 년 전에 생겨난 수백만 개의 화석 데이터를 이용해 해양생물의 이동을 추적한 것이다. 이 프랑켄 출신 학자는 통계학적인 방법을 동원하여 오래전의 분포를 예측하고 각각의 화석들을 그때그때의 판구조론에 따라 정리했다. 그다음으로 화석의 동위원소를 분석해 지구 역사가 진행되는 동안 해수 온도의 변화가 어떤 영향을 미쳤는지를 연구했다.

이 화석 보고서가 얼마나 명확했는지 키슬링도 동료들도 놀랄 수밖에 없었다. 이 데이터에서 기후변화의 시그널

을 정확하게 읽어 낼 수 있었기 때문이다.[02] 기후가 따뜻해
졌는지 추워졌는지에 따라 산호와 조개와 해면동물이 극지
방 쪽으로 퍼져 나가다가 다시 후퇴하기를 계속해서 반복하
고 있었다. "생물들이 극지방 쪽으로 나아가는 것은 어쩌면
과거에는 흔한 일이었을지도 모릅니다." 이 고생물학 교수
는 그렇게 말했다.

키슬링은 과거의 사례들 속에서 현재와 유사한 점들을
찾아냈고, 마침내 12만 5,000년 전의 한 시기를 맞닥뜨렸
다. 그때도 기후가 따뜻해지고 있었는데, 지구의 평균기온
이 지금보다도 무려 1도가 더 높았다. 키슬링은 좋은 화석
을 잘 보존하고 있는 산호들을 통해 당시 이것들이 어떻게
이동했는지를 철저히 조사했다. 산호는 당시 극지방 쪽으로
800킬로미터까지 뻗어나갔다. 물론 2,000년에 걸쳐 천천
히 말이다.[03] 위도가 높아질수록 열대 지역은 1도 이하로 기
온이 조금씩 높아졌지만, 그럼에도 적도 부근의 자포동물들
은 중위도 지대로 앞다투어 나아가고 있었다. 열대 지역의
종 다양성이 줄어들면서 오히려 중위도 지역의 다양성은 증
가했다.

키슬링은 이 결과에 대해 깊이 고민했다. 그러니까 기
후변화에 대처하기 위해 그 자리에서 적응하는 것이 아니
라 이동하는 것이 언제나 첫 번째 선택이라면, 열대의 생물
종들은 오늘날 엄청난 도전 과제를 받은 셈이다. 오늘날 생
물종들은 수십만 년 이래 유례없는 기후 조건을 맞닥뜨리고

있으니 말이다. "위도가 높아짐에 따라 온도가 낮아지는 정도로는, 점점 따뜻해지고 있는 지구에서 적도의 다양성 손실을 막을 수 없습니다." 이 고생물학자는 그렇게 정리했다. 다시 말해, 적도보다 위도가 높은 지역에서도 생물종의 일부만이 살아남을 수 있다는 것이었다.

과연 적도에서의 대탈출이 정말 다시 임박한 것일까? 아니, 어쩌면 이미 시작된 것은 아닐까?

키슬링은 이마를 찡그렸다. 그리고 대답했다. 물론 이미 그럴 수도 있겠지만, 이 질문에 대답하기란 무척 어렵다고 말이다. 유럽과 달리, 어쨌거나 세계에서 가장 생물종이 많은 지역의 데이터가 부족하기 때문이다.

그가 펼쳐 놓은 지도 위 열대 지역의 넓은 부분이 흰 점으로 표시되어 있었다. 그것은 정말 끔찍해 보였다. 아주 어마어마한 일이 벌어지고 있음에도 아직 조사는 거의 이루어지지 않고 있었고, 그것은 아주 어두운 비밀처럼 느껴졌다.

돌아가는 길에 키슬링은 내게 힌트 하나를 주었다. 우선 바다생물이 할 수 있는 만큼 이동하고 나면, 열에 가장 민감한 유기체를 만나게 되는데, 그것은 바로 산호초라고 말이다. 온대 바다로 은밀하게 돌진하는 산호초는 대탈출의 선두일지도 몰랐다.

12 산호초의 퇴장

그레이트 배리어 리프, 2017년

2017년 3월 테리 휴즈Terry Hughes가 그레이트 배리어 리프 Great Barrier Reef, 대보초大堡礁*를 넘어갈 때 그는 눈을 의심했다. 타운즈빌 제임스쿡 대학교 산호초연구센터장인 그는 자신이 탄 작은 비행기 아래쪽으로 스쳐 지나가는 암초 하나하나를 놀란 눈으로 바라보았다. 평소라면 그렇게도 환하게 빛나던 산호들이 물속에서 그저 흰 뼈대만 드러내고 있을 뿐이었다. 이것이 호주 북동부 해안 암초의 3분의 2에 일어난 산호 백화현상이었다. 남부 해안 역시 3분의 1만 정상적인 상태였다.

세계에서 가장 유명한 산호 연구자 가운데 한 사람인 휴

---

* 오스트레일리아 북동부 해안을 따라 발달한 세계 최대의 산호초로 1981년 유네스코 세계자연유산으로 지정되었다. 약 2,102미터에 이른다.

즈의 경력은 카리브해에서 시작되었으나, 1990년대 초 이곳의 산호초들이 점차 쇠락하자 세계 최대의 산호초 군락인 그레이트 배리어 리프를 연구하기 위해 그는 곧장 오스트레일리아로 왔다. 그때까지만 해도 상황은 좋은 편이었다. "저는 자연 그대로의 산호초를 찾아온 일종의 생태학적 망명자인 셈입니다." 그는 언젠가 인터뷰에서 그렇게 말했다.[04] 아무려나, 그는 기후변화 앞에서 우리 인간이 숨을 곳은 어디에도 없다는 사실을 배워야 했다. 1998년 이후 그레이트 배리어 리프에는 대규모 산호 백화현상이 네 번이나 일어났다.

산호초는 아주 독특한 생활환경이라 할 수 있다. 이 거대한 암초는 대개 1센티미터도 안 되는 무척추생물에 의해 만들어진다. 그 생물은 원통형 몸체의 끝에 입이 달려 있고, 그 주위를 촉수가 감싸고 있는 산호충이다. 이 자포동물의 서식지에는 계속해서 석회가 쌓이고, 그렇게 수천 년 넘게 이들이 그리는 수중 시나리오의 토대를 만든다. 해양학자들은 산호초의 보호 아래 100만 종 이상의 동식물들이 서식하고 있다고 추정하고 있다. 전 세계 모든 바다의 동물종의 4분의 1이 이 산호초와 산호초가 제공하는 서식지, 그리고 영양 공급에 의지하고 있는 셈이다.

이 산호들은 이른바 '조초류造礁類'**라 불리는 극소수의 해조류들과만 공생할 수 있는데, 이 조초류는 산호의 표

***

** 산호 따위의 체내에 공생하는 와편모충(渦鞭毛蟲).

피에 붙어 살면서 이산화탄소를 내뿜는다. 이산화탄소는 단세포동물이 광합성을 하는 데 꼭 필요한 것으로, 이때 산소와 당분이 생성되어 다시 산호충에 공급된다. 이 해조류가 있어야만 산호초가 붉은색, 초록색 또는 푸른색으로 빛날 수 있다.

오랜 시간 동안 여름 평균 최고 기록보다 물이 1도 이상 따뜻해지면 해초들은 기radical, 基*를 만들어 내기 시작하고, 폴립들은 때가 되면 그 안에 기생하는 것들을 밖으로 내보낸다. 그러면 흰 석회뼈대만 남게 되는데, 산호충들은 잠깐은 해초류 없이도 살 수 있지만, 결국은 굶어 죽는다.

시험 비행 이후, 테리 휴즈는 상황을 정확하게 파악하기 위해 잠수복을 입고 104개의 산호초를 일일이 꼼꼼하게 조사했다. 이 뼈대들의 황무지는 특히 북쪽에서 두드러지게 나타났다. 일부에는 아직 썩은 산호 조직들이 붙어 있었지만, 사상조류絲狀藻類**들은 이미 제대로 남아 있는 것이 없었다. 이에 비해 남쪽의 산호초는 거의 피해가 없을 정도로 상태가 나쁘지 않았는데, 어쩌면 열대성 저기압 사이클론 '윈스턴'*** 덕분에 수온이 떨어진 것일지도 모른다. 서로

* 화학반응 시 분해하지 않고 하나의 분자로부터 다른 분자로 이동할 수 있는 원자 집단.
** 녹색의 세포가 가느다란 실 모양을 이루는 조류.
*** 2016년 발생한, 남태평양과 남반구에서 관측된 가장 강력한 사이클론.

다른 상황에 몹시 당황스럽기도 했지만, 휴즈는 과학자로서 이 상황이 너무나 흥미로웠다. 이것이 그에게 아주 중요한 질문의 답이 되어 주었기 때문이다. 산호들은 얼마나 높은 수온에서까지 살아남을 수 있을까, 하는.

결과적으로, 수온이 장시간 평균보다 3도 이상 오르지 않는 한 산호초도 거의 변하지 않는다. 하지만 이 수치를 넘으면 대멸종이 시작된다. 4도 이상 오르면서부터는 열 스트레스를 받기 시작하면서 산호는 40퍼센트가량 줄어들고, 8도부터는 3분의 2가, 9도부터는 80퍼센트가량이 줄어든다. 휴즈는 결정적으로 중요한 최소 한계치를 6도 정도로 보았다. 이 경계를 넘으면 산호초를 구성하는 종류에도 변화가 나타난다. 이 스트레스가 열 저항력이 각각 다른 산호들에게 빠르게 어떤 선택을 하게 만드는 것이다. 특히 피해가 심한 것은 뿔산호와 '밀카산호'라고도 불리는 연보라색 돌산호다. 백화현상이 심한 지역에서 성장 속도가 빠르고 가지가 많고 여린 산호들은 4분의 3까지 감소하는 반면, 가지가 튼튼하고 성장 속도가 더딘 산호들은 계속해서 번식해 나간다. 휴즈에 따르면 "산호의 죽음은 수백 가지 산호초의 구성을 극적으로 변화시켰다".

산호 백화현상은 이제 전 세계의 모든 열대 수역으로 퍼져 나가고 있다. 오스트레일리아와 영국, 캐나다의 연구자들은 1980년에서 2016년 사이에 전 세계 100여 개의 산호초를 조사했고, 그 결과 산호 백화현상이 나타날 가능성이 다섯 배나 더 높아졌다고 결론 내렸다. 1980년만 해도 한 지역에 백화현상이 나타날 가능성이 평균 25년에서 30년에 한 번꼴이었다면, 2016년 이 위험은 6년에 한 번꼴로 높아졌다. 특히 카리브해의 상태가 크게 변했는데, 최근 인도양과 오스트레일리아 동부 연안이 가장 큰 피해를 입었다. "열대 지방 산호초의 생태계는 새로운 국면에 접어들었다. 백화현상이 다시 시작되는 주기가 너무 빨라져서 완전히 회복하기가 어려워진 것이다." 휴즈가 2018년 《사이언스》에 발표한 논문은 커다란 반향을 일으켰다.[05]

오스트레일리아 출신인 이 연구자는 그레이트 배리어 리프에 다음 백화현상이 언제 시작될지 염려되었다. 산호의 생존에 가장 중요한 것이 그사이의 시간이기 때문이다. 백화현상 그 자체만으로는 산호초는 죽지 않는다. 백화현상이 계속해서 이어지면 저항력이 점점 더 약해진다. 크게 일격을 당해도 버틸 수 있지만, 연속해서 공격이 쏟아지면 결국 쓰러지고 마는 권투선수처럼 말이다.

죽은 산호들이 남긴 빈자리를 메우려면 10년은 족히 필요하다. 하지만 2017년의 백화현상 이후 그레이트 배리어 리프에는 충분한 시간이 없었다. 2020년 초에 휴즈는 경비행기를 타고 오스트레일리아 서해안 34만 4,000제곱킬로미터 크기의 리프를 다시 둘러보았다. 수면 아래로 백화되어 눈처럼 하얗게 빛나는 산호들 가운데 드문드문 노란색과 초록색 산호들이 보였다. 최근에 백화현상이 일어난 북쪽 바다뿐 아니라 남쪽 역시 마찬가지였다. 이 정도로 백화현상이 퍼진 적은 여태껏 없었다.

휴즈는 장기적으로는 기후변화가 안정되고 아직 남아 있는 산호들이 새로운 내열성 산호 집단으로 재편성되기까지, 리프가 천천히 황폐화되리라 추측하고 있다. 산호들이 이 서사의 적수, 그러니까 산호를 억누르려 화학적 무기까지 뿜어내는 해초를 상대할 수 있다면 말이다.[06] 애틀랜타 조지아 공과대학교 해양생태학자 마크 헤이Mark Hay에 따르면, "지금 물속에서 일어나고 있는 일들은 화학적인 교전 상태나 다름없다".

파리기후협약이 규정한 대로 지구온난화가 2도 이하* 로 제한된다 하더라도 이번 세기가 끝날 때쯤이면 전 세계 산호초가 모두 사라져 버릴지도 모른다고 기후변화에 관한 정부간 협의체IPCC 특별보고서에 경고되어 있다.[07] 1.5도 정도로 제한할 때 최소한 10~30퍼센트라도 구할 수 있다는 것이다. 하지만 4년간 세 번이나 그레이트 배리어 리프의 대규모 백화현상을 겪고 난 이후에도 오스트레일리아 정부는 이산화탄소 배출 규제와 석탄 수출 제한을 거부하고 있

* 2015년 12월 12일 파리에서 열린 21차 UN 기후변화협약 당사국총회(COP21) 본회의에서 195개 당사국이 채택한 협정. 산업화 이전 수준 대비 지구 평균온도가 2도 이상 상승하지 않도록 온실가스 배출량을 단계적으로 감축하는 내용을 담고 있다. 2015년 기준 +1.5도.

다. 대신 이들은 해수면에 태양광차단제를 살포하거나 각각
의 산호초에 수중 냉난방장치를 설치하는 식의 애매한 임시
방편만 취하고 있다.[08]

심각한 식량난

2017년 5월, 나는 기후변화가 태평양의 섬나라들에 미치는
영향에 대해 보고하려고 피지 제도에 갔다. 2017년 말, 피
지는 기후변화회의의 의장국을 맡을 예정이었다. 그곳에서
나는 처음으로 산호초를 직접 보았다. 저 먼 해수면 아래 이
마법 같은 세계가 인간 사회와 공존하고 있다는 게 믿기지
않았다. 그곳의 암초는 온갖 색깔의 산호들로 덮여 있었고,
불가사리가 팔을 뻗으며 인형 같은 얼굴을 드러냈다. 흰색
과 오렌지색 줄무늬의 니모들이 호기심 어린 듯 헤엄쳐 몰
려들고, 팔길이만 한 황새치 떼가 물안경 바로 앞으로 스쳐
지나갔다. 바닷속은 활발하게 움직이고 있었다. 나는 마치
마법에라도 걸린 듯, 물 밖으로 나가고 싶지 않았다.

　산호초는 어마어마한 매력을 펼쳐 보이고 있었다. 그것
은 우리 내면 깊숙한 곳의 무언가를, 그러니까 다양성에 대
한 갈망, 자연에 대한 그리움을 불러일으켰다. 만약 산호초
가 사라지면, 저 먼 북쪽의 관광객들이 이 산호초의 아름다
움을 감상하기 위해 더 이상 지구의 반을 날아오지 않게 하
는 실질적인 효과도 가져올까? "이어질 일들은 너무나 심

각합니다." 영국 생태학자 앨리스터 점프Alistair Jump는 내게 말했다. "생태계나 생물다양성과 무관하게 존재할 수 있다고 생각하는 사람은 제정신이 아닌 거예요. 생물다양성이 줄어들면 우리 모두에게 영향을 미칠 것입니다."

산호초 역시 마찬가지다. 산호초는 모든 생물종의 질병을 치료하는 의약품을 비축하고 있다. 지구상 어디에도 이만큼 많은 경쟁자가 한데 모여 있는 곳은 없다. 수많은 생물종이 자리를 차지하기 위해 경쟁하고, 해면과 산호와 해초들이 갖가지 화학성분을 만들어 낸다. 이 화학성분들은 항생물질 내성균과 바이러스, 종양과도 싸울 수 있다.[09] 그 사이 약학자들은 산호의 폴립이나 그 아래 진흙 바닥에 있는 수백만 미생물에 관심을 가지기 시작했다. "이곳이야말로 진정한 해답의 도서관입니다." 헤이는 흥분한 듯 말했다. "하지만 아직 우리는 이것들을 어떻게 활용해야 할지, 거의 알지 못합니다."

해안가에 사는 약 8억 5,000만 명의 사람들이 산호초 사이를 돌아다니는 물고기를 직접 잡아 먹거나 팔아서 먹고 살고 있으며, 관광객을 통해 수입을 얻고 있다. 공식은 아주 간단하다. 산호초가 잘 자라면 그 주변에 사는 사람들도 잘 지낼 수 있는 것이다. 산호초가 없으면 언젠가는 물고기들 역시 모두 떠날 것이다. 오스트레일리아 제임스 쿡 대학교 모건 프래체트Morgan Pratchett 교수 연구팀은 몇 년 전 산호가 사라진 지역들을 관찰함으로써 이 사실을 증명해 냈다.

처음에는 산호초가 없어도 물고기들이 살아갈 수 있는 듯 보였다. 하지만 10년 후 연구원들이 다시 살펴보았을 때 물고기들도 대부분 사라지고 없었다.[10] 어업이 불가능하다면 수많은 작은 섬나라들의 경제는 무너지고 말 것이며, 이 지역 인구의 일부는 굶주릴 수밖에 없을 것이다. 산호초 모델에 따르면 2050년까지 어업계 규모는 5분의 1 정도로 감소할 것이었다. 그런데 동시에 사모아나 바누아투 같은 태평양의 섬나라 인구는 급격히 늘어나고 있다. 결국 식량난이 심각해질 것이다.

이로 인해 많은 사람이 참치에 희망을 걸게 되었다. 큰 바다에 사는 참치는 산호초 주변에서 사라진 물고기들의 자리를 얼마간 메울 수 있을 것이다. 하지만 참치 가운데서도 가장 중요한 두 종인 황다랑어와 가다랑어 역시 기후변화로 인해 동쪽으로 이동하고 있다. 인도양의 몰디브나 남태평양의 쿡 제도, 피지 제도 연안에서도 참치는 떠나고 있다. "참치는 지금까지 이 물고기로 수입의 상당 부분을 벌어들였던 나라들을 뒤로하고 있습니다." 퀸즐랜드 대학교 글로벌변화연구소의 소장인 오브 회 굴드버그Ove Hoegh-Guldberg의 말이다. 무엇보다 외국 트롤어선이 지불하는 면허료가 줄었다. 몇몇 섬나라들에는 이 면허료가 거의 유일한 수입원이다.[11] 피지 제도의 로보니섬에 있는 한 물고기 공장에는 약 1,000여 명의 노동자가 일하고 있었는데, 2019년 말에 이미 날개다랑어 생산량이 줄어들고 있다.[12]

점차 참치는 남태평양 섬나라의 배타적 경제수역을 벗어나 공해公海로 들어갈 것이다. 여기에는 지금도 이미 중국 같은 나라들의 거대한 트롤어선이 이 물고기를 잡아 올리기 위해 들어와 있다. 아직까지는 이 배들은 대부분 어업 면허를 발급받고 있지만, 참치가 동쪽으로 이동하면 이들 마음 대로 조업할 수 있게 된다. 앞으로 30년 안에 태평양 섬나라들은 연간 6,000만 달러까지 수입이 줄어들 것이라고 어업 전문가들은 예측하고 있다.[13]

또 남태평양 오지의 주민들 한 사람 한 사람에게 물고기는 유일한 단백질 공급원이다. 참치를 잡지 못하면 이 지역 어부들은 종종 배를 타고 산호초가 있는 쪽으로 가서 그곳에서 물고기를 잡는다. 물고기가 거의 없어질 때까지 말이다. "산호초에서 마지막 물고기들을 끌어올리고 있는 몇몇 공동체는 크나큰 절망에 빠져 있습니다." 회 굴드버그는 설명한다. "이들이 결국 산호초를 죽음으로 몰아 가고 있습니다."

몇 년 전, 이 해양생물학자는 인도네시아를 방문한 적이 있다. 그곳에서 그는 해안가 주민들이 그나마 남아 있는 마지막 물고기들을 잡기 위해 다이너마이트로 산호초를 날려 버리고 있다는 이야기를 들었다. "해안가에 사는 수많은 주민에게는 다른 선택지가 없습니다." 그는 이어서 말했다. "우리는 가난하고 굶주린 사람들이 우리와 다르기를, 그들이 이 세계의 생태학적 안녕을 보호해 주기를 바라는 것입니다. 정작 우리는 지구의 화석연료를 점점 더 많이 쓰고 기후변화를 부추겨 열대 섬나라 주민들이 해결하기 어려운 문제에 직면하게 했으면서 말입니다." 전문가들은 바다로 둘러싸여 있는 이 섬나라 주민들에게 단백질 수요는 차라리 내륙에서, 그러니까 저수지나 강에서 물고기를 잡아 충당하는 건 어떻겠느냐고 권하고 있다.[14]

고위도 지방은 괜찮을까?

산호초는 어떨까? 적도의 핵심 지역을 잃어버리기 전에 위도가 더 높은 지역의 더 차가운 바다에 새롭게 자리 잡을 수 있을까? 미국 메인주 이스트 부스베이의 비글로우 해양과학연구소 소속인 니콜 프라이스Nichole Price를 비롯한 해양생물학자들은 이런 의문들을 제기했다. 이 질문들에 답하기 위해 그들은 산호초의 건강 상태에 대한 중요한 지표를 마련했다. 바로 어린 산호였다. 일단 이들은 테라코타 타일을 이용해 지난 40년간 모든 열대 및 아열대 수역에서 새로운 산호들이 나타나는 주기를 계산했다.

새로운 산호들이 서식하고 있는지 어떤지 살펴보기 위해, 이들은 1974년 이후 열대 및 아열대 바닷속으로 수백 번도 더 잠수해 들어갔다. 그들이 찾아낸 바에 따르면 새롭게 자리 잡는 산호는 총 82퍼센트가 줄었다. 이것은 산호가 처한 위기를 분명하게 보여 주는 지표다. 대규모로 사멸하거나 병들어서 크게 번식하지 못한 것이다. 그런데 감소 규모가 모두 같지는 않았다. 열대 지방의 어린 산호들이 85퍼센트가량 줄어든 반면, 아열대 지방의 산호들은 오히려 3분의 2 이상 늘어난 것이다. 멕시코만의 북쪽 지역, 하와이, 남쪽의 그레이트 배리어 리프, 최근에는 이집트에서도 최근 새로운 산호초가 발견되었다.

프라이스는 여기에서 그나마 '어슴푸레한 희망의 빛'을 찾았다. 위도가 더 높은 지역은 몇몇 종류의 산호들에게 "점점 더 열악해지는 열대 바다의 환경에 반해 생태학적으로 의미 있는 은신처를 제공해 줄 수 있을 것"이라고 프라이스는 전문지 《해양생태학Marine Ecology Progress Series》에서 밝히고 있다.[15] 분포 모델로 이미 몇 년 전에 예측했는데, 그 결과에 따르면 산호를 위한 최고의 서식지는 이제 적도 부근이 아니라 위도 20도 이상 지역이었다.

하지만 거기까지 이르는 길은 물론 느긋한 산책길이 아니다. 먼 거리를 이동하기 위해 유충들은 오랫동안 지방을 충분히 비축해 놓아야 하며, 적당한 수중환경을 찾아야 한다. 특히 1년 내내 충분히 햇빛을 받으려면 물이 얕은 지역에 바위 같은 것이 있어야 한다. 그런 곳에 정착한다 해도 유충들은 다시 공생관계에 있는 파트너, 즉 미세조류를 기다려야 한다.

이것이 아예 불가능한 일은 아니라는 것을, 시드니 앞바다까지 떠내려온 그레이트 배리어 리프의 찌꺼기와 카리브해의 황폐화된 산호초에서 떨어져 나와 플로리다의 포트 로더데일 앞바다까지 떠내려온 돌산호가 증명해 보이고 있었다. 하지만 이동하기를 좋아하는 산호들에게도 끝은 올 것이다. 산호의 생존을 결정하는 것은 온도만이 아니라, 햇빛과 바다의 수심 역시 아주 중요하기 때문이다. 빛 없이 해조류는 광합성을 할 수 없다. 산호들은 적도 부근이나 물이 얕은 지역에서 너무 멀리 떨어져 있지 않을 때만 살아남을 수 있다. 극지방 쪽으로 갈수록 겨울은 더 어두워지고, 차가운 물에 더 잘 녹는 이산화탄소 때문에 물은 더욱 산성화된다. 프라이스는 열대 산호초의 상황을 샌드위치에 비유한다. 산호초의 미래가 열대와 아열대 사이의 비교적 좁은 지대에 달려 있을 테니 말이다. 이 지역에서 뭔가 새로운 것들이 나타날 수 있다. 어찌 됐든 그레이트 배리어 리프의 대규모 산호초 군락이 다시 형성되기까지는 시간이 걸릴 것이다. 아마도 대략 50만 년쯤.[16]

13 갑작스러운 정권 교체

세계 각국의 생태학자와 기후 연구자 들로 구성된 어느 연구팀은 최근 처음으로 일정표를 짜 보려 시도했다. 기후변화가 지금처럼 계속될 때, 특정 지역의 종 공동체들이 적응하기 어려울 정도로 더워지는 때가 언제가 될지 말이다. 컴퓨터 시뮬레이션이 도출해 낸 답은 2074년이었다.

　연구자들이 뽑은 육지와 바다생물 3만 종은 50년 안에 큰 변화를 경험하게 될 것이며, 생물다양성이 급감할 거라고 《네이처》에 그 결과를 발표했다.[17] 물론 이 숫자는 평균값일 뿐이다. 몇몇 지역은 좀 늦어질 수도, 또 어떤 지역들은 훨씬 빨라질 수도 있다. 연구자들은 열대 지역이 특히 위험하다고 예측하고 있다. 열대 지역에는 생물종이 풍부해서 그만큼 많은 것을 잃어버릴 가능성이 클 뿐 아니라, 기온이 높아지는 환경에 적응할 수 있는 종들 역시 많지 않았다. 현재 이미 어떤 동식물들은 지금까지 한 번도 경험해 보지 못한 온도에 노출되어 있는 듯 보인다고 연구자들은 추정했다. 그리고 이는 기온이 천천히 상승하지 않고 갑작스러운 열파가 닥쳐서라고 했다.

지난 30년간 이 열파의 횟수와 지속 시간은 약 50퍼센트 증가했다. 카리브해와 오스트레일리아 바다에서 특히 맹위를 떨쳤는데, 이로 인해 극지방 쪽으로 이동하는 생물들의 움직임에 가속도가 붙었다.[18] 오스트레일리아 서부의 해조류 숲이나 오스트레일리아 동부 산호초들의 경우에서 볼 수 있듯이 말이다. "마치 완만한 비탈이 아니라, 울퉁불퉁한 바위 모서리가 계속 이어지는 길과 같다고 보면 됩니다. 게다가 여러 다른 지역에서 다른 시간대에 나타나고 있습니다." 논문의 공동 저자인 유니버시티 칼리지 런던의 알렉스 피고Alex Pigot는 그렇게 설명했다.

이번 세기 중반쯤이면 이러한 바다의 상황이 육지 시스템으로 옮아 갈지도 모른다. 인도네시아나 콩고 분지의 열대 우림이나 아마존의 열대 우림 같은 상징적인 생태계가 무너질지도 모른다고 연구자들은 추측하고 있다. 어쩌면 이 역시 더 빨리 시작될 수도 있다.

나는 그려 보았다. 더 기온이 낮은 곳을 찾아 열대의 생물종들이 대규모로 이동하는 장면을. 온갖 생물들이 산을 넘어 각각 남반구로 북반구로 떠도는 장면을 말이다. 생물종의 엄청난 상실에서 비롯된 그야말로 진정한 대탈출을 말이다.

그런데 그런 일이 정말 일어날까? 열대 지방의 물고기들이 고위도 지방으로 이동하는 모습을 상상해 보면, 바다에 사는 생물들은 훨씬 더 즉각적으로 기온 변화에 반응하는 것이 틀림없다. 그런데 아마존의 열대 우림은 어떻게 그 안에 사는 생물들과 함께 고위도 지방으로 이동할 수 있을까? 그리고 그 자리는 무엇이 대신하게 될까?

이 모든 것이 최소한 550만 년 전부터 존재해 온, 오늘날까지 전 세계 최대 생물종의 보고인 언제나 푸르른 열대 우림에 대한 나의 이미지와는 맞지 않았다. 유럽에서 우리는 동식물이 감소하고 있는 현상에 이미 어느 정도는 익숙해졌다. 하지만 알다시피 열대 우림이나 산호해珊瑚海* 같은 세상의 다른 곳에는 아직 생물다양성의 거대한 피난처가 존재하고 있다. 이마저 무너지고 만다면 이 세상은 돌이킬 수 없이 피폐해질 것이며 우리가 그려 보는 그 모습은 더욱 끔찍해질 것이다. 나로서는 도저히 상상할 수가 없다.

나는 세계에서 가장 다양한 생물이 사는 그곳으로 가서 답을 찾아보기로 했다. 그러니까 페루 마누 국립공원으로 말이다.

* 오스트레일리아 북동부에 인접한 바다로, 그레이트 배리어 리프에서 유래한 이름.

14 산 위로 올라가는 삼림

페루, 코스니파타 계곡, 2019년 여름

비행기 안에서부터 이미 그곳이 얼마나 특별한 곳인지 분명히 알 수 있었다. 끝이 없는 듯 펼쳐진 숲은 저지대에서 안데스산맥까지 뻗어 있었다. 강들은 자연 그대로의 모습으로 이리저리 굽이쳐 흐르고, 때때로 그러니까 두 번 정도는 방향을 틀어 반대 방향을 되비추기도 했다. 전혀 길들여지지 않은 자연에 나는 압도되었다. 내 두 눈은 운하나 일직선으로 정비된 쭉 뻗은 강, 정사각형으로 정리된 숲처럼 정형화된 모습에 익숙해져 있었으니 말이다.

저 아래 계곡 가운데 어딘가에서는 그때도 황갈색 사파리 슈트를 입은 케네스 필리Kenneth Feeley가 아마존 열대 우림을 돌아다니고 있었다. 마이애미 대학교 생태학자인 그는 매년 여름 나무들을 끌어안으며 마누 국립공원에서 시간을 보낸다. 종교적인 이유에서가 아니라 줄자로 나무둥치의 두께를 재는 것이었다. 2003년, 페루의 남동부에서 조사가 시

작되었다. 해발 950미터에서 3,400미터까지, 미국 생물학
자들은 숲을 열네 개 구역으로 나누었다. 각각의 구역은 축
구장 하나 면적보다 더 컸다. 4년 후 이들은 같은 일을 반복
했다. 2007년 두 번째 조사 이후 필리는 지도교수인 마일스
실먼Miles Silman에게 자료를 곧장 평가해 달라고 부탁했다.
이 짧은 기간 동안 나무들의 분포에 눈에 띄는 변화가 있을
거라 기대하지는 않았지만, 이후의 분석 과정에 대해 미리
연습해 볼 수는 있을 터였다. 그럼에도 이들은 꽤 빠르게 어
떤 패턴을 발견할 수 있었다. 바로 평균 2.5미터에서 3.5미
터까지 수종들이 점점 더 위로 올라가고 있다는 점이었다.[19]
"이런 일이 일어날 거라 우리는 이미 예상하고 있었습니다."
필리는 이렇게 덧붙였다. "하지만 50년쯤은 더 걸릴 줄 알
았죠."

　　물론 나무들이 뿌리를 움직여 산을 오를 수는 없을 것
이다. 하지만 나무들은 중력과 바람과 야생동물을 이용해
씨앗을 퍼뜨릴 수 있다. 기후변화 시대에 그 방향은 대체로
이렇다. 씨앗들이 산 아래로 멀리 퍼지면 그사이 나무들이
살아가기에는 기온이 너무 높아져서 죽어 버리고 만다. 반
면 씨앗들이 기온이 더 낮은 산 위에 떨어지면, 나무들은 살
아남을 수 있다. 지금으로서는 나무들이 적응할 수 있는 온
도이기 때문이다.

　　이런 식으로 많은 수종이 위쪽으로 올라가고 있다. 특
히 관상용 식물로 집에서 많이 키우는 홍콩야자 종류의 식

물들이 그런데, 홍콩야자는 빨리 자라고 씨를 잘 퍼뜨리는데다 식물의 씨를 쪼아먹고 높은 지역에서 다시 배설하는 풍금조 같은 새들의 도움 덕분에 더 그렇다. 반면 씨앗을 떨어뜨리기만 하는 나무들은 기후변화에 거의 적응할 수가 없다.

필리와 동료들은 이러한 현상이 마누 국립공원에서만 나타나는지 어떤지 알고 싶었다. 이들은 전 세계 연구자들과 네트워크를 만들어, 콜롬비아와 에콰도르, 북아르헨티나의 더 넓은 구역들을 선정해 조사했다. 현재는 총 200개 정도의 표본이 만들어졌다. 전 세계 곳곳에서 같은 현상이 일어나고 있었다. 시원한 날씨를 좋아하는 숲들은 기온이 더 낮은 높은 지대로 이동하고 있었다.[20] 페루만 특별한 것이 아니었다.

물론 높은 곳을 오르는 나무들의 등반이 그렇게 간단한 일은 아니다. 단지 기온뿐 아니라 습도와 구름의 분포 역시 나무들의 안녕을 결정짓기 때문이다. 이러한 요소들이 지구온난화와 동시에 변하는 것은 아니다. 기온과는 정반대로 산 위로 높이 올라갈수록 습도는 높아진다. 기후변화가 진행되는 과정에서 대기가 지속적으로 따뜻해지고, 이에 따라 더 많은 물을 흡수해야 하므로 생물들은 그전과 같은 습도를 찾아 위쪽이 아니라 오히려 아래쪽으로 이동해야 한다. 이미 100년 전에 측량된 산-횡단도표Mountain-Transect를 참고하여 다시 이 지역에서 살고 있는 새의 종류들을 조사하면서, 미국 생물학자들은 시에라네바다산맥에서 이를 확인했다. 많은 동물이 실제로 번식지를 옮기고 있었는데, 그 중 절반 정도만이 위쪽으로 이동하고 있었다. 지구온난화가 기온 때문에 이들을 위쪽으로 이끄는 동안, 습도가 높아지면서 적게나마 일부는 다시 아래쪽으로 이동하고 있기 때문이다.[21]

여러 생물종이 충분히 빨리 높은 곳으로 올라갈 수 있다고는 해도, 막상 그곳에는 이 생물종들이 견뎌 내지 못할 상황들이 있을 수 있는데, 숲의 경계가 이를 아주 잘 보여 준다. 필리는 위쪽으로 이동하긴 하지만 200개 구역에서 생물종의 분포는 놀랍게도 거의 변하지 않고 있었다고 설명한다.

예전 사진들과 미국 군대의 항공촬영사진, 현장 관찰을 비교해 보면 결과는 이렇다. 50년 전 나무들이 서 있는 가장 높은 지대였던 자리는 지금도 역시 나무들이 서 있는 가장 높은 위치였다. 이 생물학자는 그 이유를 이렇게 추측했다. 열대의 고산 지대에서는 낮과 밤 사이의 기온 차이가 매우 크기 때문이라고 말이다. 나무의 씨앗들이 숲의 경계 너머 초원 지대로까지 날아가게 되면 씨앗들은 밤에 찬 공기에 노출되어 죽어 버리고 만다. 하지만 숲의 지붕 아래에서 씨앗들은 보호받을 수 있고 살아남을 수 있다. "진퇴양난이에요." 필리는 말한다. "숲이 없다면 씨앗이 있을 수 없고, 씨앗이 없으면 숲도 없으니까요."

숲의 경계와 같은 이런 이른바 추이대ecotone, 轉移帶*는 삼림 지대의 서로 다른 군집이 겹치는 지점에 존재한다. 많은 생물종에게 등반은 산꼭대기에 다다를 때까지가 아니라 그전에 이미 끝난다. "아래쪽에서 올라온 수종들은 추이대에 완전히 밀집되어 있습니다." 미국의 이 생물학자는 이렇게 말한다.

맨눈으로는 아직 열대 우림의 이동을 알아볼 수 없지만 다른 변화는 몇 년 전부터 충분히 알아차릴 수 있었다. 산 정상에서 그는 검게 타 버린 평지를 알아볼 수 있었다. 작년까지만 해도 푸르렀던 곳이었다. 매년 새로운 것들이 나타났다. "고원 지대의 상당 부분이 완전히 불타 버렸습니다." 그곳 풍경은 바뀌어 이제 소들이 풀을 뜯거나, 농부들이 곡식을 재배하고 있었다. 필리는 말을 이었다. "숲은 위쪽으로 올라가려 하는데 사람들은 숲을 더욱더 아래로 끌어내리고 있습니다."

숲이 쇠락해지면 먹이사슬 전체에 영향을 미친다. 나무들은 수많은 동물과 버섯, 선태류와 지의류에 보금자리를 만들어 준다. 많은 곤충이 제각각 특정 나무들에 특화되어 있고, 이 곤충들은 다시 특정 새들의 먹이가 된다. 마누 국립공원에는 특히 많은 동식물이 살고 있는데, 전 세계 조

* 하나의 생물 군집과 이에 인접하는 다른 생물 군집 사이에 지역적 경계가 확실하지 않을 때 두 군집이 겹치는 지역.

류의 10분의 1이 이곳에 살고 있다. 새들 때문에 나는 페루로 갔다. 새들은 내게 지금 열대에서 어떤 일이 벌어지고 있는지 알려 줄 것이었다.

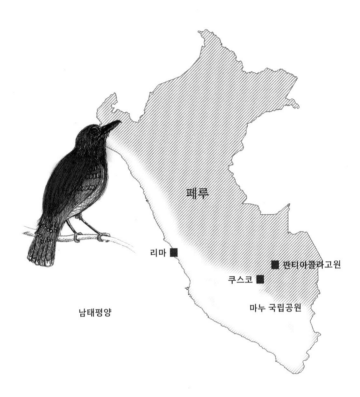

페루

리마 ■

쿠스코 ■

■ 판티아콜라고원

마누 국립공원

남태평양

15 멸종으로 이르는 길

쿠스코, 2019년

안데스산맥 해발 3,400미터의 고대 잉카의 수도에서 나는 알렉스 비비Alex Wiebe와 만나기로 약속했다. 그는 미국 뉴욕주 이타카에 있는 코넬 대학교의 조류학연구소에서 생물학을 공부하는 학생이었다. 'O-랩'이라 줄여서 부르는 이 연구소는 세계 최고의 조류학자 양성기관이다. 우리의 계획은 이 지역 남동부로 멀리 뻗어 있는 안데스산맥을 오르는 것이었다. 거기 판티아콜라고원에서 전문가들이 '멸종으로 가는 에스컬레이터'라고 부르는 현상이 일어났다. 그전에는 단 한 번도 나타난 적이 없는 현상이었다.

　　이러한 발견의 역사는 1985년의 탐험 여행에서 시작된다. 오늘날 이 분야에서 거의 전설이 된 미국 조류학자 몇몇이 당시 페루로 떠났다. 사람들의 발길이 닿지 않은 산에 올라 그곳 새들의 세계를 그려 보기 위해서였다. 존 피츠패트릭John Fitzpatrick도 그중 한 사람이었다. 현재 'O-랩'의 수장인 그는 비비에게는 우상이나 다름없다. 이제 69세가 된 그는 잿빛 콧수염에 손을 대고 줄무늬올빼미 소리를 내며 모임의 시작을 알렸다. 마누 국립공원의 새들을 찾아보기 위해 그가 처음으로 페루로 떠났을 때 그는 지금의 비비와 같은 나이였다. 이 새 박사가 수염을 길게 자라도록 내버려 두고 지구의 가장 외진 구석까지 흘러들어 가 아직 이름도 알 수 없는 동식물의 세계를 찾아다니던 시절이었다. 엽총까지 챙겨 들고 말이다(서류에는 판티아콜라에서 쏘아 떨어뜨린 새들을 '채집'했다고만 적었다). "페루의 열대 조류들에 대해 알게 된 모든 것들이 전부 그와 그의 동료들 덕분입니다." 비비가 말했다.

30년이 지나 다시 판티아콜라고원으로 떠날 때 피츠패트릭 곁에는 심복인 벤저민 프리먼Benjamin Freeman이 있었다. 1985년에 찍은 흑백사진 한 장을 들고 그들은 강에서부터 위쪽으로 올라갔다. 사진 속 입구를 찾을 때까지 물가를 일일이 확인하면서 말이다. 그사이 이 산을 오른 사람은 아무도 없었다. 그런데 이 생물학자들이 확인한 바에 따르면 이곳은 뭔가 근본적으로 달라져 있었다. 새들이 서식지를 위쪽으로 옮긴 것이었다. 평균적으로 68미터 정도 더 산 위쪽으로 올라가 있었다.

고원을 오르는 사이 새들의 서식지뿐 아니라 개체 수역시 줄어들고 있었다. 꼭대기에 오르자 새들은 아예 찾아볼 수조차 없었다. 피츠패트릭과 프리먼이 여덟 종류의 새들을 확인한 결과였다. 왜 그랬는지 그 원인이 확실하지는 않지만 기온이 0.42도 정도 올라갔다는 점이 달랐다. 이로써 이들은 기후가 따뜻해지면서 이 산 정상에서 전체 종들이 집단적으로 사라졌다는 것을 처음으로 확인했다.

알렉스 비비는 이제 이 믿기 어려운 발견을 검토해 보려 한다. 그는 이제는 존재하지 않는 듯 보이는 새들을 찾아야 했다. 2018년 7월, 축구선수 체격에 어린아이 얼굴을 한 이 생물학과 학생은 마누 국립공원에서 열리는 '빅 데이Big Day'에 참여했다. 조류 관찰자 58명이 24시간 동안 걸으면서 최대한 많은 종의 새를 찾는 일종의 경주였다. 비비는 이 지역에 어떤 종류의 새들이 있는지, 어디에 살고 있는지, 또 어느 시간대에 노래하는지 미리 공부해 두었고, 그에 따라 경로를 정했다. 2시 45분, 이른 새벽에 길을 나선 그는 22시 30분이 되어서야 로스 아미고스 생물학연구소로 돌아왔다. 그의 카드에는 347종의 새 이름이 기록되어 있었다. 세계기록이었다.

쿠스코의 한 레스토랑 발코니에서 볕을 쬐며 바비큐치킨 요리인 뽀요 알라 브라사를 먹으면서 그는 대회가 즐거웠다고 내게 이야기했다. 매연 구름을 내뿜는 스쿠터와 자동차 들이 경적을 울리며 거리를 지나쳐서 우리는 점점 더 숨쉬기가 어려워졌다. 그러지 않아도 해발 3,400미터의 고지대라 더욱 그랬다. 페루에는 1,802종의 새들이 있고, 비비는 그중 대부분을 알고 있었다. 적어도 저지대의 새들은 모두 알았다. 이제 그는 열대의 산을 오르려는 참이었다. 판티아콜라고원을 시작으로 말이다.

메르세데스 벤츠 스프린터는 우리를 태우고 쿠스코에서 일곱 시간 동안 안데스산맥 아래 자갈이 깔린 길을 달려이 나라의 동쪽 저지대로 데려갔다. 언덕 위로 알록달록한민속의상을 입은 페루 여성들이 소를 몰며 지나가는 모습이스쳐갔다. 저 멀리 들판에서는 소들이 쟁기를 끌고 있었다.맞은편으로는 꼬불꼬불한 길에 자전거를 끌고 가는 어린 소년들이 지나갔다. 날이 어두워지자 빛이 하나도 없었다. 연료를 아끼기 위해 플래시 빛에 의지해서 따라가는 오토바이와 오프로드차가 우리 옆을 지나쳤다. 열대 우림에는 십자가나 시련을 의미하는 '크로이츠' 또는 '세 개의 크로이츠'또는 '성스러운 크로이츠'라 이름 붙은 마을들이 있었는데,우리는 '구원'이라는 마을에서 묵기로 했다.

다음 날 이 지역 원주민 집단인 팔라토아Palatoa족 청년 세 명이 외부에 모터가 달린 작은 나무보트를 강바닥에대 놓고 우리를 마중 나왔다. 이들은 페루 최대의 원주민 집단인 마치구엥가Machiguenga족*의 구성원이었는데, 이들은대부분 자기들끼리 모여 살지만, 축구 국가대표의 선수복을차려입고 핸드폰도 모두 가지고 있었다. 호수만큼 넓은 리

* 페루 남동부 아마존 분지 정글 지역에 살면서 수렵채집을하는 원주민.

오 알토 마드레 드 디오스강에서부터 시작해 우리는 열대 우림을 굽이쳐 통과하는 리오 판티아콜라강 쪽으로 굽어 들어갔다. 그리고 마침내 판티아콜라고원이 우리 앞에 모습을 드러냈다.

이 산맥은 마치 피라미드 같은 모양에 숲으로 둘러싸여 있었다. 아니 더 정확하게 말하면 온통 숲으로 덮여 있었다. 470미터 산기슭에는 과두아(남미 대나무)와 종려나무와 다른 아름드리나무들이 우뚝 서 있었다. 산을 오르면 오를수록 100미터마다 0.5도 이상 기온이 떨어지고 나무도 줄어들었다. 산꼭대기에 오르면 나무들은 바람 때문에 기형적으로 자라고, 축축한 공기 때문에 이끼나 덩굴식물로 외투를 껴입는다. "식물들은 우리가 어디에서 어떤 새들을 만나게 될지 알려 줍니다." 비비가 설명해 주었다. 산기슭과 산꼭대기에는 전혀 다른 종류의 새들이 살고 있다고 했다. 이렇게 제한된 지대에서 이러한 다양성은 이 산맥에서만 볼 수 있었다.

이 열대의 산 아래 모래 강변, 그 옛날 피츠패트릭과 프리먼이 차에서 내렸던 바로 그곳에 우리의 작은 배도 멈추어 섰다. 비비의 고무장화가 물속에서 찰박찰박 소리를 냈다. "여기에서 좀 씻으셔도 됩니다." 우리의 요리사이자 헬퍼인 세자르가 말했다. 그러면서 그는 막대기로 강바닥을 더듬어 홍어를 찾아보라고도 했고, 또 목욕할 때는 악어를 조심하라고 일러 주기도 했다. 경사진 해안가 둑 위로 빈터가 이어졌다. 그곳에서 우리는 이틀 밤을 보냈다. 팔라토아 청년들인 앙겔과 케빈이 날이 넓고 긴 마체테로 산꼭대기까지 길을 내줄 때까지 말이다.

온몸이 땀으로 뒤덮였다. 산의 경사면을 오를 때는 너무 덥고 숨이 차서, 마치 물속에 있는 것처럼 느껴졌다. 발밑에서 반쯤 썩은 나무줄기와 마른 야자나무 잎들이 부서지며 바스락거렸다. 길 위로 쓰러진 대나무 줄기를 넘고 가시가 잔뜩 난 가지 사이를 지났다. 목면 둥치가 바닥에서부터 부채꼴 모양으로 펼쳐지고 있었고, 소크라테아(야자나무) 한 그루가 그 뿌리들을 바닥에서 2미터나 더 위로 뻗어 올리고 있었다. 숨을 쉬기 위해서였다. 어떤 나무라도 쓰러뜨려 그 절단면을 관찰하면 우리는 금세 알아차릴 수 있었을 것이다. 열대 우림과 그 안의 생물종들이 기후변화에 왜 그렇게 시달리고 있는지를 말이다. 그러니까 이 나무들에는 나이테가 없었다.

(중위도에 걸쳐 있는) 유럽에서 나무들은 봄부터 겨울까지 더 천천히 자란다. 그래서 색이 밝은 춘재春材, early wood*와 색이 어두운 추재秋材, late wood**가 생긴다. 하지만 열대 지방은 계절의 구분이 거의 없고, 나무들은 1년 내내 거의 같은 기온에서 자란다. 이는 곧 새들이 1년 내내 부

---

* 수목의 나이테에서 봄철에서 여름철까지 형성된 부분.

** 수목의 나이테에서 여름부터 가을에 걸쳐서 형성된 부분.

화할 수 있다는 이야기다. 이러한 원리에는 더 중요한 발전 양상이 뒤따른다. 유럽에서는 2만 년 전까지도 북쪽에서부터 포츠담까지 얼음층이 밀려와 수백 미터씩 쌓인 반면, 이곳 열대 우림은 수백만 년 넘도록 유지되었던 것이다. 어떤 이론에 따르면, 열대 지방의 생물종들에게는 온갖 형태와 색깔로 세분화되고 각자 자리를 차지할 시간이 있었다. 생물들이 천국에 안착할 시간 말이다.

판티아콜라고원에서 역시 마찬가지였다. 나뭇가지에 누가 검은색으로 일부러 칠해 놓은 듯한 메디신볼 같은 덩어리가 매달려 있는 모습이 계속 보였다. 흰개미집이었다. 거기에까지 비단날개새가 둥지를 틀고 있었다. 푸른머리금강앵무 같은 다른 새들은 나무 구멍 속에 살고 있었다. 붉은등오로펜돌라 같은 새들은 나뭇가지에 매달린 주머니 같은 둥지를 틀기도 했다.

한 시간 만에 비비는 노트를 펼치고 세 페이지에 걸쳐 철자 네 개의 약자로 된 조류의 이름들을 채워 넣었다. 그 옆 칸에는 개체 수를 일일이 적어 넣었다. 기후가 달라졌음에도 지금까지 살아남은 모든 새를 세고 있다고 그가 이야기해 주었다. 아직은 새들이 산기슭 환경에 잘 적응하고 있지만, 이들은 기온이 더 높은 위쪽 지대로도 퍼져 나갈 수 있을 것이다. 개미잡이처럼 눈에 잘 안 띄는 작은 새는 잘 날지 못하고 총총총 뛰어다니며 군대개미와 거미와 뱀 들을 쫓아다녔다.

해발 770미터쯤에서 앙젤과 케빈은 멈추어 섰다. 두 사람은 양치류와 관목덤불을 마체테로 베어 내고, 우리가 텐트를 칠 수 있게 빈터를 만들었다. '안 쏘는 벌'들이 양철 물통에 달려들었다. 파인애플 이파리들이 깔대기처럼 넓게 펼쳐져 있고, 난초들은 꽃을 피워 달콤한 향기를 내뿜다가 또 맹수의 냄새를 피우기도 했다. 밤이 깊어지자 텐트 위로 빗방울이 떨어지기 시작했다.

새벽녘 어스름에 비비의 헤드랜턴은 다시 산길 위쪽을 비추었다. 앞으로 보이는 바위마다 또 나무둥치마다 선태류와 지의류와 양치식물이 온통 뒤덮여 있었다. 덩굴식물 사이사이조차 선태류가 카펫처럼 깔려 있었다. 안개가 자욱했다. 몇백 미터 더 올라가더니 비비가 갑자기 앞에 멈추어섰다. 그는 숲에서 들려오는 어떤 소리에 귀를 기울였다. 소리는 점점 더 커지고 있었다. "루우우우-두우-두-두-두-두!" 그가 고개를 돌려 나를 쳐다보았다. "땅개미새예요." 그가 이야기했다. "원래 있어야 할 곳보다 훨씬 높은 곳에 올라와 있네요."

비비는 손을 나팔 모양으로 만들어 입에 대고 붉은 배에 뭉툭한 꼬리와 가늘고 긴 다리를 가진 이 작은 새의 소리를 비슷하게 흉내 냈다. 우리가 있는 곳에서 조금 아래쪽에서 한 번, 그리고 저 멀리서 또 한 번 소리가 되돌아왔다. "제 가청거리 저 끝 어딘가에 한 마리가 더 있어요." 그가 확언했다.

이 생물학 전공생은 피츠패트릭과 프리먼이 확인했던 서식지 범위를 다시 정리했다. 1985년 당시에는 해발 700~800미터 정도였으나, 30년이 조금 더 지난 2017년에는 벌써 170~190미터 정도나 더 높아졌다. 2019년 지금은 어떻게 되었을까? 비비는 바지 주머니에서 스마트폰을 꺼내 'e-bird' 앱을 열어 우리가 있는 위치의 GPS를 확인했다. 해발 1,170미터였다. "이건 상당히 큰 차이예요." 그가 덧붙였다.

새들이 대체 어떻게 산 정상까지 올라가게 되었는지는 아직 밝혀지지 않았다. 땅개미새의 경우, 비비는 이렇게 추정했다. 어린 새들이 날 수 있게 되면 새들은 스스로 살 곳을 찾아야 할 거라고. 그리고 더 높은 지대일수록 그럴 가능성이 커질 거라고 말이다. 그사이 더 높은 지대의 기온이 이 새들에게 더 적합한 기후가 되었기 때문이다. 에너지를 더 소모하긴 하지만 새들은 체온을 주변 환경과 상관없이 조절할 수 있기 때문에 기온이 올라가도 잘 적응할 수 있다. 생물학자들이 보르네오 키나발루의 나방 사례로 증명해 보였듯, 곤충들 역시 산을 오르고 있다.[22] 관목 안에 숨어 사는 개미새처럼 한곳에 정착해 사는 종들조차 곤충들을 쫓아가는 것 외에 달리 방법이 없었다.

해발고도 1,370미터 가까이 오르자 나무들의 간격이 듬성듬성해지고 하늘이 조금씩 열리기 시작했다. 비가 내려 길이 미끄러웠다. 자꾸만 발이 미끄러져서 우리는 축축한 흙냄새가 나는 땅바닥을 자꾸만 움켜쥐어야 했다. 산마루에 올랐을 때 우리는 습기 때문에 땀과 비에 흠뻑 젖어 있었다. 좀 더 올라가 숲으로 뒤덮인 옆의 산등성이가 테파로 푼타라는 것을 처음으로 알아차렸을 때는 몹시 추웠다.

잠시 쉰 다음 비비가 다시 멈추어 서서 귀를 기울일 때까지 우리는 산마루를 따라 움직였다. 내 쪽으로 다시 몸을 돌렸을 때 그는 입을 다물지 못했다. "또 다른 종류의 개미새예요!"

우리는 V자 모양으로 움푹 꺼진 저지대로 내려갔다. 모래퇴적물이 한때 강이었다는 사실을 알려 주었다. 맞은편 비탈 위로 가지와 나뭇잎이 쌓인 오솔길이 드러나 있었다. 하지만 돌멩이투성이의 미끄러운 비탈길을 거의 기어 올라갔을 때 길은 끝나 있었다. 비비는 주위를 둘러보며 젖은 덤불 숲을 헤치고 언덕 위로 올라갔다. 하지만 그곳도 온통 수풀이 우거져 있었다. 우리를 둘러싸고 있는 그 덤불 숲 속 모든 것을 우리가 알 필요는 없었다.

몇십 미터쯤 더 올라갔지만 아직 정상은 도저히 닿지 못할 듯 저 멀리 있었다. 마치 산이 제 비밀을 절대 허락하지 않겠다는 듯 보였다. 제 신비를 지키기라도 하려는 것 같았다.

저 위 꼭대기에서 어떤 일이 벌어지는지, 비비는 단지 짐작할 수만 있을 뿐이었다. 환경이 적합하지 않아지면 새들은 산등성이를 따라 뿔뿔이 흩어질 것이다. 어쩌면 저 멀리 연결되어 있는 안데스산맥까지 갈 수도 있다. 하지만 먹이를 충분히 찾지 못해 새끼들을 먹이지 못하고 알을 낳지 못한 채 결국 죽어 버릴지 모른다. 새들 역시 이런 과정에 떠밀려 갈 수밖에 없는 것이다. 그러니까 아무도 이 에스컬레이터를 세우지 못하고, 그저 그 위에 서 있다가 결국 다음에 올라온 종과 부딪히게 되는 것이다. 아래쪽에서부터 경쟁자들이 몰려와서 원래 살고 있던 종들과 먹이와 보금자리를 놓고 다투게 되면, 자연도태가 시작된다. 가장 잘 적응하는 종만이 살아남을 것이다.

내리막길은 더 조심스러웠다. 젖은 돌과 나무뿌리를 잘못 내디뎠다간 크게 위험해질 것 같았다. 빗줄기가 조금 잦아들었을 때, 우리는 한 나무 그루터기의 이끼덩굴 위에 앉아 세자르가 만들어 준 칠면조 슈니첼을 먹었다. "어떻게 될지 잘 모르겠어요." 비비는 이제 산등성이 위에 살게 된 개미새의 이동을 두고 그렇게 정리했다. 그렇다면 개미새 역시 곧 멸종될지도 모르는 거냐고 내가 물었다.

"그렇죠." 비비가 고개를 끄덕였다. 자신이 살아 있는 동안 이곳의 거의 모든 생물종이 사라지게 될 거라고 그는 계속해서 말해 왔다. 전사의 이름을 가진, 특이하게 생긴 새들이었다.

- 투구비단날개새
- 고원벌잡이새사촌

- 변신개미새
- 폭군화덕딱새
- 붉은이마산적딱새
- 삼색개똥지빠귀
- 안데스개똥지빠귀
- 넓은부리산적딱새

비비는 나뭇가지를 쳐다보며 혼잣말하듯 말했다. "이곳이 그대로 보존된다면 정말 멋질 텐데요."

어쩌면 안데스산맥 어딘가 다른 곳에는 아직 남아 있을지도 모를 일이다. 하지만 이 산에서는 십중팔구는 모두 멸종될 것으로 보인다. "숲이 사라지는 곳에서는 그럴 수 있어요." 비비가 말했다. "하지만 이곳은 온통 열대 우림으로 덮여 있는 데다 사람들의 손길도 거의 닿지 않았는데도 그렇네요."

이 청년 조류학자는 자신이 본 것들을 다시 정리했다. 황록풍금조, 나이팅게일굴뚝새, 땅개미새 같은 새들은 원래 그가 만났던 그곳에 살던 새들이 아니었다. 다른 새들을 찾았지만, 1985년만 해도 이 산의 아래쪽에서 가장 흔하게 둥지에서 머리를 내밀고 연구자들을 바라보던 황금왕관개개비 같은 새들은 찾지 못했다. 이 새들은 30년 만에 4분의 3이 줄어들었고, 남은 개체들도 산 정상 바로 아래 지대까지 쫓겨 갔다.

판티아콜라고원이 보여 준 선례는 기후변화를 되비쳐 보여 준다. 이것은 이제 예측이라고 할 수 없다.

　　"여기에서 보시는 것처럼요." 양손을 들고 나무 꼭대기를 올려다보며 비비는 말했다. "바로 지금 일어나고 있는 일이에요."

보고타 ■

콜롬비아

키토 ■

마나우스
■

아마존 열대 우림

페루

쿠스코 ■

마투그로수

볼리비아

라파스 ■

브라질

16 열대 우림에서 사바나로

이상하게 들릴지도 모르겠지만, 모든 장애요소에도 불구하고 마누 국립공원의 새와 곤충과 나무 들은 비교적 상황이 좋은 편이었다. 어쨌든 공원은 경사면에 있고, 아마존의 저지대에서부터 눈 쌓인 안데스산맥 꼭대기까지 4,000미터까지 뻗어 올라가 있으며, 우림, 열대 우림, 고산 지대까지 있으니 말이다. 바로 집 앞에 열대의 산이 있는 사람은 알 것이다. 산에 조금만 오르면 더 시원한 들판을 찾을 수 있다는 것을 말이다. "산을 오를 수 있다는 것은 아주 큰 특권입니다." 예나 프리드리히 실러 대학교 동물학 및 진화생물학 연구소의 군나르 브렘Gunnar Brehm은 말한다.

저지대의 동물과 식물 들은 각각 남반구든 북반구든 더 시원한 곳을 찾기 위해 훨씬 더 먼 거리를 이동해야 한다. 산간 지대에서는 해발 500미터마다 대기의 온도가 3도 정도씩 내려가지만, 저지대에서는 극지방으로 평균 500킬로미터는 이동해야 그만큼 시원해진다.[23] 열대 지방에서는 특히나 더 상황이 어려운데, 훔볼트가 이미 등온선 지도에 기록하고 확인했듯이 적도를 중심으로 비교적 일정한 기온이 유지되기 때문이다. 적도에서 북위 3도 정도 이동한다 해도 대기의 온도는 거의 달라지지 않는다. 열대 지방을 벗어나야 비로소 위도에 따라 온도가 뚜렷이 내려간다. 약 200킬로미터에 1도 정도씩 말이다. 아마존에 살고 있는 생물들은 그래서 북쪽으로 나아갈 때 파나마 지협*을 통과해서 황무지를 지나 멕시코까지 가야 하는 셈이다. 한편 아마존 열대 우림의 남쪽 가장자리, 그러니까 볼리비아 동쪽은 현재 이미 가뭄과 폭염이 열대 우림을 덮쳐 사바나 지대로 바뀌고 있다.[24]

그러므로 저지대 생물종들의 유일한 해결책은 열대 지방의 고산 지대일 것이다.

하지만 그렇게 멀리 가기가 쉽지 않다면? 서아프리카 콩고의 집수구역集水區域을 생각해 보자. 평탄한 평야가 끝도 없이 사라지는 듯 보이는 아마존 열대 우림의 한가운데인 브라질 서북의 마나우스 주변도 마찬가지다. "눈에 띄게 기온이 내려가지 않는다면 마나우스의 생물종들은 무조건 2,000킬로미터는 더 나아가야 합니다." 브렘은 말한다. "이동 계획도 없이 의식적으로 결정하지도 않고 말이에요."

저지대의 기후변화를 피하는 것은, 완곡히 말해 일종

---

* 카리브해와 태평양 사이, 북아메리카와 남아메리카 대륙을 잇는 지협.

의 도전이다. 하지만 전혀 불가능한 일은 아니다. 열대의 생물종들이 지구의 역사를 통해 계속해서 증명해 보여 왔듯이 말이다.

덫에 걸린 원숭이

산에서 생물종들이 정상을 향해 올라가기 시작했을 때 이미 저지대의 생물종들 역시 길을 떠나기 시작했어야 하는 것은 아닐까? 비슷한 정도로 시원한 곳을 찾으려면 훨씬 더 멀리 가야 하는 걸까?

어쩌면 다만 아무도 이를 확인하지 못했을 뿐, 이들은 벌써 이동을 시작했는지도 모른다. 이를 확인하지 못한 데 이유가 없는 것은 아니다. 일단 대부분의 과학자들이 열대 우림의 기후가 아주 천천히 따뜻해질 거라 생각했으므로 제 때 추적하지 못한 데다 삼림 개간이나 야생동물 사냥 같은 문제가 더 시급해 보였기 때문이다. 2007년경에야 비로소 본격적으로 생각이 변했는데, 지구의 다른 지역에서와 마찬가지로 열대 지방의 기후변화가 시작되고 있음을 전문가들이 그제서야 인지한 것이다.[25] 하지만 연구가 너무 늦게 시작되는 바람에 알아낸 것들이 그다지 많지 않다.

또한 열대 지방 저지대의 생물종 이동에 대한 연구는 비용이 만만치 않게 들고 덜 매력적이다. 훨씬 좁은 공간에서 진행되는 열대 고산 지대보다 변화가 눈에 덜 띄고 예측하기도 더 힘들기 때문이다.[26] 저지대 모든 열대 생물종 가운데 반 이상은, 짧은 시간 안에 기후를 피할 수 있는 곳을 찾거나 가까운 열대의 고산 지대로 피난할 만큼의 강행군을 견디지 못한다. 이 생물종들이 정해진 시간 안에 이동할 수 있는 거리는 너무 짧고, 기후변화는 너무 빨리 진행되고 있다.[27] 미국 환경과학자들이 몇 년 전 컴퓨터 모델을 이용해 계산한 결과, 포유류들 역시 마찬가지였다.[28] 이들은 북아메리카 및 남아메리카까지 500여 종의 포유동물을 조사했다. 이들이 기후변화에 적응할 수 있는지 어떤지 말이다. 평가 결과는 다음과 같았다. 우제류偶蹄類*나 아르마딜로, 개미핥기, 나무늘보(!)가 그나마 가장 잘 적응하고 있었다. 물론 포유동물 가운데 3분의 1 이상이 아마존 열대 우림의 대부분 지역에서 앞으로 나아가지 못하고 있었다. 그중에는 뾰족뒤지나 우리 인간의 친족인 원숭이도 있었다. 이번 세기가 끝날 때까지 거의 모든 영장류의 분포 지역은 기후에 따라 평균 3분의 2 정도 줄어들 수 있다.

지구온난화에 따라 일정 지역을 떠나거나 죽는 생물종들이 이주해 온 종들보다 더 많을 때 생물학자들은 이를 '생물학적 감소'라고 말한다. 저 멀리 열대 지방에서는 바로 이런 것이 위협이 된다. 이미 세계에서 가장 따뜻한 지역이기

---

* 소, 사슴, 돼지, 양 따위의 발굽이 짝수인 포유류에 속한 목. 굽이 두 개 있는 것과 네 개 있는 것이 있으며, 대개 초식동물이다.

때문에 새로운 종들의 유입에 대해서는 전혀 고려할 수가 없게 된다는 것이다. 온도에 가장 민감한 종들, 거의 움직이지 못하는 종들은 멸종되거나 그나마 안데스산맥 위쪽으로 도망가는 정도다.[29] "1,450만 년 전부터 지구는 지속적으로 차가워지고 있었기 때문에, 앞으로 저지대에서 더 높은 온도에도 적응할 수 있는 종들은 부족해질 것입니다." 브렘은 말한다. "이는 전 지구의 온난화로 인해 저지대의 열대 우림에서 점점 더 많은 생물종이 사라지고, 침입종들의 유입에 저항력이 더 낮아지거나 넓은 보호구역조차 천천히 무너질 수 있다는 것을 의미할 수 있습니다."

정말 끔찍한 시나리오가 아닐 수 없다. 두 가지 의문이 든다. 이 모든 일을 아직도 무시할 수 있을까? 그리고 이 생물학적 감소라는 것이 이미 시작된 것은 아닐까?

숲의 성격이 바뀌고 있다
아마존 열대 우림, 2016년 11월

아드리안 에스퀴벨 무엘베르트Adrian Esquivel-Muelbert는 이마에 땀을 흘리며 기능복을 덧입었다. 요리사와 암벽등반가, 생태학자로 이루어진 팀과 함께 아마존 열대 우림 깊숙이 몇 킬로미터 들어갔을 때 영국 리즈 대학교의 이 열대 생태학자는 마치 한증탕에 들어간 기분이 들었다. 그는 원숭이들이 거대한 나무들을 오르는 것을 보았고, 재규어 소리도 들었다. 숲속은 온갖 종류의 초록색으로 가득했다. "이렇게 다양하다니 정말 놀라지 않을 수가 없네요!" 브라질 태생의 그는 잔뜩 흥분해서 말했다. "몇 미터마다 새로운 종들이 나타나다니요!"

이 열대 원시림이 뭔가 잘못되어 가고 있다고 상상이나 할 수 있을까? 지금까지 누구도 눈치채지 못한 어떤 일이 이곳에서 벌어지고 있다고? 에스퀴벨 무엘베르트는 진실을 정확히 알아내고 싶었다. GPS를 이용해 어느 숲 지대에 들어선 그는 사다리를 대고 올라가 한 그루 한 그루 둘레를 줄자로 재서 표시할 나무들을 찾고 있었다. 수백 번 같은 일을 반복했다. 그것은 남아메리카의 절반에 걸쳐 나누어진 총 106개 구역 중 단 한 구역일 뿐이었다.

에스퀴벨 무엘베르트는 지금까지 아무도 하지 않았던 장기 연구를 진행하고 있었다. 지난 30년 동안 100명 넘는 생물학자들이 아마존 열대 우림 저지대의 나무들을 정기적으로 측정해 온 것이다. 그는 수종을 확인하고, 나무 둘레를 측정해서 정리하고, 기후 데이터를 수집했다. 더 낮은 평지에 있는 숲이 기후변화에 따라 어떻게 변하는지를 확인하려는 작업이었다. 이 프로젝트에 대해 비평가들은 그만큼의 비용과 노력을 들일 만한 가치가 있는지 의문을 제기했다. 그 변화들이 당장 파악되는 것이 아니었기 때문이다. 하지만 정확하게 바로 그런 일이 생겼다. "숲은 이미 변하기 시작했습니다." 에스퀴벨 무엘베르트는 말했다. "숲의 성격이 점차 바뀌고 있어요."

아마존 열대 우림의 날씨는 점점 더 이상해지고 있다.
건기는 더 건조해지고 우기는 더 습해졌다. 단 10년 사이에
아마존 지역은 세기의 가뭄을 여러 차례 겪었다. 2005년,
2010년과 2015년, 2016년에 벌어진 일이었다. 숲의 남쪽
에서는 강우 일수가 4분의 1로 줄어들었고, 그 결과 숲의 전
구역에서 나뭇잎이 모두 떨어져 가지의 모양만으로 온전한
상태의 열대 우림을 짐작게 했다.

과거의 가뭄들은 지금까지 5년마다 반복되는 엘니뇨El
Niño*의 영향을 받아 태평양이 뜨거워지는 것으로 설명할
수 있었다. 하지만 2015~2016년의 가뭄은 달랐다. 과거 그
어느 때보다 심했으니 페루 연안의 높은 해온이 유일한 원
인이 아닐 것 같았다.[30] 뭔가 다른 것이 추가로 어떤 역할을
한 것이 틀림없었다. 생물학자들은 이것이 숲 자체와 어떤
관계가 있음을 점점 확신하게 되었다.

숲과 숲에 사는 생물들과 물의 순환으로 이루어진 복
잡한 시스템에 뭔가 문제가 생긴 듯 보였다. 습기를 좋아하
는 나무들은 새로운 극한의 환경 속에서 살 수 없고, 건조함
에 내성이 있는 나무들은 자리를 넓히려 시도한다. 사람들
의 발길이 전혀 닿지 않은 지역에서조차 에스퀴벨 무엘베르

* 적도 부근 남아메리카 페루 및 에콰도르의 서부 열대 해상
에서 수온이 평년보다 높아지는 현상.

트는 어린 브라질호두나무나 케크로피아가 빠르게 높이 자라고 있는 빈터를 발견했다. 하지만 아무리 그렇다고 해도 건조함에 적응한 이런 나무들도 빈 곳을 그렇게 빨리 채우지는 못한다.[31] "생태계의 반응은 기후변화의 속도를 뒤쫓기 어렵습니다."

건조해지면 건조해질수록 열대 우림은 새로운 환경에 적응하지 못하고 나무를 더 많이 잃어버리게 된다. 열대 우림은 완전히 말라 버릴 위험에 처해 있고, 수많은 열대 생물들의 보호막이나 생활의 터전으로서의 기능을 잃어버리게 될 수 있다. 그리고 이것은 단지 기후변화 그 자체 때문만이 아니다. 컴퓨터 모델에 따르면 기후변화는 아마존의 열대 우림을 몇십 년 안에 역사적 열 한계치의 문턱을 넘어서게 만들 수도 있다. 하지만 그 외에도 숲을 개간하고 태워 버리면서 이 과정을 가속화시키고 있는 요인이 있다. 바로 우리 인간이다.

공기 중의 강

수천 종류의 나무들을 품고 있는 아마존 열대 우림은 이 세계에서 가장 중요한 생태계 가운데 하나다. 이 숲은 엄청난 양의 이산화탄소를 저장하고 있다—지구가 5년간 내뿜는 온실가스는 120기가 톤에 이른다.

열대 우림은 비가 와야만 존재할 수 있는데, 대서양의

기류가 아마존으로 습기를 몰고 와 비를 내리게 하고 있다. 만약 이런 숲이 없다면 물은 대부분 그저 흘러내려 가 버리고 말 것이다. 나무들은 뿌리로 흙에서 물을 빨아들이고, 그 가운데 일부를 나뭇잎의 미세한 구멍을 통해 다시 공기 중으로 방출한다. 아마존 열대 우림에서 이렇게 수십억 배의 수분이 발생하면, 특유의 습한 대기층이 형성된다. 공기 중에 강이 생기는 것이다.

습기가 계속해서 기단으로 올라가 유입되면, 이 기단은 서쪽으로 이동해서 안데스산맥 가장자리에 비를 내린다. 이 비가 아마존강 대부분에 물을 공급한다. 이 순환 시스템은 심지어 북아르헨티나까지 영향을 준다. 볼리비아의 행정상 수도 라파스 근교 주민 300만 명은 이러한 지상에서의 급수를 통해 그들에게 식량과 생활의 기반을 마련해 주는 온화하고 습한 기후를 다행으로 여기고 있다.[32] 하지만 안타깝게도 이 시스템은 몹시 깨지기 쉽다. "삼림 파괴가 일정한 정도에 이른 후부터 이러한 순환이 붕괴되고 있습니다." 미국 생물학자인 토머스 러브조이Thomas Lovejoy는 그렇게 말한다.

아드리아네 에스퀴벨 무엘베르트가 탐험을 떠나러 목적지까지 가려면 몇 시간씩 걸렸다. 하지만 막상 힘들게 가도 누군가 먼저 그곳에 와서 나무들을 베어 버렸다는 것만 확인하고 돌아올 수밖에 없었다. 그만큼 빨리 돌아올 수는 있었지만 클립보드에 끼워진 그의 방수페이퍼는 텅 비어 있었다. 이 생물학자의 관심은 오직 사람의 발길이 닿지 않은 숲뿐이었다. 그는 기후변화가 이 숲에 미치는 영향만을 연구하기로 마음먹었기 때문에, 다른 모든 인간의 영향은 배제해야 했다.

브라질 삼림 파괴의 중심지인 마투그로수주에서는 그의 연구에 적합한 진짜 숲 지대를 찾는 일이 가장 어려웠다. 그곳에서는 점점 더 많은 도로들이 열대 우림 지대에 생겨서 목재 수송에 편리하도록 헤링본무늬를 그리며 이어져 있었다. 이 숲은 소를 키우는 방목장이 되거나 콩밭으로 바뀌고 있었다. 자이르 보우소나루Jair Bolsonaro가 브라질 대통령에 선출되기 전부터 이미 벌어지던 일이었다. 극우 성향의 이 정치인은 목축업자와 콩 재배자 들이 열대 우림을 차지할 수 있게 장려했고, 벌목을 반대하는 환경청의 직원들을 위협하거나 해고했으며,[33] 보호구역을 해제하는 데 앞장섰다. 삼림 개간과 화전농업은 엄청나게 증가했다.

이번 세기 중반이면 이 열대 우림은 두 개의 블록으로 나누어질지도 모른다. 전체 면적의 약 절반 정도를 차지하는 북서쪽 원래 지대와 조각조각 나뉜 남동쪽 블록으로 말이다. 생물학자들은 6,000여 종의 나무를 조사해서, 이들의 기후대가 평균 약 500킬로미터까지 이동하고 동시에 개간지가 이들의 도주로를 차단해서 서식지를 빼앗길 때 어떤 일이 생기는지 계산해 보았다. 수종의 수는 거의 절반이 될 것으로 보였다.[34]

새로운 현상: 화재

숲이 나뉘면 나뉠수록 더 많은 지역이 바람과 태양의 표적이 되며, 가뭄에 맞서 싸우기 더욱 어려워진다. 게다가 남부 아마존의 건기가 기후변화 때문에 한 달 정도 더 늘어나 숲에는 더 쉽게 불이 붙게 되었다.

산불은 아마존 열대 우림 대부분 지역에서 나타나기 시작한 비교적 새로운 현상이다. 4,000년 전 인간들이 나타나 가축에게 풀을 뜯기고 곡식을 재배하기 위해 숲에 불을 지르기 전까지, 수백만 년 이상 이 지역에는 거의 산불이 나지 않았다. "화재는 열대 우림 게임의 법칙을 변화시켰습니다." 플로리다 공과대학 US의 고생물학자 마크 부시Mark Bush는 말한다. 작은 화재라도 숲과 그 안에 살고 있는 생물들을 파괴할 만큼 큰 영향을 미칠 수 있으며, 이 땅에 깃들어 살고 있는 새들의 전 개체 수를 없애 버릴 수도 있고, 숲의 구성을 영구적으로 바꾸어 버릴 수도 있다.

습한 열대 우림에서는 불이 금세 꺼지고 말았기에 불길은 긴 시간 숲속으로 거의 들어오지 못했다. 하지만 기후변화가 이를 바꾸어 놓았다. 폭염과 가뭄은 숲속 깊숙이 밀고 들어왔다. 남동부 아마존에 극심한 가뭄이 이어지는 동안 이전 화재 때보다 거의 다섯 배나 더 많은 나무가 타 죽었다고 과학자들은 기록하고 있다. 나뭇가지와 나뭇잎이 말라서 바닥에 떨어지고 나면, 이것들은 불쏘시개가 되고, 덥고 건

조한 대기 때문에 불길은 이 나무에서 저 나무로 더 쉽게 옮아 간다.[35]

열대 지방의 숲에서 한번 불이 나면, 숲은 한동안 화재에 훨씬 더 취약해진다. 나뭇잎 지붕이 없어져서 숲은 더 쉽게 마르고, 불이 잘 붙는 풀과 초본식물*이 숲을 점령하게 된다. "시스템 내에 연료가 있는 셈이에요." 부시가 말했다. "다음에 다시 불이 날 위험이 그만큼 커지는 거죠."

큰 화재 이후 10년 또는 20년이 걸려 숲이 되살아난다 해도, 숲은 그전의 숲과는 달라진다. 이 숲은 우리가 사는 위도 지역의 계획된 숲과 유사하다. 키가 작은 나무들은 화재에는 유리할지 몰라도, 큰 가지가 적고, 탄소 결합을 적게 하며, 여러 수종을 품지도 못한다.[36] 한때 빽빽했던 원시림이 점점 더 원초림과 이차림의 모자이크로 채워질수록, 그리고 경작지나 목초지처럼 나무들이 듬성듬성 서 있는 초원지대로 변할수록 땅은 더욱더 뜨거워지고 건조해진다. 언젠가는 숲에서 수증기가 충분히 증발하지 못해 '공기 중의 강'이 생기지 않게 될 것이다. 물의 순환에 차질이 생기면서 가뭄이 잦아지고, 이는 아마존의 정권 교체를 부채질할 것이다. "화전농업과 벌목, 기후변화는 부정적인 시너지 효과를 낳고 있으며, 열대 우림의 대부분을 사바나로 바꾸어 버릴

* 지상부가 연하고 물기가 많아 목질을 이루지 않는 식물을 통틀어 이르는 말.

수도 있습니다." 러브조이는 경고한다.

그사이 과학자들은 이 시나리오가 얼마나 가능성 있는 것일까 하는 문제에는 이제 신경 쓰지 않고 있다. 이들이 밝혀내고자 하는 것은 **언제** 그렇게 될 것인가 하는 것이다. 그동안 40퍼센트의 숲이 벌목되었고, 3~4도가량 기온이 높아졌다. 하지만 과학자들은 자신들이 모든 요소를 고려하지 않았음을 확실히 깨닫게 되었다.

2018년 초, 러브조이는 브라질의 기후학자 카를로스 노브레Carlos Nobre와 함께 기후변화와 화전농법이 이 과정을 훨씬 더 촉진시키고 있기 때문에, 20퍼센트 정도만 벌목해도 이미 모든 시스템을 무너뜨리기에 충분하다고 추정했다.[37] 이는 현재 우리가 서 있는 지점에서 그리 먼 이야기 아니다. 브라질의 열대 우림은 이미 숲 면적의 거의 5분의 1을 잃어버렸으며, 이 미국 생물학자가 보기에 이미 물의 순환부터 붕괴되기 시작하는 위험한 문턱에 와 있었다. 그런 징후는 이미 나타나고 있었다.

새로운 시스템의 재부팅

브라질 남서부의 판타나우는 세계 최대 습지 가운데 하나다. 2020년, 수십 년 만에 최악의 가뭄이 이곳을 덮쳐 강과 호수의 수위가 떨어졌고, 몇 주간 아주 큰불이 일어 숲과 섬과 초원으로 이루어진 전 생태계의 4분의 1이 파괴되었다.

축산업에서 생태관광으로 갈아탄 많은 사람이 사업을 하려고 몰려들었다. 이 지역의 우기가 40퍼센트가량 감소한 것은, 카를로스 노브레 같은 연구자들에게는 곧 아마존 열대 우림의 '공기 중의 강' 역시 후퇴하고 있다는 사실을 뜻하는 것이었다.[38]

브라질이나 그 이웃나라들에서는[39] 곡물 수확량이 떨어지고, 식수가 부족해지고, 수력발전소를 통한 전력 공급이 중단되고 있다. 지카바이러스 같은 병원균도 건조하고 뜨거운 환경에서는 대륙 대부분의 지역에서 더 쉽게 퍼질 수 있다.[40] 이 모든 것이 새로운 시스템의 첫 번째 재부팅을 부추기고 있는지도 모른다.

정확하게 언제 아마존의 열대 우림이 지금의 모습을 잃게 될지는 아직 분명하지 않다. 과거에서 유추해 낼 기후 자료가 부족한 데다, 이 방정식에는 미지수가 너무 많기 때문이다. "2,100년도 더 전부터 열대 지방의 대부분은 수백만 년 이상 열대의 생태계가 경험해 온 영역 밖의 기후 조건에 노출되어 왔다." 생물학자 리처드 콜레트Richard Corlett는 몇 년 전 〈열대 지방의 기후변화: 우리가 알고 있는 그 세계의 종말인가?〉[41]라는 제목의 글에서 이렇게 썼다. "이 '새로운 열대'가 우리가 알아 왔던 것과는 완전히 다를 것이라는 사실에는 의심할 여지가 없다. 하지만 우리는 아직도 그것이 얼마나 다른지 예측할 수 있을 만큼 제대로 아는 것이 없다."

이 시스템의 붕괴와 이로 인한 생물종의 멸종을 막기 위해 톰 러브조이는 '안전마진'을 제안한다. 위험한 문턱에서 다시 멀리 돌아 나올 수 있도록 아마존 열대 우림을 재조림再造林*하는 것이다. 러브조이는 강조한다. "저는 정부가 아마존 지역을 통합 시스템으로 관리해야 한다는 사실을 당장 받아들이기를 바랍니다."

그런데 도무지 그렇게 하려는 조짐은 보이지 않고, 상황은 오히려 그 반대로 돌아가고 있다. 브라질 국립우주연구소INPE가 인공위성 사진을 근거로 1년 이내에 열대 우림의 벌목이 88퍼센트 증가했다고 보고하자, 자이르 보우소나르 대통령은 (이 수치에) 의문을 제기하며 연구소장인 히카르두 가우방Ricardo Galvão에게 '비겁하다'고 비난한 후 그를 해고해 버렸다.[42] 개간은 계속 이어져 코로나 위기에 더욱 확대되었다. 해당 관청이 그전보다 통제하기가 더욱 어려워졌고, 거농이고 소농이고 할 것 없이 다들 더 많은 땅을 불태우고 나무를 베어 내도 된다고 생각하게 되었다.[43] 정부의 지지를 받으며 말이다.[44] 2020년 3월만 해도 950제곱킬로미터의 열대 우림이 불태워졌다. 이는 뤼겐섬과 맞먹는 넓이다.[45] 이때 브라질은 파리기후협약에서 2030년까지 12만 제곱킬로미터의 숲을 다시 가꾸기로 약속한 상태였다.

---

* 본래 산림이었다가 산림 이외의 용도로 전환되어 이용해 온 토지에 인위적으로 다시 산림을 조성하는 것.

브라질과 같은 열대 우림 국가들은 현재 화전을 이용해 수백만 년 이래 열대 지방의 생물종들이 경험하지 못했던 기후 조건으로 인해 생긴 공백을 급속도로 메우고 있다. 마치 기후변화라는 불을 물로 끄지 않고, 벌목과 화전이라는 기름으로 더욱 부추기고 있는 듯하다. 이로 인해 수많은 생물종이 진화의 한계에 내몰리고 있다. 이들에게는 적응할 시간이 없다. 보호구역조차 전혀 도움이 되지 않았다.

악몽이 현실로

미국 생물학자 케네스 필리에 따르면, "보호구역은 만병통치약이 아니다". 필리는 지금의 이 기후가 이번 세기 중반까지 열대 우림을 어떻게 바꾸어 놓을지를 추정해 보았다. 그는 어떤 경우에도 열대 우림의 3분의 2까지 손실될 것이라고 결론 내렸다.[46] 열대 우림에 살고 있는 생물종들에게 그나마 좋은 소식이 있다면, 이 기후에도 살아남을 수 있는 작은 틈새가 열대의 다른 보호구역으로 넘어갈 가능성이 높다는 것이었다. 이 지역에 다다르기 위해 동식물들은 어쨌거나 전혀 보호받을 길 없는 지형을 수백 킬로미터씩 건너가야 한다.

하지만 열대 우림의 거의 3분의 2가 그사이 목초지와 경작지의 모자이크로 속으로 들어가 버렸으므로, 이는 더 시원한 서식지로 가는 도주로가 사실상 차단된 것이나 다름

없다.[47] 지피식생地被植生*은 대부분 현재 이미 생물종들이 앞으로 적응할 만한 기후가 있는 지역으로 옮겨 갈 수 있을 만큼 충분하지 못하다. 이렇게 36년 전 환경운동가 로버트 피터스가 샤워기 아래에서 그렸던 악몽은 현실이 되었다.

이 생물종들은 원래 서식지의 온난화를 감수해야만 한다. 이것이 궁극적으로 의미하는 것은 2020년 전 세계적으로 관찰되고 있는 사실 하나가 잘 말해 준다. 적도가 불길에 휩싸인 것이다. 브라질의 판타나우가 그렇듯 말이다. 지옥에서 빠져나오려 했던 개미핥기의 시체들이 길가에서 발견되고, 마른 강바닥에서 검게 타 버린 악어가, 죽음과의 사투 중에 제 꼬리를 물고 죽은 뱀들이 발견되었다.[48]

오스트레일리아 동부 역시 마찬가지였다. 어마어마한 산불이 이곳을 덮쳐 연기구름이 성층권까지 치솟았다. 목격자들은 이 화재를 일종의 폭발이라 묘사했다. 유칼립투스 이파리들이 기름 성분을 가두고 있었으므로, 그것은 아닌 게 아니라 실제 폭발이었다. 바람이 부채질해 불길 안에서 파이어스톰이 일었다. 사람들은 마치 화물열차가 지나가는 듯한 소리를 들었다고 했다. "열기는 말 그대로 미친 듯했어요." 퀸즐랜드 대학교 코알라 연구원인 크리스틴 호스킹Christine Hosking은 그렇게 묘사했다. 불이 막 붙기 시작

---

* 땅바닥에 자라는 식물로, 토양을 덮어 풍해나 수해를 방지해 주는 식물.

해 아직 도로가 봉쇄되기 전, 묵시록적인 풍경의 한가운데를 관통할 때 그는 브리스번에서 시드니로 가던 중이었다. "너무나 시끄러웠고, 또 엄청나게 폭발적이었어요."

호스킹은 알고 있었다. 코알라들은 유칼립투스 나무 꼭대기로 기어오르려 했을 것이었다. 보통은 불길을 피하기에 좋은 방법이니 말이다. 하지만 불길은 너무 높이 치솟았고, 이 유대동물有袋動物* 대부분이 화염에 휩싸여 불에 타 버리고 말았다. 살아남은 코알라들은 겨우겨우 오스트레일리아 주택들의 울타리를 넘어가 수영장의 물이나 강아지 물그릇에 담긴 물로 겨우 목을 축였다. 그러고도 그대로 쓰러져 버린 코알라도 드물지 않았다.

대략 30억 마리의 동물들이 불에 타고 질식했으며, 터전을 잃었다. 그 안에는 새 1억 8,000만 마리와 포유동물 1억 4,300만 마리, 개구리 5,100만 마리가 포함되었다.[49] 열대 우림에 비하면 적다고는 해도, 어림짐작해도 100여 종의 멸종 위기 생물들이 오스트레일리아에서 서식지 대부분을 잃어버린 것이다. "많은 종이 멸종될 겁니다." 오스트레일리아의 생물학자 레슬리 휴즈가 내게 말했다. 그는 시드니에서도 아직까지 그 화재로 인한 연기를 마시고 있다고 했다. "지금까지 살았던 서식지에서 더는 살 수 없게 되었으니까요."

* 캥거루나 코알라처럼 육아낭(주머니)을 지닌 포유류.

이러한 기후변화로부터 자연이 도피하고 있는 이유를 일일이 밝혀내기란 쉽지 않다. 여기에는 계절의 주기에 따라 종들이 불규칙하게 이동하면서 어떤 생물종과 그 숙주식물이 더 이상 결합할 수가 없어진 이유도 포함될 수 있다. 때로는 숙주식물이 말라 죽어 버리기도 하고, 천천히 지속적으로 온난화가 이루어지면서 결국 동물과 식물 들이 견딜 수 있는 한계를 넘어서기도 한다. 또 때로는 너무 가뭄이 심하거나 비가 너무 많이 내리기도 한다. 이렇게 하나하나 추적하는 일은 간단한 일이 아니므로, 이는 전문 저널에서 자주 논의되는 주제이기도 하다.

2020년, 전 세계에서 발생한 화재는 모두 이유가 다르다. 화염 속에서 자연이 이동하고 있다는 사실은 극명하게 드러났고, 전 세계에서 저마다 보내 준 사진들 덕분에 우리는 모두 분명하게 볼 수 있었다.

대탈출이 시작되고 있는 것이다.

4부

해답들

17 새로운 시작

뉴욕, UN 본부, 2020년 9월 30일

안토니우 구테흐스António Guterres가 연단에 올라 전 세계 각 나라의 정상들 앞에 섰을 때, 그는 인사말로 시간을 허비하지 않았다. "존경하는 숙녀 신사 여러분, 인류는 현재 자연과 전쟁을 하고 있습니다."

연설을 통해 UN 사무총장은 우리가 여러 생물종과 함께 살아가고 있으며, 이 지구를 그들과 공유하고 있음을 호소했다. "산호초의 60퍼센트 이상이 멸종 위기에 처해 있습니다. 우리 인간이 물고기를 남획하고, 또 기후변화를 부추기고 있기 때문입니다. 너무 많은 소비와 인구 증가, 농업 확장으로 인해 생물다양성이 줄어들고 있습니다. 삼림 파괴, 기후변화, 그리고 야생의 대지가 목초지와 경작지로 바뀌면서 우리 삶의 터전이 붕괴되고 있습니다. 반복해서 약속하고 있음에도 2020년까지 우리가 이루고자 했던, 생물다양성을 위한 전 지구적인 목표 중 하나만 이루기에도 우리의 노력은 충분치 않습니다." 구테흐스는 국가 수장들을 책망했다. "정부뿐만 아니라 사회의 모든 운동가가 훨씬 더 많이 욕심을 내야 합니다." 참석자가 많지 않았기 때문에 UN '총회'라는 이름이 좀 우스꽝스럽게 느껴졌다. 코로나 위기 때문에 각국 수장들은 영상으로 총회에 참석했다. 이 날 이들은 어떻게 하면 생물다양성의 출혈을 막을 수 있을 지 정책적 차원에서 논의해야 했다—2021년 중국 쿤밍에서 UN 생물다양성 정상회의를 열기로 합의하고, 이때 생물다 양성을 보존하기 위한 새로운 협약을 채택하기로 한 상태였 다.* 그 고귀한 이상은 바로 '인간과 자연의 조화로운 삶'이 되어야 할 것이었다.

뉴욕에서의 이 외침은 브라질의 자이르 보우소나루 대 통령의 어이없는 연설에서 짐작할 수 있듯 제대로 실행되 지 못했다. 아마존의 열대 우림을 너무나 중요하게 여기는 환경보호론자처럼 보였던, 삼림 파괴에 누구보다 대담하게 맞서겠다 했던 그였는데 말이다. 그는 화재들이—브라질 정 부의 데이터에 반하여—'거짓말'이라고 했으며, 급기야 자기 나라의 천연자원을 어떻게 쓸지는 본인들 소관이라고 피력

* 2021년 10월 쿤밍에서 개최된 이 총회는 2010년 나고야 회의에서 채택된 국제생물다양성협약을 평가하고 향후 10년 간 추진할 생물다양성협약을 채택하기로 한 총회였으나, 이때 협약을 채택하지 못했고, 2022년 4월에 개최되는 2부 회의로 그 결정을 미루었다.

하기까지 했다. 미국과 오스트레일리아의 국가 원수가 한 말들은 다행히 참을 필요가 없었다. 아예 참여를 포기했으니 말이다.

그럼에도 이 세계사회는 이번에 흔들리지 않고자 한다. 세계사회는 생물계의 붕괴 위협에 맞서려 싸우려 애쓰고 있다. 정확하게 말하면, 30퍼센트였다.

2030년까지 지구 표면의 30퍼센트는 보호구역이 될 것이며, 현재보다 두 배 이상의 가치를 지니게 될 것이다. 수년 동안 과학자들은 이 수치를 달성하겠다고 약속받는 데 실패했지만, 지구상 생명들이 어떠한 위험에 처해 있는지 계속해서 이어지는 끔찍한 보고들을 마주하고 나서야 몇몇 나라가 비로소 이러한 제안에 관심을 두기 시작했다. 뉴욕에서의 UN 정상회담이 열리기 전에 EU와 영국, 캐나다, 캘리포니아 대표를 포함한 국가 및 정부 수장 70명은 30퍼센트라는 목표를 달성하기로 약속했다.[01] 쿤밍에서는 다른 모든 국가 역시 이에 따라야 할 것이다.

생물종보호론자들과 생물학자들은 (이미 많이 늦었지만) 이에 환호했다. 물론 이 새로운 목표에 연결되어 있는 문제들은 실질적으로는 정치적인 폭발물을 숨기고 있다. 그들이 우리의 생태계와 그 생태계 안에서 살아가고 있는 생물종들을 살게 할 수 있을지 어떨지 실제로 결정할 수 있다는 말이다. 무엇을 보호할 것인지 말이다.

"이 30퍼센트라는 목표는 매우 중요합니다." 미국의 비영리 환경보호기구인 국제보호협회의 생물학자 리 한나Lee Hannah는 말한다. "하지만 진짜 도전 과제는 이 지구 위를 헤매고 있는 생물종들을 위한 가장 적합한 장소를 찾는 것입니다."

지금까지 새로운 보호구역들은 대개 우발적으로 생겨났고, 인간들에게서 멀리 떨어진 곳, 농사를 짓거나 가축을 방목하기에 좋지 않은 곳에 만들어졌다. 이런 식의 자투리 땅은 또 쉽게 처리되었다. 그러나 지구 위를 떠돌고 있는 생물종들을 제대로 돕기 위해서라도 장래의 보호구역은 인간의 욕망에 그 초점을 두어서는 안 된다. 동물과 식물을 위한 것이어야 한다. 이 말은 곧 생물들이 현재 머무르고 있는 곳들뿐 아니라 이들이 미래에 찾게 될 곳이어야 한다는 뜻이다. 이러한 장소들은 더 많이 보호되어야 한다. 진짜로 보호해야 할 생물들이 사라진다면 현재의 여러 보호구역은 언젠가는 그 의미가 없어지고 말 것이다.

많은 환경보호론자들에게 이러한 생각은 무리하게 느껴질지도 모른다. 이들은 평생을 인간들의 확장 욕구에 맞서 아직까지 보존되고 있는 생물종들의 피난처를 지키려 해 왔다. 보호구역을 둘러싸고 있는 경계는 이들에게 거의 일종의 성전처럼 여겨지고 있다. 그런데 이제 그 일이 의미가 없다는 걸까? "인간은 지속성과 질서, 그리고 예측 가능성을 갈망합니다." 에버스발데 대학교 생물학자 피에르 이비시Pierre Ibisch는 기후변화 시대에 대두된 더 역동적인 자연보호 방식에 반대하며 그렇게 설명했다.

물론 얼마간은 자연보호구역이 절실히 필요할 것이다. 보호구역 안에서 생물종들은 스트레스를 덜 받기 때문에 지금까지 이 생물들이 보호구역 바깥에 있는 동종의 생물보다 기후변화에 저항력이 있는 것으로 보였다. "물론 가장 먼저 해야 할 것은 아직까지 자연적인 서식지가 존재하는 모든 지역을 보존하는 것입니다." 리 한나는 말한다. "이제는 시작해야 합니다."

구해야 할 것을 구하라

그래서 과학자와 환경보호론자들은 기온이 더 올라간 세상에서도 생물들이 살아남을 수 있는 마지막 안식처를 찾아나섰다. 여러 전문 문헌에서 이는 '성배聖杯'를 찾는 것과도 같다고 말한다. 아마존의 열대 우림을 예로 들어보자. 이 지역은 단지 특히 생물종들이 많이 살고 있을 뿐만 아니라 대지가 건조해질 위험 역시 더 적은 곳이다. 날씨도 좋고 지형학적으로도 축복받은 북서쪽 같은 곳 말이다. 앞으로도 이곳은 아마존 분지의 다른 곳보다 더 습도를 유지할 수 있어 열대 우림이 존속될 수도 있을 것이다. 하지만 공교롭게도 이 지역에는 비가 필요한 팜유농장 역시 늘어나고 있는데, 이 구역 내 대부분 숲이 정책적인 보호대상이 아니므로, 이 농장들은 아주 합법적이다. 그렇기 때문에 미국 생물학자

티머시 킬린Timothy Killeen과 루이스 솔로르자노Luis Solór-zano는 이렇게 권고한다. "아마존의 핵심 지역을 보호하는 것은 기후변화의 규모에 상관없이 모든 지역적 보존 전략을 위한 토대가 되어야 합니다."[02]

이들은 각각의 개별적인 생태계들 사이 또는 전 생물군 사이의 추이대 또한 특히 중요하다고 평가했다. 열대 우림과 사바나 사이, 저지대와 고산 지대 또는 고산 지대의 열대 우림과 고원 지대의 목초지 사이의 전이구역들 말이다. 이러한 기후적 경계 지역에는 다양한 지질학, 지형학, 토양, 대기의 습도 등으로 이루어진 온전한 풍경의 모자이크가 곧잘 나타난다. 수천 년 전부터 이곳의 모든 마이크로리퓨지(초소형 피난처)에서 생물종들은 보호되고 있다. 마치 노아의 방주처럼, 더 시원한 이런 대피소들이 기후변화로부터 동식물들을 안전하게 품고 있는 것이다.

이런 마이크로리퓨지는 세계 곳곳에 있는데, 특징이 제각각이다. 생물들이 해안이나 강 또는 습윤지濕潤地 가까이에 있는지 그렇지 않은지에 따라 차이가 있으며, 숲이 이 생물들을 보호하는지 아니면 목초지와 들판에서 열에 그대로 노출되는지에 따라서도 조금씩 다르다. 좀 더 가까이 다가가 보면 우리는 알 수 있다. 숲이 다 같은 숲이 아니며 초원역시 모두 똑같지 않다는 것을. 몹시 더운 날, 과학자들은 나비들이 야외의 초목 가운데서도 보호받고 있는 식물들 쪽으로, 저지대의 풀밭에서 고지대의 초원으로 날아가는 것을 관찰했다. "이렇게 몇 센티미터에서 수백 미터가 넘는 거리에 걸쳐 나타나는 매우 지역적인 온도 차이는 2100년까지 예상되는 극단적인 기후변화 시나리오의 대전제에 상응한다"고 영국의 생물학자들은 밝히고 있다.[03]

하지만 따뜻한 것을 더 좋아하는 종들이 추운 지역에서 대피할 곳을 찾을 때, 때때로 일정 지역에 살고 있는 생물군 전체가 바뀌기도 한다. 몇몇 생물학자들은 그래서 영구적이지만 아주 작은 은신처보다는 일찍이 빙하기와 간빙기에 걸쳐 생물종들을 보호해 왔던 일시적인 은신처[04]에 대해 말한다. 어찌 됐든 전문가들은 지금 같은 기후변화 시대에는 그전에 거의 주목받지 못했던 구역들이 생물종의 보호에 중심적인 의미를 지니게 될 것이라는 데 의견을 모은다.

식물학자였던 아버지가 언젠가 내게 어떤 장소를 보여 준 적이 있었다. 부모님 댁에서 단 2킬로미터 떨어져 있는 미텔프랑켄 지방의 한 국유림에 있는 곳이었다. 그곳에는 모기언덕, 청어언덕 같은 이름이 붙은 언덕들이 있었다. 어렸을 때 나는 수없이 많은 시간을 어두운 혼합림에서 산악자전거를 타며 보내곤 했다. 물론 서늘한 날씨를 좋아하는 생물종들의 안식처에 대해 당시의 나는 전혀 알지 못했다. 그래서 어느 맑은 가을날, 아버지와 함께 숲속의 비탈진 자갈길 위를 걸어 내려가 골짜기 아래 빽빽한 침엽수림 안쪽으로 꺾어 들어갔을 때 나는 매우 놀랐다. 쿠션처럼 깔린 이끼 깊숙이 하이킹슈즈가 푹푹 들어갔다. 마치 열대 우림처럼 이끼가 나뭇가지를 잔뜩 덮고 있었다. 가까이 다가가자 산개구리 한 마리가 폴짝 뛰어올랐다. 까막딱따구리 한 마리가 소리 높여 탄식했다. 마치 수십 년간 살아온 집에서 생전 처음 비밀로 가득한 미지의 공간으로 들어가는 문을 발견한 듯한 기분이었다.

어두워지면서 공기가 차가워지고 무거워지더니 곧 밤이 완전히 내려앉았다. 보통이라면 공기는 계곡 아래로 더 멀리 흘러내려 가겠지만, 냇물이 굽이쳐 흐르지 않고 오히려 웅덩이처럼 머물러 있어서인지 차가운 공기는 그 안에 갇혀 있었다. 이는 이끼 스펀지와 냇물 역시 주변보다 더 차갑고 습한 환경을 만드는 데 일조하고 있었다. 이것은 물론 생물종들에 영향을 미친다. 아버지는 나에게 어느 이끼를 가리켜 보였다. 거의 산간 지역에서만 자라는 버들잎덩굴초롱이끼Plagiomnium undulatum였다. 냇물을 따라 몇 걸음 더 내려가자 서늘한 것을 좋아하는 또 다른 이끼류가 눈에 띄었다. 알꼴좀벼슬이끼Bazzania trilobata였다. 좀 더 내려가자 산속에서만 자라는 양치식물과 지의류와 버섯 들도 나타났다. 하지만 여기에서 어떤 은신처를 발견했다 한들, 얼마나 오래 이들이 보호받을 수 있을지 누가 알겠는가.

이렇게 규모가 큰 서늘한 섬 같은 곳을 매크로리퓨지(초대형 피난처)라고 부른다. 매크로리퓨지 중 다수가 호주 북동부 열대 우림에 있다. 이곳의 한 현장 생물학자는 자신이 좋아하는 열대 생물들이 기후변화로 인해 쫓겨나는 것을

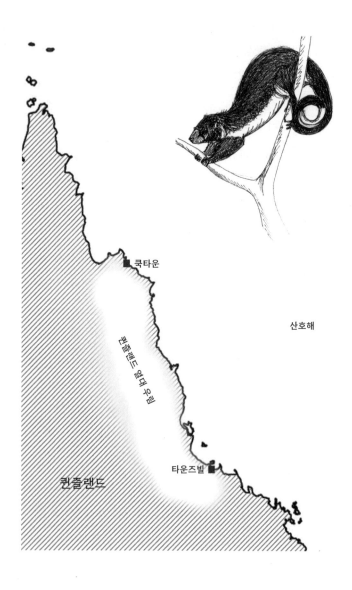

쿡타운

산호해

퀸즐랜드 열대 우림

타운즈빌

퀸즐랜드

방관하고 싶지 않았으므로 이 생물들이 앞으로도 이 땅에서 살아가려면 어떻게 해야 할지 계획을 세웠다. 이 계획은 세계 다른 많은 지역에 하나의 모범이 될 수 있을 것이다.

타운즈빌, 2003년

오스트레일리아 동부 해안에 있는 이 도시는 마치 고대로 들어가는 출입문처럼 보인다. 이곳에서 해안을 따라 450킬로미터나 뻗어 있는 열대 우림이 시작된다. 지구상의 다른 열대 우림과 비교해 보면 키프로스 정도로 작다. 그러니까 수백만 년 이래 다른 어떤 곳들보다 다양한 생물들이 살아남기에 좋은 곳이 아니라면 굳이 언급할 필요도 없을 정도로 말이다.[05]

이 열대 우림은 5,000만 년에서 1억 년 전 오스트레일리아와 남극 주변의 일부까지 펼쳐져 있던 거대한 숲의 유적을 품고 있는데, 이 지역은 당시 남부의 초대륙*인 곤드와나**에 속해 있기도 했다. 지질학적으로 유리한 위치 덕

* 현재의 대륙이 분열·이동하기 이전의 단일 대륙. 고생대 석탄기 후기까지 지구는 육지가 접속해 단일한 대륙을 형성한 초대륙이었다.

** 현재의 남반구의 땅 전체가 포함된 과거의 초대륙. 남극, 남아메리카, 아프리카, 마다가스카르, 오스트레일리아-뉴기니, 뉴질랜드를 비롯, 아라비아반도와 인도아대륙을 포함한다.

분에 그 안의 생물종들은 오랫동안 기후이탈로부터 최대한 보호받아 왔다. 그래서 오스트레일리아의 그레이트디바이딩산맥을 따라 펼쳐져 있는 열대 우림에는 이곳에만 있는 원시동물들이 살고 있다. 그중에는 쿠란다청개구리Kuranda-Ranoidea myola나 도마뱀의 한 종류인 손턴피크 스킹크Calyptotis thorntonensis 같은 종들이 있다.[06]

열대 우림의 남쪽 가장자리, 타운즈빌에 있는 스테판 윌리엄스Stephen Williams의 사무실은 숲에서 그리 멀리 떨어져 있지 않았다. 숲은 그의 두 번째 집이나 마찬가지였다. 제임스쿡 대학교의 이 생물학자는 오랫동안 그 안에서 특별한 생물들을 연구하는 것에 만족해 왔다. "문득 기후가 변하면 이 생물들이 어떻게 될지 궁금해집니다." 2016년 2월 태즈메이니아에서 열린 콘퍼런스에서 그는 이렇게 말했다. 처음으로 해양생태학, 육지생태학, 생물지리학, 유전학, 고생물학, 모형 제작자 등 생물종 이동을 연구하고 있는 전문가 수백 명이 한자리에 모인 회의였다.

먼저 윌리엄스는 자신이 '제일 좋아하는 봉제인형'으로 테스트해 보았다. 긴 꼬리에 흑갈색 등, 흰 배를 가진 허버트강반지꼬리주머니쥐는 종일 나무구멍 속에 숨어 있었다. 윌리엄스는 기후변화 시나리오에 따라 그 지역이 어떻게 바뀔지를 추정했다. 그 결과, 이 세계가 3.5도 정도 더 따뜻해질 때 그 시점에서 벌어질 일들은 상당히 사실적인 것으로 여겨졌다. 이 세기가 지나는 동안 거주 가능한 서식지는 점점 줄어들어 유대류가 지낼 수 있는 곳은 결국 거의 남지 않을 것이었다. 이 생물학자는 충분한 데이터를 이용해 다른 생물종들에 대해서도 이러한 추정을 이끌어 냈다. "우리는 이 지역 열대 우림에 사는 고유한 생물의 거의 절반이 이번 세기말까지 멸종될 수 있다는 결론에 다다랐습니다." 그는 설명했다. 남아 있는 종들조차 저지대를 떠나 산 위로 올라가게 될 것이며, 그곳에서도 생물들은 겨우 이 땅의 10퍼센트 정도에만 서식할 수 있을 것이었다. "마치 이 세상이 별안간 잿빛으로 변하고 힘을 잃은 듯 보였습니다."

그가 그동안 공부해 온 생물 대부분이 멸종할 미래가 눈앞에 있었다. 이 생물학자는 도저히 믿을 수 없었다. 그는 각종 모델과 데이터를 따져 보았다. 그는 동물들이 어딘가 다른 곳으로 이동하는지 어떤지 살펴보았다. 어딘가로 숨어들어 잘 적응할 수 있는지 어떤지 말이다. 하지만 결과는 늘 같았다. 보호구역은 텅 비어 있었다. 최소한 허버트강반지꼬리주머니쥐처럼 그가 살펴본 종들은 그랬다. 윌리엄스가 알아낸 바에 따르면 이 동물은 이미 산을 오르기 시작했다.

원칙적으로 더 평범하고 멸종 위기에서 비교적 안전한 저지대의 다른 종들도 뒤따라 움직일 것이다. 오스트레일리아 대륙 고유의 특이한 생물들은 사라지고 말 것이다. 윌리엄스는 이를 한 편의 논문으로 정리하고 이런 제목을 달았다. '오스트레일리아 열대 우림의 기후변화: 환경재난이 임박했다.'[07]

세계 다른 지역에서 온 연구자들 역시 이후 몇 년 동안 이와 거의 흡사한 결과를 얻어 냈다. 이번 세기말이면 생물들은 대부분 원래 살던 서식지에서 더는 살 수가 없게 된다. 인도와 네팔의 코끼리[08]나 유럽의 포유동물[09]들, 중국의 새[10]들도 마찬가지다. 그들 중 상당수는 기후와 균형을 이루지 못할 것이다. 전 세계 모든 보호구역의 8퍼센트에서만이 그때의 기후환경에도 이번 세기 이후까지 유지될 수 있다고 캘리포니아 출신의 이 생태학자는 추정하고 있다.[11]

대체 이 재난을 피할 방법은 없을까? 윌리엄스는 좀 더 약한 기후 시나리오를 적용할 때는 어떤 일이 일어날지 테스트해 보았다.[12] 그래도 모든 생물의 4분의 1 정도만이 멸종되거나 멸종 위기에 처하리라는 결론이 나왔다. 생물들은 대부분 그들이 살고 있는 서식지의 일부, 특히 더 높은 고산지대를 보존할 것이었다. "우리는 뭐라도 해야 합니다." 이 생물학자는 그렇게 설명했다.

그러므로 그는 다음 단계로, 컴퓨터 모델을 이용해 이번 세기말 열대 우림의 고유한 생물종의 일부가 살아남을 수 있는 최후의 피난처가 될 곳이 정확하게 어디인지 밝혀내고자 했다. 그 결과, 이 피난처들이 숲이 그늘을 만들고 해변이 가까워서 온도를 낮추는 데 도움이 되는 산속에 있다고 나왔다. 다행히도 현재 이미 이 지역의 85퍼센트는 보호되고 있었다. 윌리엄스는 그래서 황폐화된 땅에 집중하여 재조림을 하면 가장 도움이 될 만한 곳들을 살펴보았다. 그 결과 에벌린 애서턴고원처럼 최근 2,600만 년간의 빙하기 사이클 동안 생물다양성을 보존하는 데 중심적인 역할을 해온 곳들, 좀 더 시원한 대피처의 중심에 있는 지역들을 확인할 수 있었다.[13]

과학자들은 그의 분석 결과를 2013년 퀸즐랜드 정부에 인도했다. 그리고 그들이 전혀 예상하지 못했던 일이 벌어졌다. 이 계획이 채택된 것이었다. 퀸즐랜드 정부는 과학자들이 특별히 중요하다고 평가한 몇몇 지역을 사들였다. 그리고 그곳에 다섯 개의 새로운 국립공원을 만들었다. 그중한 곳이 애서턴 근처의 볼디산을 둘러싸고 있는 지역으로, 현재는 허버튼레인지 국립공원에 속해 있는 곳이다.

최후의 산호초 50개

바다에도 기후변화에 살아남을 가능성이 더 큰 서늘한 대피처는 있었다. 그래서 산호 연구자인 오브 회 굴드버그는 이런 생각을 해 보았다. 이번 세기의 중반까지 최악의 경우 산호초의 90퍼센트가 사라질 것이라고 이 프로젝트는 예견하지 않았나? 그렇다면 반대로, 2050년경이 지나면 10퍼센트는 살아남을 수 있다는 뜻 아닐까? 이러한 기후에도 견뎌 낼 수 있는 산호초들이 어디에 있는지만 안다면 산호초들을 보존하기 위해 우리가 할 수 있는 방법들이 있지 않을까? 그 방법을 찾아 우리는 모든 노력을 다 쏟아야 한다. 그런 곳들에선 더는 물고기를 남획해서도, 바다를 더럽혀서도, 비료를 너무 많이 주어서도 안 될 것이다.

회 굴드버그는 동료들과 함께 그 10퍼센트가 어디인지 찾기로 했다. 컴퓨터 모델을 이용해 그들은 각각 500제곱킬로미터 정도의 지역 50군데를 확인하고, '생물기후군'이라 이름 붙였다.[14] 그중에는 그레이트 배리어 리프의 한가운데 매카이 앞바다도 있었다. "지금 이곳의 산호들은 농업 때문에 사라지고 있습니다. 하지만 지금이라도 멈추면 이곳의 산호들은 다시 자랄 수 있습니다." 회 굴드버그는 말한다.

또 어느 정도는 사이클론으로부터 보호받고 있으며, 다른 수역보다는 덜 뜨거워지고 있지만 토지 개발과 사탕수수 재배, 그리고 성게 때문에 위협받고 있는 피지 제도 앞의 '그레이트 시 리프Great Sea Reef'도 있었다. "우리의 목표는 이렇게 각 지역에서 마중물이 될 수 있는 곳들을 찾아내고, 문제를 해결해 나가는 것입니다." 회 굴드버그는 그렇게 설명했다. 그 말은 곧, 성게를 줄이고, 사탕수수를 한 지역에서 영속적으로 재배하고, 바다에 살충제와 비료를 덜 뿌리는 것이다. "이 실험이 성공하면, 어느 날 신문에서 산호가 너무 많이 번식해서 뱃길을 막고 있다는 기사를 보게 될 것입니다."

과학자들은 '50-리프' 프로젝트에 착수했고, 세계자연기금WWF와 함께 부유한 후원자들에게 수백만 달러를 모금했다. 후원자 가운데 전 뉴욕 시장인 마이클 블룸버그Michael Bloomberg도 있었다. 그사이 연구자들은 피지 제도, 솔로몬 제도, 동티모르를 포함한 최초의 산호초 여섯 개를 위한 계획을 실행에 옮기기 시작했다. 회 굴드버그는 설명했다. "마을 주민들부터 수상에 이르기까지, 모든 사람이 즉각 참여하려 했습니다. 피지 제도의 수많은 사람이 산호를 보호하는 데 각자의 삶을 바치고 있습니다. 우리가 이렇게 서로 다른 각각의 장소들을 연결하고 열정을 공유하며 함께 나아간다면, 우리는 분명 기회를 얻게 될 것입니다."

타운즈빌, 2016년

스테판 윌리엄스는 아직은 자신이 할 일이 다 끝나지 않았다는 것을 알았다. 세계에서 가장 아름다운 보호 지역이라도 보호 생물들이 없다면 아무 소용이 없기 때문이다. 이 생물학자는 미래를 대비한 기후 피난처 가운데 몇몇은 고립되어 있으며 현재의 보호구역들과 전혀 연결되어 있지 않다고 밝혔다. 그사이 수차례 숲이 정비되어 미래의 안전지대로 가는 길이 차단되어 버린 것이다.

그래서 필요한 것이 생물들이 좀 더 안전한 구역으로 올라갈 수 있도록 돕는 숲속 통로다. 퀸즐랜드 정부는 윌리엄스와 동료들의 추천을 받아 그런 지역들 역시 사들여 다시 나무를 심기 시작했다. 그사이 오스트레일리아 연방정부까지 이 모델을 활용하게 되었다. 이 나라 전체가 국고를 이용해 연결로를 찾고, 더 적합한 기후 대피처를 찾고 있다.

윌리엄스는 그러나 아직 만족할 수 없었다. 그는 이 모델을 전 세계 다른 지역에까지 적용하고 싶었다. 예를 들어 숲속에 새로운 통로를 내는 식으로 비상구를 만들어 주면, 점점 더 조각나고 있는 아마존의 열대 우림 속에서 옴짝달싹 못 하고 있는 생물들을 도울 수 있다. 그러면 이 생물들은 최소한 열기에서 가능한 한 멀리 떨어져서, 더는 피할 수 없는 재난에 적응할 시간을 벌 수 있을 것이다.[15]

싱가포르와 에콰도르를 포함한 열대 지방의 몇몇 나라들이 관심을 표명해 왔다. 이 나라들은 아시아와 남아프리카에 적합한 네트워크를 구축하고자 했다.[16] 반면 오랫동안 자신들이 힘들게 지켜 온 보호구역 시스템을 굳이 뒤흔들 필요가 없다고 생각했던 남아메리카나 아프리카의 수많은 나라는 (캐나다를 제외한[17]) 산업국가들보다 아직 한참 멀었는데, 이 나라들은 기후변화를 제도적으로 전혀 고려하지 않고 있기 때문이다. 보호구역들을 정비해야 하는 이유 같은 것은 아무 필요도 없다고 몇 년 전 이미 선구적인 독일의 환경정책가가 주장하기도 했다. 생태학적으로 가장 귀중한 서식지와 이를 연결하는 주변 지역을 보호하는 것이 기후변화 시대에도 이리저리 헤매는 생물종들을 돕는 최선이라는 주장이었다.[18]

거시생태학자와 모형 제작자 들은 이런 주장이 사실인지 몇 년 전 철저히 점검했다. 생물종 분포 모델을 이용해 이들은 유럽의 보호구역 안에 있는 척추동물과 식물 대부분이 2080년까지는 적절하지 못한 기후환경에 노출될 수 있음을 밝혀냈다.[19] 특히 작은 부분으로 나누어진 나투라Natura 2000* 지역에서 그랬는데, 이곳들은 심지어 전혀 보호되지 않고 있는 구역보다 결과가 더 참혹했다. "자연보호를 위한 장차의 노력이 기후변화에 맞닥뜨린 생물종의 분포를 극적으로 바꾸어 놓을 수 있으며, 그 결과 멸종의 위험이 더욱 커질 수도 있다는 사실을 분명히 알아야 합니다." 마드리드에 있는 에스파냐 국립자연과학박물관의 미겔 아라우주 Miguel Araújo를 비롯한 저자들은 이렇게 쓰고 있다.

EU의 새로운 생물다양성 전략은 이 점을 인식하고 있는 듯 보인다. "현재 우리가 자연을 보호하는 방식은 우리의 삶에 자연을 다시 통합하기에 충분하지 않을 것이다." 이에 브뤼셀은 보호구역 네트워크를 확장하는 데 그치지 않고, 생태학적인 통로를 연결하고자 한다. "유전학적인 고립과 단절을 방지하고, 종들이 이동할 수 있게 하고, 건강한 생태계를 보존하고 더욱 개선하기 위해서"[20] 말이다.

논쟁은 물론 끊이지 않을 것이다. 이번 세기 중반까지 인구 100억 명이 살 수 있어야 한다. 하지만 지구의 공간은 당연히 한정적이다. 공교롭게도 미래에 특히 많은 생물종이 살 수 있는 지역은 기후변화 시대에 인간들에게도 중요한

* EU 영토의 생태보호구역.

곳이 될 것이다. 날씨가 너무 더워지면 농부들 역시 작물들과 경작지와 방목지를 더 시원한 지역으로 옮겨야 할 테니 말이다.[21]

한편 미래 세대의 복지와 건강은 어느 정도는 전혀 손상되지 않은 자연이 남아 있느냐 그렇지 않느냐에 달려 있다. 자연을 위해 땅을 포기하는 것은 전혀 이타적인 행동이 아니다. 건강한 자연이 우리의 도시에 물을 공급하고 대지를 안정시키며 홍수를 막는다. 그리고 우리 인간은 그 안에서 회복될 수 있다. 숲과 습지와 맹그로브와 늪지대를 보호하는 것 또한, 이 생태계들이 엄청난 양의 이산화탄소와 메탄을 저장하므로 그 자체가 곧 온난화에 대한 대책이기도 하다. 세계에서 1년간 발생하는 온실가스의 15퍼센트가 자연 서식지에서 발생하는데, 그중 절반 이상이 최근 인도네시아와 브라질 두 지역의 화전으로 인해 발생한다.[22] 그렇지만 숲 지대뿐 아니라, 그 안에 어떤 생물들이 살고 있는지 역시 중요하다. 야생코끼리와 테이퍼가 숲에서 사라지면 크고 과육이 많은 과일을 아무도 먹지 않게 되고, 그러면 그 씨앗들이 퍼져 나갈 수 없게 된다. 그렇게 되면 조직이 치밀하고 키가 큰 나무들은 줄어들고, 이에 따라 열대 지방의 숲에 있는 탄소 저장소의 10분의 1가량이 손실될 것이다.[23]

반대로 야생으로 돌아가는 것은 기후에도 긍정적인 영향을 미칠 수 있다. 보호 조치가 도입된 이후 탄자니아의 누 개체 수가 늘어났고, 이 동물들이 식물들의 생장을 어느 정도 제한하게 되면서 화재 발생 빈도가 줄고, 세렝게티가 탄소의 진원지에서 탄소를 가두어 두는 저장소로 바뀌면서 오히려 나무들이 더 많이 자랄 수 있게 되었다. 이는 우리에게 온난화 대책과 생물종 보호가 결코 서로 다른 영역이 아니라는 것을 가르쳐 준다. 어느 하나가 다른 하나의 대가가 되는 것이 아니라, 이 둘이 하나로 연결되어 있는 것이다.

매트릭스

자연에 다시 더 많은 자리를 주려는 그들의 비전을 위해, EU 집행위원회는 전문 용어로 '매트릭스'라 불리는, 보호구역의 외부 지역 역시 고려하려 한다. 비록 농경지와 도시 사람들이 이리저리 헤매고 다니는 생물들을 위해 길을 내도록 그렇게 쉽게 땅을 내주지 않을지도 모르지만 말이다. 하지만 이미 징검돌이 놓여 있기도 하다. 그래서 브뤼셀은 도시들이 공원과 정원 대신 숲을 만들고, 도시 농장의 지붕과 담장을 푸르게 하고, 울타리와 풀밭을 만드는 대신 가로수를 심게 해서 '과도한 수확'을 방지하도록 했다. 동시에 최소한 농경지의 10퍼센트는 휴한지와 생울타리, 나무와 연못 같은 완충 지대를 위해 남겨 놓도록 했다. 그렇게 되면 이상적으로는 생물들은 한 대피처에서 다른 은신처로 점프해 갈 수 있다. 브란덴부르크에서는 바로 이렇게 야생 지역을 매입하고 기존의 보호구역을 연결하기 위해 노력하고 있는 재단도 있다. 아우토반을 가로지르는 숲으로 덮인 교각들, 또는 단조로운 소나무 숲을 다채롭게 만들어 주는 습지대와 덤불 또는 각기 다른 나무들로 말이다.[24] 피에르 이비시는 "이런 접근 방식은 훌륭하다"고 말한다. "하지만 이렇게 대규모로 숲이 정비되면 동시에 아우토반이나 노천광도 생기기 때문에 후유증도 남게 됩니다. 전 지구적으로 엄격하고 철저한 전환이 필요합니다."

미국 서부의 환경운동가들은 상당히 유연한 해결책을 하나 생각해 냈다. 이들은 캘리포니아 센트럴 밸리를 남아메리카에서 북극으로 이동하는 철새들이 좋아하는 중간 지점으로 만들고자 한다. 여러 해가 지나는 동안 습지대가 농경지와 들판 때문에 사라지자, 깃털 달린 이 장거리 비행사들의 수 역시 급격히 감소했다. 환경운동가들은 조류 관찰자들의 도움을 받아 지도를 만들었다. 해마다 철새들이 습지대 어디에서 모여들고 언제 오는지를 표시한 것이다. 그리고 그들은 철새들이 이 지역에 머무르는 동안 벼농사를 짓는 농부들의 들판을 빌렸다. 농부들은 들판에 물을 가두어 이 들판을 몇 주간 습지대로 바꾸어 놓았다. 이 습지대는 철새가 아니라 다른 지역으로 이동을 시작한 새도 이용할 수 있었다.

이런 계획들 뒤에는 자연과 화해하겠다는 생각이 자리하고 있다. 생물종의 멸종을 막기 위해 인간은 자신이 지배했던 풍경을 가능한 한 다양한 생물들도 함께 이용할 수 있게 바꾸어 놓아야 한다. 과도기적으로든 영구적으로든 말이다.[25] 자연을 우리가 사는 풍경 속으로, 우리가 사는 지역 속으로 되돌리는 것은 자연과 더 가까워지려는 우리의 뿌리 깊은 욕구를 충족시킬 것이라고 이 접근법을 추진하는 이들은 주장한다. 연구 결과에 따르면, 자연 속에 더 자주 머무르는 사람들이 더 건강하고 더 평안하다고 한다. 전문가들은 이를 비타민 'G(green space)'라고 부른다.

최근 반세기 동안 우리는 점점 더 자연으로부터 멀어져 왔다. 특히 아이들은 일상생활에서 점점 더 자연과의 접촉이 줄어들었고, 그 대신 모니터 앞에서 보내는 시간이 훨씬 더 많아졌다.[26] 그 결과, 아이들은 인지 능력과 운동 능력이 덜 발달하고, 심리적인 문제를 곧잘 겪으며, 사회적인 결속력의 가치를 잘 모르는 듯하다. 더 좋지 않은 것은 우리가 원래 자연에 얼마나 의존하고 있는지, 왜 우리 아이들이 자연을 보호해야 하는지 전혀 인지하지 못하는 세대로 자라고 있다는 점이다. 전문가들은 이 현상을 '기준점 이동 증후군 Shifting Baseline Syndrom'*이라고 일컫는다. 사람들은 자연 상태를 어린 시절 자신이 직접 겪은 최고의 경험을 토대로 판단하기 때문에 점점 더 건강한 환경을 기대하지 않게 된

---

* 세대가 달라지고 기휘위기가 심해지면서 세대 간 인식하는 기준점이 달라지는 것. 환경이 파괴, 악화된 것에 익숙해져 더 심각한 악화를 막지 못하는 것을 뜻한다.

다는 것이다. 달리 말하면, 환경이 악화되더라도 그만큼 익숙해질 수 있다는 것이다.

영국 환경운동가들은 이에 저항하고 있다. 이들은 벌과 나비 같은 수분매개자들을 보호하기 위해 전국에 걸쳐 꽃이 피는 지대를 연결하는 통합 네트워크를 세우려고 계획하고 있다.[27] 발기인들은 총 1,500제곱킬로미터의 땅에 야생화를 심으려 한다. 폭이 3킬로미터인 이 지대에서 야생벌들이 독립적인 서식지 사이를 이리저리 옮겨 다닐 수 있도록 말이다. 그러면 야생벌들은 기후변화에 적응할 수 있을 것이다. "동물들이 남쪽에서 북쪽으로 이동하도록 하는 것이 아주 중요합니다." '수분매개자들의 대리인'인 자연보호 자선단체 버그라이프의 캐서린 존스Catherine Jones는 말한다.

야생벌 보호자들은 잉글랜드 동부의 피터버러에 있는 사무실에서 테이블 앞에 둘러앉아 거대한 지도를 보고 또 보았다. 지도에는 숲과 목초지와 황무지, 강과 연못과 호수가 표시되어 있었다. 활동가들은 논의했다. 어떻게 야생벌들의 서식지를 가장 잘 연결시킬 수 있을지, 그리고 '곤충의 길'에 가장 적합한 경로가 무엇일지 말이다. 각종 의견이 쏟아져 나오고, 이런저런 선들이 그려졌다. 그다음으로, 이들은 환경청, 주 정부, 지방자치단체와 시의회, 환경운동가, 그리고 농부들과 협의했다. "우리는 그들에게 그들이 가지고 있는 땅의 10퍼센트를 수분매개자들이 살기 쉬운 서식지로 바꿀 수 있을지 문의하고 있습니다." 존스가 설명했다.

그리고 이들은 영국의 더 많은 지역의 지도를 그렸고, 처음 5제곱킬로미터에 잠재적인 야생벌의 길을 만들었다. 그중 일부는 공원이나 정원 같은 징검돌을 따라 도시를 관통하기도 했다. 그렇게 영국의 잔디밭은 다채로운 야생화가 핀 초원에 자리를 내어 주고, 떨어진 나뭇가지는 가능한 한 그대로 놓아두고, 땅굴들도 메우지 않으며, 철제 울타리는 생울타리로 바뀌었다. 어리뒤영벌과 꿀벌, 그리고 그 친구들이 이곳에 둥지를 틀고 먹이를 찾아 날아다니도록 하기 위해서였다. 정원에 풀이 그냥 자라도록 내버려 두거나 사과나무나 구스베리나무를 심는 사람들은 버그라이프 웹사이트에 게시된 지도에 그 내용을 입력할 수 있었다. 영국 리즈에서 존스는 그들이 하는 작업을 설명했다. "길게 자라는 풀들이 지저분해 보인다거나, 그 안에 오물이 쌓일까 걱정하는 사람들이 있을 수 있습니다. 하지만 시민 대부분이 동참하려 합니다."

물론 한계가 없는 것은 아니다. 인간이 만들어 놓은 풍경이 모두 생물에 어울리게 설계될 수 있는 것은 아니다. 예를 들어 늑대를 둘러싼 논쟁을 보아도, 자연이 가까워진다고 해서 모두에게 이익이 되는 것은 아니라는 사실을 알 수 있다. 반대로, 많은 생물이 오히려 인간을 피하고 공원에는 아예 가지 않을지도 모른다. 공원이 이들에게 아무리 매력적으로 설계되었더라도 말이다. 이러한 생물들에겐 이들이 접근하기에 더 넓고 방해받지 않는 구역이 필요하다. 그러려면 UN의 생물다양성협약 초안에서 계획한 대로 가능한 한 크고 서로 연결되어 있는 곳들이 최상의 보호구역으로 적합할 것이다. 이는 반드시 가능한 한 많은 지역에서 인간들을 배제하자는 뜻은 아니다. 인간이 책임감 있게 행동하면 다른 생물들과 어울릴 수 있다. 이는 열대 지방 나라의 원주민들이 잘 보여 주고 있다. 그들이 사는 지역에서 생물다양성은 다른 지역보다 훨씬 덜 침해되고 있으니까 말이다.[28] 현대인들은 이를 통해 자연과 어떻게 어울려야 하는지 배울 수 있을 것이며, 이를 다시 증명해 보여야 할 것이다. 오스트레일리아 생물학자 레슬리 휴즈는 이렇게 촉구한다. "우리는 우리 자신을 자연의 일부라고 생각해야 합니다. 서양에서 자주 언급하는 태도이기도 하지만, 자연 없이 우리는 존재할 수 없습니다."

우리가 지구의 상당 부분을 보호한다고 해도, 모든 동물과 모든 식물을 구할 수는 없을 것이다. 생물들은 너무 느리고, 그에 반해 기후변화는 너무 빠르기 때문에, 또 사람들의 발길이 전혀 닿지 않은 지역에조차 많은 생물이 이동해 갈 수는 없기 때문이다. "우리는 생물들이 전혀 또는 충분히 빨리 이동할 수 없게 되었을 때 어떤 일들이 생길지도 생각해 봐야 합니다. 도망가지 못하거나 적응하지 못하는 생물들은 결국 멸종해 버리고 말 테니까요." 휴즈는 말한다.

어떤 신의 손이 이들을 집어 올려 다른 장소에 내려놓지 않는 이상은 말이다.

동반 이주

2008년 '기후변화-생물학' 연구 분야의 주역들이 성명을
발표하기 위해 한자리에 모였다. 산호 연구자 오브 회 굴드
버그를 중심으로, 나비 연구자인 카밀 파미잔과 레슬리 휴
즈 등은 《사이언스》에 금기조항을 발표했다. 기후변화로 인
해 글자 그대로 생존의 마지막 위협까지 내몰린 동식물들은
최후의 수단으로 그전에는 살지 않았던 더 시원한 지역으로
이동해 갈 수 있어야 한다는 것이었다.

이 과학자들은 이러한 이주 지원* 전략이 환경운동가
들에게는 일종의 공격으로 받아들여질 수 있다는 것을 알고
있었다. 고전적인 의미의 자연보호의 많은 가치는 어떤 한
생물과 그들이 대대로 살아온 서식지를 연결하는 데서 비
롯한다. 하지만 기후변화는 이러한 기존의 자연보호에 다소
불편한 문제들을 제기한다. 종의 다양성을 보존하기 위한
우리의 책임은 무엇일까? 우리가 미래 세대에게 물려주려
는 세계는 어떤 세계일까? 생물의 멸종을 막기 위해 어쩌면
다른 종들을 위험에 빠뜨리게 될지도 모르는데, 우리가 자
연의 순리에 개입해도 될까? 그리고 이런 문제들은 누가 결
정할 수 있을까?[29]

---

* 더 적합한 환경으로의 의도적인 서식지 이전. 특히 기존 서식
지가 기후변화 때문에 살기 어려워진 경우.

회 굴드버그와 휴즈, 파미잔의 이러한 성명은 예상대로 격렬한 저항을 불러일으켰다. 환경운동가들은 이 그룹을 두고 '신 놀이'를 하려고 한다며 비난했다.[30] 동료들조차 '의도하지 않은' '예측 불가능한' 결과에 대해 경고했다. 원래의 서식지에서 생물들을 이주하도록 유도하는 것은 "문제를 해결하기보다 오히려 더 많은 문제를 일으킬 수 있"으며, 이는 곧 "생태학적인 룰렛게임"과도 같다고 북미의 생태학자들은 주장했다.[31] 새로운 종들이 유입되면 극단적인 경우 생태계는 단순히 위험에 처하고 기능이 축소될 뿐 아니라, 질병들이 퍼질 수도 있다는 것이다. 의도가 아무리 좋더라도 토착생물과 외래생물의 교잡종이 동물과 식물의 진화론적인 계보에 엄청난 영향을 끼칠지도 모른다는 사실은 말할 것도 없다고도 했다.

회 굴드버그, 파미잔, 휴즈는 이러한 위험을 예측하고 지켜볼 수 있다고 보았다. 모든 경우에 대해 우리는 더욱 신중하게 검토하고 정확하게 검증해야 한다. 그리고 생물종들을 철저히 대륙 안에서만 이주시켜야 하며, 원래의 생태계와 유사한 지역 안에서만 이주할 수 있도록 해야 할 것이다.

이러한 대책들은 사실상 어떤 종이 침입하는 것을 실제로 불가능하게 만들지도 모른다. 은퇴 후 현재는 프랑스 피레네산맥의 한 마을에서 나비를 연구하고 있는 카밀 파미잔[32]은 그때그때의 생물진화사를 살펴보라고 권한다. "지리적으로 300킬로미터 정도 서로 떨어져 있다고 한다면, 지난 10

만 년 동안 이미 어떤 상호작용이 일어났을 가능성이 큽니다." 기본적으로 이주 지원은 환경운동가들이 수년간 추진해 온 서식지 간의 전통적인 결합이나 마찬가지다. "그것이 언제나 올바른 해결책은 아닐 겁니다. 하지만 적어도 이 방법은 자연보호를 위한 도구상자에 한 조각은 들어 있어야 합니다." 파미잔은 그렇게 설명했다.

비평가들은 한 대륙 내에서 특정 생태계 안에서만 옮겨지는 생물조차도 기존의 종들을 멸종시키고 먹이사슬을 무너뜨릴 수 있다며 이의를 제기한다. 대체로 '계획된 침입'이 시간이 지나면서 더 넓은 지역으로 확산될 거라는 이런 전망이 '나이브'하다고 얕잡아볼 수도 있다.[33] 무엇보다도 어떤 지역에 의존하고 있는 수많은 생물이 살고 있는 오래된 서식지가 아무 기회도 얻지 못하는데, 생태계의 각 부분을 떼내어 새로운 장소에 옮겨 놓는 것이 얼마나 의미 있는 것인가 하는 문제를 제기하고 있다.

"생물종의 구성에 개입하는 것에 대해서라면 강한 반감은 늘 있게 마련입니다. 위험에 처한 생물들을 이동시키는 것보다, 숲을 개간하는 편이 당연히 훨씬 더 쉬우니까요." 레슬리 휴즈는 안타까워하며 말했다.

그럼에도 결국 잎이 주목처럼 생긴 주목잎비자Torreya taxifolia를 시작으로 길은 열렸다. 이 침엽수는 지난 수십 년 사이 북미의 서식지를 거의 잃은 것이나 다름없어서, 플로리다 북서쪽 귀퉁이와 조지아에 겨우 1,000여 그루만이 남아 있을 뿐이었다. 그렇게 2008년, '비자나무 전사'라 불리는 한 환경운동가 그룹이 제멋대로 노스캐롤라이나에서 북쪽으로 600킬로미터 떨어진 곳에 주목 31그루를 옮겨심었다.[34] 당국에서 어떠한 제지나 감시도 하지 않았으므로 양쪽 모두 크게 비난받았다.[35]

2016년 8월 11일, 기후변화로 인해 그 첫 번째 척추동물이 서식지를 옮기게 되었다. 그 대상은 바로 오스트레일리아늪거북사촌Pseudemydura umbrina이었다. 15센티미터 길이의 뿔갑옷을 두른 이 동물은 현재 오스트레일리아에서도 가장 희귀한 파충류로 알려져 있다. 도시와 농경지가 늘어나면서 이들의 서식지는 점점 더 줄어들어, 급기야 퍼스 교외의 두 습지에 단 40마리 정도의 표본만 남은 상태였다. 하지만 비가 계속 내리지 않고 습지가 1년에 몇 달씩 마르곤 했기 때문에 이곳들 역시 환경은 급격히 악화되고 있었다. 늦어도 이번 세기 중반부터는 이 파충류의 최후 피난처에서 마저 살 수 없을 것으로 보였다.

그래서 10년 넘는 준비 끝에 보존생물학자들은 종이 상자에 이들이 사육한 어린 거북 24마리를 포획해서 오프로드카에 싣고 퍼스 남쪽으로 350킬로미터 떨어진 늪지대로 데려갔다. 더 시원하고 습한 곳이었다.[36] 새로운 환경을 살피도록 얼마간 헤엄치게 해 준 다음, 이들은 조심스레 거북을 놓아주었다. 연구자들은 금세 숨어 버린 이 파충류들을 찾지 못할 뻔했다. 안테나를 통해 지속적으로 온도와 수

심과 습도를 전달해 줄 수신기가 거북의 등껍데기에 부착되어 있었는데도 말이다. 그것은 이 새로운 지역이 멸종 위기에 처한 이 파충류에게 지속적으로 적합한지를 측정하기 위한 실험이었다.

다시 3년이 지난 후 스코틀랜드에서는 두 종류의 나비들이 원래 살던 서식지에서 북쪽으로 65킬로미터 떨어진 곳으로 옮겨져서 새로운 환경으로 퍼져 나갔다.[37] 중국 남서부 어느 산악 지대, 해발 600미터 높이에 이번에는 난초들을 심었다.[38] 다양한 생물에 대한 계획들이 이어졌다. 멸종 위기에 처한 알프스나 피레네산맥의 어리뒤영벌들은 스칸디나비아의 산으로 옮겨졌고, 그사이 북극의 토착종들은 스발바르 제도나 제믈랴프란차이오시파 제도 같은 북극의 섬 지방에서 최후의 대피처를 찾을 수 있을 것이다.[39] 오스트레일리아 생물학자 크리스틴 호스킹은 말한다. "우리가 처음 이런 말을 했을 때, 다들 이렇게 답했습니다. '안 돼! 말도 안 되는 소리요.' 하지만 그 후 전 세계 야생동물들에게 상황은 훨씬 더 악화되었고, 결국 우리가 말한 대로 되어 가고 있습니다."

비록 기후변화 때문이 아니라 퀸즐랜드 해안가 서식지의 많은 부분을 새로운 철도건설이나 주택들에 빼앗겨야 했기 때문이었지만, 코알라 역시 마찬가지다. 코알라들은 포획되어 아열대 우림의 산으로 옮겨졌다. "코알라들은 잘 지내고 있다. 들개 떼에게 쫓기고 물어뜯길 때도 있지만 말이다." 호스킹이 말했다.

오스트레일리아늪거북사촌의 새로운 피난처 역시 임시 방편일 뿐이다. 오스트레일리아 남서부 늪지대는 아직 이들에게는 좀 추울 수도 있지만, 기후 예측에 따르면 반세기만 지나면 환경은 거북의 생태에 완벽하게 적합해질 것이다.

기본적으로 이러한 문제는 모든 생물에게 해당될 것이다. 많은 환경운동가가 사실 절망하고 있다. 기후변화로 인해 멸종 위기에 처한 동물과 식물 들이 더 시원한 지역으로 이동할 수 있도록 돕기 위해 지금부터라도 갖은 노력을 다해야 한다. 하지만 그렇게 하려면 이번 세기말에 어떤 환경 조건들이 이들을 기다리고 있을지 정확히 알고 있어야 한다. 그런데 우리 인간이 얼마나 빨리 화석연료 소비를 그만둘 수 있을지 예측하기는 쉽지 않다. 그래서 과학자들은 기후변화 시대의 생물종 보호를 (어딘가 좀 이상한 비유이기는 하지만) 움직이는 목표를 향한 사격에 비교하곤 한다. "기후변화와 관련된 문제는 그 끝이 보이지 않는다는 데 있습니다." 파미잔은 말한다. "기후가 어느 정도 안정될지 알 수만 있다면, 우리는 거기에 대비할 수도 있을 것입니다."

어쨌든 지구는 어느 정도까지는 더 기온이 올라갈 것이다. 여기에 기후변화의 두 번째 문제가 있다. 어느 정도 한계를 넘으면 대부분의 생물종은 도망갈 방법을 찾지 못할 것이다. "생태계는 글자 그대로 이미 붕괴되기 시작했기 때문에 1.5도만 올라도 지구 생태계가 크게 위협받을 수 있다

는 사실은 분명합니다." 2019년, 미국 과학자들은 전문지 《사이언스》에서 이렇게 경고했다.[40]

문제는 온도 상승을 1.5도까지로 제한하는 것이 거의 불가능하다는 점이다. 대기에서 대량의 이산화탄소를 빨아들여 땅속으로 밀어 넣어 버린다면 가능하겠지만, 엄청난 부작용이 따를 것이다.[41] 결국 우리에게 남아 있는 최상의 시나리오는, 온도 상승을 2도까지로 제한하고 그사이에 전 세계의 동물과 식물 들에게 다시 더 많은 공간을 내어 주는 것이다. 이들이 기후변화에 적응하고 더 시원한 지역으로, 특히 산맥을 따라 피해 가도록 말이다.

리 한나와 그 동료들은 최근 이런 시나리오가 세계에서 생물종들이 가장 풍부한 지역인 열대에 어떤 영향을 미칠지를 추정해 보았다. 그리고 이들은 멸종 위험은 절반 이상 줄어들어 상당히 막아 낼 수 있으리라고 결론을 내렸다.[42]

하지만 또 하나의 진실은, 우리가 내일부터 당장 이산화탄소 배출을 중단한다 하더라도 굼뜬 우리의 지구는 몇십 년 동안은 계속해서 더 따뜻해질 거라는 것이다. 최선의 경우에도, 수십만 종의 생물은 멸종될 것이다. 이들 중 다수는 특히나 종이 다양하고 열에 민감한 열대 곤충이 될 것이다. 멕시코와 푸에르토리코,[43] 코스타리카 같은 나라에서 이미 많은 곤충이 사라지고 있는 것은 우연일까? 기온이 이미 많이 올랐거나 건기가 수개월 늘어난 곳은 어떨까? 농경지에서 멀리 떨어져서 삼림으로 덮여 있는 보호구역의 산들을 주목해야 한다. "곤충들은 대체 모두 어디로 갔을까요?" 원시림을 아무리 돌아다녀도 곤충들에 쏘이지 않는다며, 은퇴한 열대 곤충학자들은 묻는다. 거미줄을 찾아 아무리 돌아다녀도 마치 식물원에라도 와 있는 듯 벌레에게 뜯어먹힌 자국 하나 없는 말끔한 나뭇잎들만 보일 뿐이었다.[44] 리 한나는 말한다. "우리는 40년 전부터 기후변화에 대비해 무언가 해야 한다는 것을 알고 있었지만, 결국 아무것도 하지 못하고 있습니다. 계속 이렇게 있을 수는 없습니다. 아무 소용도 없을 거라 생각해서는 안 됩니다. 무엇이든 **해야** 합니다."

이를 받아들이기란 쉽지 않을 것이다. 다가오는 지구의 여섯 번째 대멸종에 직면해서 무감각한 상태에 빠지려는 유혹은 분명 크겠지만, 이야말로 잘못된 반응이다. 우리는 생물들이 대부분 지구온난화에 무력하게 대처하지는 않으며, 우리가 방치하더라도 생물종들이 이동할 거라는 사실을 알고 있다. 또 수백만 년 이상 지속되어 온 대탈출의 한계 역시 알고 있다. 그러므로 우리는 무엇이 중요한지, 우리가 무엇을 해야 하는지, 냉철하게 볼 수 있고 또 그래야 한다. 과학자 수백 명이 지난 20여 년 동안 과거의 현상을 철저히 조사했다. 그들은 오래된 화석과 꽃가루에서 과거의 이동을 재구성하고, 전 대륙의 다양한 종들의 수많은 서식지를 확인하고, 고성능 컴퓨터를 이용하여 미래를 예측했다. 모든 것이 우리의 결정에 달려 있다. 생물계의 상태를 설명하는 것이 우리 책임의 전부는 아니다. 그것은 오히려 매우 엄중

하게 우리가 해야 할 일을 제시한다.

지구가 더워지는 것을 내버려 두지 않을수록, 더 많은 지역을 자연에게 돌려주고 보호구역과 연결통로들을 더 많이 만들수록, 우리는 더 많은 생물을 구할 수 있고, 지금 우리가 누리고 있는 이 지구에서의 삶을 우리 아이들과 그 아이들의 아이들에게 단편적으로나마 전달할 수 있을 것이다. 적지 않은 생물학자들이 주장하는 대로 이 지표의 절반만이라도 지킬 수 있다면,[45] 동시에 온도 상승을 2도 이하로만 낮출 수 있다면, 하나의 계산에 따르면 멸종 위기는 4분의 3 이상이나 줄어든다.

"우리 모두 해결책의 한 부분이 될 수 있습니다." 오스트레일리아 해양생물학자 그레타 페클은 말한다. 눈을 크게 뜨고 주변을 산책하며 원래 그곳에 '속하지 않았던' 생물들을 찾는 것으로 시작하면 된다. 쇠백로나 흰배줄무늬수리 또는 오랫동안 독일에서는 볼 수 없었던 소쩍새를 만나게 될지도 모르고, 쿨집박쥐나 주홍잠자리, 호랑거미를 발견하게 될 수도 있으며, 청날개메뚜기라 불리는 알록달록한 메뚜기를 만나게 될지도 모른다. 원숭이난초나 도마뱀난초 같은 난초과를 찾을 수도 있으며, 독일의 북동쪽 끝까지 퍼지고 있는 서양호랑가시나무를 보게 될 수도 있다. "자신을 둘러싸고 있는 환경의 변화를 기록하는 사람은 누구나 우리 연구자들이 어떻게 생물들을 보호할 수 있을지 알아내는 데 도움을 줄 수 있습니다."

그걸로 충분하지 않다고? 좋다, 정원이 있다면 이동하던 종들이 머물 수 있도록 정원을 꾸며 볼 수 있다. 주변에 그다지 설득력이 없는 이유로 개간하려는 숲이 있다면, 이를 막거나 이 땅을 다시 자연에 가까운 것으로 되돌려 놓으려 애쓸 수도 있다. 뭔가 다른 변화를 시도해 보고 싶다면, 고기를 덜 먹거나 지역 먹거리에 더 신경 쓸 수도 있다. 진정한 변화를 만들고 싶다면, 우리에게 모든 것들이 최대한 지금 상태를 유지할 수 있도록 하겠다고 약속하고, 기후변화를 이대로 받아들이지 않겠다고 약속하는 정치인을 뽑을 수도 있다. 이는 지구에서 살아가는 생명의 본질에 대한 실존적인 문제다.

우리가 동식물들에게 더 많은 공간을 내어 줄 때 이들 역시 우리를 깜짝 놀라게 해 줄지 모른다. 이 책이 작은 표범나비 한 마리에서 시작되었듯이 말이다.

세기말 이후의 이시드로산

캘리포니아 최남단에서 암어리표범나비가 남 부럽지 않을 만큼 많이 발견되고 있다. 남쪽에서는 멕시코에서부터 올라온 가뭄과 폭염이 바늘 모양 잎과 투명한 꽃을 가진 질경이 Plantago erecta라는 작은 식물과 함께 풍경을 황폐하게 만들었다. 질경이는 표범나비의 숙주식물이다. 샌디에이고, 로스앤젤레스, 모하비사막이 펼쳐져 있기 때문에 표범나비들은 북쪽으로 도망갈 수는 없다. 그래서 오직 산 위로만 도망갈 수 있는데, 멸종 위기에 처한 표범나비의 아종인 퀴노암어리표범나비Euphydryas editha quino가 발견되기도 했다. 문제는 이제 이 나비가 좋아하는 질경이과의 식물들이 이런 높이에서는 자라지 않는다는 것이다.

카밀 파미잔을 중심으로 하는 생물학자들은 우려하기도 했지만 동시에 앞으로 어떻게 될지 궁금하기도 했다. 그들은 '퀴노'의 유전학과 행동, 서식지[46]를 연구하다가 흥미로운 사실을 하나 발견했다. 퀴노는 최근 15년 사이 평균적으로 해발 360미터에서 1,164미터까지 올라갔고, 숙주식물이 부족해지자 간단하게 대안을 찾아냈다. 파미잔은 설명한다. "나비는 너무 실망했지만 며칠 후 다른 종류의 식물들을 받아들였습니다."

그 위에서 꽃을 피우는 식물은 역시 질경이과의 콜린시아 콩콜로르였다. '퀴노'는 그때까지 이 식물에는 전혀 관심이 없었기 때문에 당연히 잘 맞지 않았다. 그럼에도 이 표범나비는 이 식물에 알을 낳았다. 연구자들이 저지대의 같은 종의 몇몇 표본을 높은 지대로 옮겨 놓았을 때도, 이들은 똑같이 행동했다. "여기에서 배울 수 있는 것은 각 개체가 자신들이 역사적으로 분포되었던 지역의 경계를 넘어 새로운 장소를 개척하기 위해 무조건 새로운 환경에 적응하지는 않아도 된다는 것입니다." 파미잔은 말한다. "그저 살아남기만 하면 되는 것입니다."

'퀴노'는 그렇게 시간을 벌었다. 그사이에 기후변화를 저지하지 못하면 길어도 40년 정도, 퀴노는 캘리포니아 남부의 산꼭대기에서 견딜 수 있을 거라고 파미잔은 추정한다. 표범나비에게는 어차피 그곳 역시 너무 덥고 건조해질 테니 말이다. "새로운 장소에서 살 수는 있지만 새로운 기후에서는 살 수 없는 것입니다."

이러한 사정은 페루의 땅개미새나 오스트레일리아의 허버트강반지꼬리주머니쥐도 다르지 않다. 지리학적으로나 기후적으로 아주 좁은 영역에 분포되어 있는 이런 생물종들은 북극의 극지대구와 북극여우, 북극곰들과 마찬가지로 이들에게 적합한 기후가 사라질 위협에 처해 있다. 기후가 따뜻해지면 진화의 역사를 통해 이 종들은 계속해서 더 시원한 안식처로 도망갈 수 있었으나 이제 이들은 완전히 사라질 위험에 처해 있으며, 저지대에서 온 종들로 대체될 것이다.

반면 인도네시아와 아프리카, 아마존의 열대 우림에서는 지구과학자들이 아직 지구에 도래하지 않은 완전히 다른 기후환경을 예견하고 있다. 그것은 고함원숭이와 거미원숭이, 올빼미원숭이, 티티원숭이, 꼬리감는원숭이, 비단원숭이가 수백만 년 이래 경험해 보지 못한 기후일 것이다.[47] 어떤 더 강력한 힘이 이러한 사정을 헤아리지 않는다면, 그러니까 대기의 구성을 변화시키는 것을 멈추지 않는다면, 이들을 곤경에서 벗어나게 해 주지 않으면 이들은 모두 같은 운명을 공유하게 될 것이다. 예민한 생물들은 더 짧게, 저항 능력이 있는 종들은 좀 더 길게 불안정하게나마 얼마간은 견딜 수 있겠지만, 결국은 모두 멸종하게 될 것이다.

이것은 마치 삶의 엄격한 법칙과도 같다. "우리는 전 지구에서 거대한 움직임을 목도하고 있습니다." 파미잔은 말한다. "하지만 단 하나, 유일하게 원래의 전통적인 기후 지대를 떠나지 않는 종이 있습니다."

한 가지 예외가 있다는 것이다.

에필로그: 환상의 끝

덴마크, 오르후스, 2020년

옌스 크리스티안 스베닝Jens-Christian Svenning은 덴마크 오르후스 대학교 자신의 연구실에서 컴퓨터 모니터를 보고 있었다. 그는 작은 파란 상자 아홉 개를 가리켰다. 상자는 작은 조각들로 가득 차 있었는데, 남태평양의 환상 산호도를 열 화상카메라로 찍은 항공사진 같았다.

여기에서 우리의 미래에 대해 어떤 정보를 읽어 낼 수 있을까?

잿빛 콧수염을 짧게 다듬은 근육질의 남자인 스베닝은 기후변화에 따라 가장 다양한 종들이 있는 분포지가 어떻게 변하는지, 생물들이 제대로 기후에 적응하지 못하게 될 때 그것이 무엇을 의미하는지 모델링해서 명성을 얻었다. 예를 들어 그는 빙하기의 초기에 따뜻한 날씨를 좋아하는 나무들이 유럽에서 거의 모두 죽었으며, 지금까지 살아남은 나무들도 오늘날의 기후변화에 제대로 적응하지 못하고 있음을 증명해 보였다.

생물다양성역학센터장인 그는 변화하는 세계 속 우리 인간들에게 역시 관심을 가지고 있다. 그래서 그는 동료들과 함께 네안데르탈인의 기후대피소를 찾아내 태곳적 우리 인류와 비슷한 그들이 일반적인 생각과는 달리 지중해의 해안선을 따라 가장 잘 지냈다는 사실을 알아냈다. 추운 산이나 독일과 동유럽의 들판들보다도 말이다.

아마도 그래서 중국의 한 동료가 스베닝에게 전화를 걸어 장차 인간들 역시 기후대피소를 찾게 될 것인지, 그렇다면 이 기후대피소는 또 어떻게 변할 것인지, 해답을 구하는 연구에 동참할지를 물어 왔을 것이다.

그러고 보니 정말 이상하게도 그동안 1만 2,000종 이상의 생물들을 조사하면서도, 과학자들은 정작 인간 자체에 대해서는 누구도 생각지 않았다. "현대인들은 좀 다르다고 생각해 온 것이 사실입니다. 인간은 생태학의 관심이 아닌 거죠." 스베닝은 말한다.

이 거시생태학자는 이해하기 어려웠다. 그래서 제안을 받아들이고 그전에 미리 곤충과 새와 나무 들과 비교해 인간들 특유의 서식지는 어땠는지를 확인했다. 동료들과 함께 통계학을 이용해 그는 인구 변동과 토지 이용, 기후 등에 대한 수많은 데이터를 과거와 현재, 미래의 열 지도로 변환시켜 보았다.

우선 인간은 실제로 예외적인 듯 보였다. 인간들은 30

만 년이 넘는 기간 동안, 아프리카에서 지구의 가장 먼 구석까지 어떠한 기후 조건에도 적응해 왔다. "다른 종들이 제대로 퍼져 나가지 못하게 했던 어떤 요인, 그러니까 서식지에 특별히 필요한 것들이나 지리학적인 장애물들도 인간을 막지는 못하는 듯하다." 난징 대학교의 쑤 치Xu Chi를 비롯한 인류학자와 기후학자, 생태학자 들은 2020년 5월 전문지 《미국국립과학원회보PNAS》에 발표한 논문에서 그렇게 밝혔다.[01]

얼마 지나지 않아 스베닝은 함수가 그려진 도표를 앞에 두고 있었다. 도표의 한 축에는 기온이 표시되어 있고 다른 한 축에는 습도가 표시되어 있었다. 연간 평균 수치였다. 지금이나 500년 전이나 6,000년 전이나 도표에 표시된 인구는 언제나 기온은 13도, 습도는 비교적 낮은 편에 집중되어 있었다. "우리는 모두 깜짝 놀랐습니다. 이러한 상태가 긴 시간에 걸쳐 정말 오랫동안 일관되게 유지되어 왔기 때문입니다." 스베닝은 설명한다. "인간 사회는 계속해서 크게 변화해 왔습니다. 그래서 우리는 더 큰 변화를 기대했는지도 모릅니다."

사람들은 대부분 이 지구상에서 놀라울 정도로 좁은 지역만 돌아다녔다. 최소한 6,000년 전부터 그래 왔다. 사람들은 그런 곳들에서 주로 살면서 곡식을 기르고, 소를 키우고, 모든 상품을 만들어 냈다. 이러한 중심 거주 지역은 평균 11~15도 사이의 좁은 온도 창을 가지고 있다. 세계지도에서 보면 이 구간은 멕시코와 미국의 국경 지대까지 이어진다. 이 지역은 대도시와 경작지로 둘러싸인 채 퀴노암어리표범나비가 서식하던 곳이기도 한데, 그럴 만한 이유가 있다. 이 구간은 서유럽과 남유럽, 근동, 동중국, 일본까지 구불구불 이어진다. "기본적으로 이곳은 난대 내지 지중해 지역입니다." 스베닝은 설명한다.

그런데 왜 인간은 이 '계획된 보호구역'에 모여 있는 것일까? 기후적으로 더 살 만한 지역에 더 골고루 분포할 수도 있을 텐데 말이다. 저자들은 이에 대해 세 가지 이유를 들어 보인다. 이 구역은 좁지만 쾌적한 생활권 내에서 소농들은 폭염이나 혹한에 시달리지 않고 야외에서 일할 수 있었을 것이다. 온화한 기온은 인간의 정서와 심리적인 건강에도 도움이 된다. 그리고 이런 모든 지역에서 논밭과 방목해서 기르는 가축 등의 생산성이 가장 높다.

하지만 이렇게 인간들에게 유독 편안했던 기온대가 수천 년간 안정적으로 유지되다가 기후변화를 겪으면서 달라지기 시작했다. 저자들은 우리가 계속해서 이렇게 화석연료를 태우면 앞으로 50년 안에 현재 기온이 평균 13도인 지역이 20도까지 올라갈 수 있다고 예측했다. 이 말은 독일이나 덴마크가 현재의 북아프리카나 지중해 지역의 온도 정도가 된다는 뜻이다. 우리 인간에게 특히 살기 편했던 기후대는 위도가 더 높은 지역으로 옮겨 가고 있다. 북아메리카, 중유럽과 동유럽, 캅카스산맥, 중국 북부까지 말이다.

하지만 진짜 중요한 도전 과제는 현재 이미 더운 지역, 바로 적도에 있다. '덥다'는 것은 상대적이다. 적도의 평균 기온은 25도에서 27도인데, 그중에서도 몇몇 지역은 극단적인 가뭄과 29도가 넘는 열기에 시달리고 있다. 이곳들은 지구 표면의 1퍼센트도 안 되는 극히 일부, 그중에서도 특히 사하라에 주로 분포하고 있다. 이 지역에서 생활하기는 몹시 힘들기 때문에 인간들은 물론 이 지역들을 계속해서 피해 왔다.

향후 50년 안에 이 상황은 다시 바뀔 것으로 예상된다. 예측 결과에 따르면 많게는 지표의 19퍼센트 정도가 현재 사하라와 같은 정도의 열기를 경험하게 될 것이다. 인간의 생존에 불리한 지역은 더욱 확대되어 그 지역의 인구가 급격히 증가할 것으로 보이는데, 2070년경에는 인구가 35억 명에 달할 것으로 예상되는 열대 지역도 여기에 포함될 것이다.

적도 부근 사람들에게 견디기 힘든 것은, 기후환경뿐 아니라 이들이 점점 더 고립될 것이라는 점이다. 열대 지방의 인구가 점점 늘어나는 반면, 이들 주변의 생물들은 점점 더 줄어들고 있다. 물고기 떼가 고위도 지방으로 이동하고 있기 때문에 전문가들은 열대 지방의 어획량이 이번 세기 중반까지 약 40퍼센트가량 감소할 것으로 예상하고 있다 (또 이미 풍족한 북쪽에서는 70퍼센트까지 더 증가할 것이다[02]). 열대 지역의 숲은 대부분 소실될 것이며, 그로 인해 물이 범람할 수도 있다. 원주민들이 문화를 세우는 데 관여한 수많은 생물이 사라질 것이다. "기후변화의 가장 강력한 동인이 있고, 가장 예민한 생물들이 있는 곳, 인간이 거의 제대로 대응하지 못하는 지역들이 가장 혼란스러울 것입니다." 그레타 페클을 중심으로 한 국제 연구팀은 2017년 《사이언스》에 발표한 논문에 그렇게 적었다.[03]

기후변화는 여러 지역에서 이미 인간의 열 허용 한계에 근접한 무더운 환경을 불러오고 있다. 외부 온도가 체온에 가까워질수록 우리 신체는 제대로 기능할 수 없으며, 남은 열을 밖으로 발산하기가 어려워진다. 피부의 땀구멍으로 땀을 내보내 물을 증발시켜 열을 식혀야 하지만, 습도가 너무 높으면 대기는 우리 몸의 땀을 흡수하지 못하게 된다. 결국 우리의 몸은 감당할 수 없게 될 것이다. 신체는 그럼에도 가능한 한 많은 혈액을 심장부에서 말초신경까지 내보내려 할 것이므로, 혈관은 팽창하고 심장박동은 몹시 빨라질 것이다. 이런 현상은 물론 잠시 나타날 것이다. 하지만 머지않아 사우나나 한증막에서와 같은 그러한 순환은 곧 멈출 것이다. 35도, 포화습도의 야외에서 몇 시간만 지나도 사람은 죽고 만다.[04]

어떤 종의 기후-틈새가 사라져 버릴 때 이 생물이 어떤 반응을 보일지 묻는다면 스베닝은 대답할 것이다. "그 기후-틈새가 아직 접근이 가능한 정도라면 그 생물은 새로운 지역으로 퍼지기 시작할 거라고 추측할 수 있겠지요. 종에 따라 그것은 아주 빨리 이루어질 수도, 또 훨씬 더디게 진행될 수도 있겠지만 말입니다."

덧붙여 좀 불편한 질문들은, 만약 미래 인구 3분의 1이 수천 년 동안 우리가 적응해 온 기후-틈새의 외부에 살고 있다면 우리 인간에게 대체 어떤 일이 벌어질까 하는 것이다. 곡물이 더 자랄 생각을 하지 않고(열대 지방에서는 이미 그 첫 징후들이 나타나고 있다[05]), 말라 버리고 불타 버린다면? 가축들이 풀밭에서 그대로 쓰러지고 농부들이 오랫동안 야외에서 일할 수 없게 된다면?

인간은 자신의 환경을 디자인할 수 있으므로, 다른 생물들보다 적응할 가능성이 훨씬 크다. 6,000년 전 농경사회의 인간들에 비하면 21세기의 인간은 더욱 그럴 것이다. 지금의 우리는 냉난방이 잘되어 있는 집 안으로 들어갈 수도 있고, 열에 더 잘 견디는 곡물을 개량해서 재배할 수도 있으며, 비닐하우스에 정제된 급수 시스템을 설치할 수도 있다. 최근 전화통화에서 레슬리 휴즈는 이렇게 말했다. "인간은 매우 뛰어나죠. 하지만 우리에게도 한계는 있습니다."

스베닝과 그 동료들이 추측하기를, 언젠가 결정적인 기후의 문턱을 넘으면 사람들 역시 다른 곳으로 이동하려 할 거라고 한다. 배가 고프거나 목이 몹시 마르거나 한 상태에서 인간의 신체는 더위를 오래 견디지 못한다. "많은 사람이 실제로 극단적이고 매우 혹독한 기후환경에 노출되면, 인간은 살기가 매우 어려워질 테고, 결국 어디로든 도망가려 시도할 것입니다." 스베닝은 말한다.

인간은 매우 민첩한 생물이다. 인간은 비교적 짧은 시간 안에 먼 거리를 이동할 수 있다. 대부분의 다른 생물과는 달리 인간은 고위도 지방에서 더 시원한 장소를 찾기 위해 어디로 가야 할지 또한 정확히 알고 있으며, 장차 더 나은 삶을 영위하게 되리라는 것도 알고 있다. 확실히 해 둘 것은, 온실가스를 줄이지 않으면 최악의 경우 2070년 35억 명은 살 곳이 없어질지도 모른다는 것이다. "그 결과는 대참사가 될 거예요." 스베닝은 말한다. "어떻게든 이 시나리오만큼은 피해야 합니다."

그런데 2020년 말, 미국 대통령 선거 말고도 몇 가지 새로운 움직임이 일어나고 있다. EU와 영국, 캐나다, 대한민국, 일본, 중국은 모두 기후목표를 상향 조정해야 한다는 것을 인지했고, 몇십 년 안에 기후중립이 되고자 한다. 기후분석가들은 이제 우리가 중요한 지표인 2도까지만으로 온도 상승을 끌어내릴 가능성을 배제하지 않는다.

이 시나리오에서도 스베닝과 그 동료들은 2070년에 얼마나 많은 사람이 극도로 뜨거운 지역에 살 수 있을지 추정해 보았다. 숫자는 적지만, 그래도 15억 명, 예상 세계 인구의 거의 6분에 1에 달한다. 모든 사람이 도망가지는 않을 것이며, 또 그럴 수도 없다. 다른 곳으로 피할 수 있는 많은 사람들은 우선 제 나라 안에서 도시로 몰려들 것이며, 두 번째로는 이웃 나라로, 그리고 세 번째에야 비로소 비옥하고 시원한 북쪽으로 가게 될 것이다. 모니터의 점들을 보면서, 스베닝은 이러한 사실들이 너무나 분명해졌음을 깨달았다. 그것은 미래에 대한 일종의 환상 같은 것이었다.

그럼에도 스베닝은 지구의 다른 지역에서 새로운 연구를 하기로 결심했다. 저널리스트들이 자신에게 물어볼 때를 대비해야 할 것 같았다. 얼마간의 조사 후, 그는 비록 논란이 있긴 하지만 유명 저널에 실린 최신 사례들을 논의한 논문들을 보게 되었다. 이제 이 문제는 예측이 아니라 관찰되는 실제 상황이라는 것이다.

스베닝은 멕시코인들이 특히 건조한 주에서 다른 지역으로 이사하고 있다는 기사를 읽었다.[06] 이례적으로 극심한 폭염과 급감한 곡식 수확량으로 인해 마을을 완전히 떠나는 파키스탄인들에 대한 기사도 읽었다.[07] 전쟁이 일어나기 직전, 900년 만에 최악의 가뭄으로 가축과 농작물 수확에 큰 타격을 입었고, 농촌 인구 150만 명이 대도시 변두리 지역으로 내몰리면서 폭동과 전쟁과 대탈출로 이어지고 말았다는 시리아 소식도 보았다.[08] 난민의 흐름과도 관계가 있는 북아프리카와 서아프리카에서 오랫동안 지속되어 온 가뭄에 대해서도 읽었다.[09]

사례는 계속해서 이어졌다. 온두라스, 니카라과, 과테말라 같은 곳들에선 몇 년 내리 홍수와 가뭄으로 인해 반복해서 농작물들에 큰 피해를 입고, 큰 태풍으로 집을 잃었다. 그 결과 수십만 명이 미국으로 피난을 가야 했다.[10]

이러한 연구 가운데 일부는 과학적인 결함이 있거나 단지 일시적인 현상에 지나지 않을 수도 있다는 것을 스베닝은 알고 있다. 사람들이 이동하는 데는 경제적, 사회적, 정치적 이유를 포함한 온갖 이유가 있을 수 있다. 생각해 보면 사람들은 꾸준히 그 거주지를 옮겨 왔다. 하지만 극히 드물게는, 누군가는 단지 기후 때문에 피난을 갔다고 분명히 말할 수 있다.

예를 들어 과테말라의 농촌 주민은 가뭄 때문에 도시로 피난 갈 수도 있겠지만, 도시에서는 갱들 간의 전쟁과 범죄 때문에 이들은 결국 나라를 떠나게 되었다. 한편 시리아에서는 가뭄이 맹위를 떨치는 동안 정부의 잘못된 농업 정책으로 물 부족 현상이 극심해지고, 가난한 북부 지방의 농촌 인구를 돌보지 않음으로써 정부가 위기를 부채질했다. 똑같이 길고 혹독한 가뭄에 시달렸지만 전혀 다른 결과를 이끌어 낸 시리아의 이웃 요르단 사례에서 볼 수 있듯 사람들이 고향을 떠나느냐 떠나지 않느냐 하는 문제는 정부가 잘 대응하면 달라질 수 있다.

하지만 스베닝은 이렇게 다양한 사례와 그 일들이 벌어진 동시성에 대해 심각하게 고민하고 있다. 망명과 이동에 다른 원인 역시 있다는 것, 극한의 기후에만 그 책임이 있는 것은 아니라는 사실은 사람들이 기후변화로부터 도망가지 않는다는 것을 의미하지는 않는다. 이 지구에는 그전에는 전혀 없었던 수많은 움직임이 생기고 있기 때문이다. 이러한 현상들의 패턴을 다 이해하기는 어렵지만, 최소한 기본적인 방향만은 분명했다. 지구상 생물종의 이 긴 행진에 인간 또한 동참하고 있다.

언젠가 스베닝은 이런 질문을 하게 될지도 모른다.

시그널이 다시 나타날까?

참고문헌

책 본문 주는 저자가 참고문헌이나 글의 출처를 밝히고 부연설명을 하기 위해 썼습니다.

　　그러나 국내에 소개되지 않은 외국 문헌이 대부분이고 분량도 많아서 책에는 싣지 않고, 필요한 독자분들을 위해 양철북출판사 블로그에 올려두었습니다.

　　아래의 사이트를 방문해서 확인하시거나 QR 코드로 접속해서 보실 수 있습니다.

https://blog.naver.com/tin_drum/222891534525

감사의 글

이 책을 위해, 나는 3년 전까지만 해도 글자 그대로 아무것도 몰랐던 새로운 세계에 뛰어들었다. 그리고 그 후 지금까지 이 세계를 공부해 왔다. 가장 먼저 감사해야 할 분들은 내게 자기가 연구하고 있는 것들을 설명해 주고 많은 시간을 내어 준 모든 연구자들이다. 누구보다 카밀 파미잔, 레슬리 휴즈, 로버트 피터스, 그레타 페클 덕분에 생물종 이동에 대해 이해할 수 있었다. 나는 놀라고 또 놀랐다.

또 각 연구소와 심지어 현장 연구까지 초대해 주고 여러모로 도와준 생물학자들에게도 인사를 전하고 싶다. 노르베르트 베커는 루트비히스하펜에서 수백 마리의 (멸균된) 모기들 사이에 나를 데려가 주었고, 만프레트 포르스트로이터는 나를 두 번이나 기후 숲으로 데려가서 나무의 생리에 대해 따로 강의해 주었으며, 마르크 하네빈켈은 미래에 숲이 어떻게 될지 보여 주었다. 올리버 슈바이거는 어리뒤영벌을 찾으러 갈 때 나를 데려갔고, 피에르 라몽은 코로나 위기 상황에도 몽스의 연구소에서 나를 어리뒤영벌의 세계로 데려가 주었다. 브레머하펜의 참치어업연구소 연구원들은 나를 북해로 데려가 거친 바다와 최악의 작업 환경 속에서도 자신들이 하는 일에 대해 설명해 주었으며, 자네트 블룸뢰더는 너도밤나무 숲인 '성스러운 신전'에 들어갈 수 있게 해 주었다.

풀리처 위기보고센터의 지원과 벤저민 프리먼, 알렉스 비비 두 사람의 도움이 없었다면 페루 판티아콜라고원에는 갈 수 없었을 것이다. 이 주제에 대해 긴 르포를 실어 준 잡지 《르포르타주》와 《프랑크푸르터 룬트샤우》의 요아힘 빌레, 《쥐트도이체 차이퉁》의 크리스티안 베버 덕분에 이 여행을 감행하고 또 책을 쓸 수 있었다.

팩트 체크를 하려고 책의 모든 장을 다시 살펴보았다. 노르베르트 베커, 구나르 브렘, 피에르 이비시, 하우케 플로레스, 마르크 하네빈켈, 펠릭스 마크, 카를 슐로이스너, 올리버 슈바이거, 옌스 크리스티안 스베닝, 볼프강 키슬링이 해 준 소중한 조언들이 큰 도움이 되었다.

작은 마찰 하나 없이 아주 즐겁게 함께 작업해 준 편집자 소피 보예센에게도 고맙다. 그는 적절한 순간에 개입해 준 데다("물고기는 꼭 안 다루어도 될 것 같아요"), 마감 직전 새 그래픽을 부탁했을 때 코로나의 광기에도 여유롭게 응대해 주었다. 뛰어난 교정 실력을 갖춘 울리케 슈트레스볼츠, 격려와 조언을 아끼지 않은 에이전트 마리온 아펠트, 생일날 산책하면서 문장과 내용에 대해 귀중한 조언을 해

준 다비드 셀프에게도 고맙다.

부모님께 특히 감사드리고 싶다. 우편으로 쿠키만 보내 주신 게 아니라 적절한 시기에 적절한 격려를 해 주셨고, 완성된 원고를 읽고 조언도 해 주셔서 크게 도움이 되었다. 불쑥 전화해도 언제나 귀찮아하지 않으시는 아버지는 나를 고향의 숲을 새로운 눈으로 바라보게 해 주셨다. 당신들 덕분에 나는 큰 산을 넘을 수 있었다.

이 책은 특히 마지막 몇 주 동안 온갖 부탁을 다 들어준 아내 카트린 본 브라켈의 도움 없이는 쓰지 못했을 것이다. 자주 옆길로 새는 이야기들에도 솔직하고 충심 어린 관심을 가지고 들어 주었고("오늘 종일 너도밤나무 확산의 역사와 종의 분포 모델, 대서양대구에 대해 공부했어. 당신은 정말 믿을 수 없을 거야……"), 내가 녹다운될 때마다 냉철한 시선으로 원고를 읽고 조언해 주었다. 아내 덕분에 원고가 훨씬 명확해졌다. 고마워!

자연의 피난: 언제? 어떻게? 어디로?

김산하(생명다양성재단 사무국장)

수년 전 철원의 한 박물관에서 보았던 사진이었다. 한국전쟁 당시 일어났던 살육과 파괴의 참상과 더불어 피난길에 올랐던 사람들의 모습이 생생하게 담긴 흑백 사진 상설전이었다. 이 중에서 유난히 인상 깊었던 한 장이 있었다. 땅에 주저앉은 아이는 목 놓아 울고 있고, 그 옆으로 어머니의 버선발 한 짝만 눈에 띈다. 경직되어 보이는 다리의 각도가 이미 명을 달리한 것으로 추정된다. 아마 그 아이도 머지않아 그렇게 되지 않았을까. 그 아득한 슬픔과 허무함 앞에서 나는 몸 둘 바를 몰랐다.

　나에게 '피난' 하면 떠오르는 이미지는 바로 이것이다. 당장의 위험으로부터 벗어나고자 부리나케 집을 나서지만, 끊임없는 고난과 시련이 닥치고 끝내 성공하지 못하는 어떤 비극의 여정. 소수는 안전에 도달하기도 하겠지만 대다수는 그렇지 못했으리라. 나의 터전을 버리고 기약 없는 어딘가로 무작정 떠난다는 건 사실 엄청난 일이다. 삶과 목숨을 건 도망을 감행할 수밖에 없으려면 아마 전쟁 정도의 재난이 닥쳤을 때일 것이다. 그런데 그보다 더한 재앙이 일어난다면? 그것도 지구 전체에? 말 안 해도 알 것이다. 바로 기후위기다.

하지만 방금 던진 질문은 그 시제가 잘못되었다. 미래에 대한 가정법을 쓰고 있지 않은가? 왜냐하면 그 재앙은 이미 일어나고 있고, 피난의 행렬은 이미 시작되었기 때문이다. 북극여우에서 벌까지, 다시마에서 산호초까지 지구 생물의 대이동은 이미 한창이다. 수많은 과학자들의 집요하고 끈기 있는 관찰과 연구 덕에 급변하는 기후에 맞서 요동치는 생명계의 분포 양상은 이제 그 모습을 드러내고 있다. 《피난하는 자연》은 기후위기가 낳은 동식물들의 난민 신세를 가장 포괄적이고 집약적으로 모은 기록이다.

기후위기라는 개념조차 없는 이 수많은 생물이 기후의 변화를 몸으로 직접 체감함으로써 이동하고 있다는 사실에 주목하라. 앞으로 시세가 안 좋아질 거라서, 홍수가 날 확률이 높아서 가는 게 아니다. 지금, 당장 못 살겠기에 움직이고 있는 것이다. 우리처럼 냉난방기를 달고 사는 허약한 존재들이 호들갑스럽게 하는 반응이 아니다. 웬만하면 버티는, 평생을 야외 현장에서 보내는 야생동식물이 심각하게 내린 결정들이다. 그 정도인 것이다. 이대로는 도저히 안 되겠다는 시급성이. 작은 곤충에서 큰 나무에 이르기까지 수

많은 생명체들의 달라진 행동과 생태적 특징이 사태의 심각성을 반증한다.

피난길에 오른 지구의 동식물들. 하지만 뭘 대체 어쩌겠다는 걸까? 일단 그럴 시간이 충분히 남긴 한 걸까? 이미 아마존 열대 우림이 사바나 지대로 바뀌는 전환점에 근접했다고 과학자들은 경고한다. 볼리비아 동쪽의 숲은 이미 가뭄과 폭염으로 전환이 일어나고 있다. 그리고 어떻게 간단 말인가? 책에 언급되듯이 저지대 동식물들은 더 시원한 곳에 가려면 매우 먼 거리를 이동해야 한다. 산을 따라 0.5킬로미터 올라가면 3도 낮아지지만, 저지대에서는 500킬로미터는 가야 그만큼 시원한 기후대에 도달할 수 있다. 그 엄청난 거리를 이동하는 동안 맞닥뜨릴 장애물의 수만 생각해도 아찔하다. 도로를 수놓는 수많은 로드킬을 떠올리면 얼마나 위험천만한 여행일지 상상이 간다. 안 그래도 고된 피난길은 참으로 녹록지 않아 보인다.

하지만 그 모든 어려움을 극복하고 시간 내에 이동했다고 치자. 그런데 대체 어디로 간단 말인가? 15장에 잘 나오듯이 안데스산맥의 새들은 평균 68미터 정도 산 위쪽으로 서식지를 옮긴 것이 확인되었다. 바로 이른바 '멸종으로 가는 에스컬레이터'를 탄 것이다. 왜냐하면 올라갈수록 넓어지는 산이란 세상에 없기 때문이다. 점점 좁아지는 산봉우리는 문자 그대로 동물들의 점점 좁아지는 입지를 나타낸다. 산 위로 점점 더 몰려드는 이 많은 생물을 수용할 공간이란 이 지구상에 없다. 결국 많은 수가 피난에 실패할 것이 분명하다. 그리고 그 실패는 죽음을, 그 집합적 죽음은 멸종을 의미한다.

안방에 앉아 이 글을 읽고 있는 독자라면 먼 남의 일처럼 느껴질지도 모른다. 하지만 생각해 보라. 이 책에 나오는 것처럼 나무들마저 터전을 떠나야 하는 세상에서 정말로 우리의 차례가 안 올 거라는 발상이 얼마나 터무니없는지에 대해서 말이다. 이미 매년 2,000만 명 이상의 인구가 기상이변으로 이재민이 되고 있으며 2050년에는 이 숫자가 12억 명에 이를 것으로 추산되고 있다. 이미 기후난민이 된 사람은 보통 책 따위를 읽을 겨를이란 없다. 하지만 여기까지 보았다면 언젠가 이런 책을 읽었다는 희미한 기억이 남아 있을 수는 있을지 모른다. 물론 그때는 이미 한참 늦었을 때겠지만.

《피난하는 자연》에서 드러나는 엄청나게 다양한 피난 행렬은 훨씬 대규모 이동의 서막에 불과하다. 아무것도 안 한 채 일그러진 얼굴로 곧 그 대열에 참가하느냐, 아니면 이 위기 자체에 대항해 싸우고 실천하며 더 나은 변화를 일으키는 데 합세하느냐. 그것이 문제로다.

옮긴이 조연주
대학과 대학원에서 독어독문학을 전공했다. 편집자로서 오랫동안 책을
만들어 왔고, 몇 권의 책을 우리말로 옮겼다. 옮긴 책으로《리페어 컬처》
《101살 할아버지의 마지막 인사》, 소설《아쿠아리움》, 어린이책《색깔의
여왕》《아저씨, 왜 집에서 안 자요?》《난민 이야기》《플라스틱 얼마나 위
험할까?》가 있다.

피난하는 자연
기후변화 시대 생명들의 피난 일지

1판 1쇄 2022년 10월 18일

글쓴이 벤야민 폰 브라켈
옮긴이 조연주
펴낸이 조재은
편집 김원영
디자인 서옥
관리 조미래

펴낸곳 ㈜양철북출판사
등록 2001년 11월 21일 제25100-2002-380호
주소 서울시 영등포구 양산로 91 리드원센터 1303호
전화 02-335-6407
팩스 02-335-6408
전자우편 tindrum@tindrum.co.kr

ISBN 978-89-6372-408-9 03300
값 17,000원

잘못된 책은 바꾸어 드립니다.